21 世纪应用型人才培养教材

高等职业教育测绘课程系列规划教材

# 摄影测量与遥感技术

主　编　张　军　赵淑湘

副主编　韩立钦　李　智

　　　　靳娟丽　司大刚

西南交通大学出版社

·成　都·

图书在版编目（ＣＩＰ）数据

摄影测量与遥感技术／张军，赵淑湘主编. —成都：
西南交通大学出版社，2015.7
21 世纪应用型人才培养教材　高等职业教育测绘课程
系列规划教材
ISBN 978-7-5643-4058-2

Ⅰ．①摄… Ⅱ．①张… ②赵… Ⅲ．①摄影测量－高
等职业教育－教材②遥感技术－高等职业教育－教材
Ⅳ．①P23②TP7

中国版本图书馆 CIP 数据核字（2015）第 167084 号

21 世纪应用型人才培养教材
高等职业教育测绘课程系列规划教材

## 摄影测量与遥感技术

主编　张 军　赵淑湘

| | | |
|---|---|---|
| 责 任 编 辑 | 姜锡伟 | |
| 封 面 设 计 | 何东琳设计工作室 | |
| 出 版 发 行 | 西南交通大学出版社<br>（四川省成都市金牛区交大路 146 号） | |
| 发行部电话 | 028-87600564　028-87600533 | |
| 邮 政 编 码 | 610031 | |
| 网　　　址 | http://www.xnjdcbs.com | |
| 印　　　刷 | 四川五洲彩印有限责任公司 | |
| 成 品 尺 寸 | 185 mm × 260 mm | |
| 印　　　张 | 14.25 | |
| 字　　　数 | 354 千 | |
| 版　　　次 | 2015 年 7 月第 1 版 | |
| 印　　　次 | 2015 年 7 月第 1 次 | |
| 书　　　号 | ISBN 978-7-5643-4058-2 | |
| 定　　　价 | 35.00 元 | |

课件咨询电话：028-87600533
图书如有印装质量问题　本社负责退换
版权所有　盗版必究　举报电话：028-87600562

# 前　言

　　本书立足于高等职业教育摄影测量与遥感技术的理论及实践教学。本书的编写抓住职业教育的特点，注重理论及实践内容的结合；结合编者多年摄影测量与遥感的教学及生产经验；充分参考相关资料。本书比较系统地介绍了摄影测量学的整个理论基础，同时结合实验介绍了遥感技术的基本理论体系及工作流程。在编写过程中，本书努力贯彻高等职业教育的教学原则，做到"必须、够用、实用"。

　　本书共分为十二章。前十一章主要介绍摄影测量学的基本理论知识及实践操作，包括摄影测量学的基本概念、4D数据的概念及生产流程、解析空中三角测量的理论知识及操作流程、摄影测量的外业工作；第十二章重点介绍遥感技术的基本知识。

　　本书各章节分工如下：第一章、第二章、第三章、第十二章由张军（甘肃工业职业技术学院）编写，第四章、第五章由韩立钦（甘肃工业职业技术学院）编写，第六章、第七章由赵淑湘（甘肃林业职业技术学院）编写，第八章、第九章由司大刚（兰州资源环境职业技术学院）编写，第十章由李智（甘肃省地质矿产勘察开发局第一地质矿产勘察院）编写，第十一章由靳娟丽（天水三和数码测绘院）编写。全书由张军负责统稿、定稿，并对部分章节进行了补充和修改。

　　本书优化了知识结构，突出了能力培养和技能训练的职业教育特点。学生通过对本书的学习，能参与完成摄影测量的生产任务，并能解决工作中出现的技术问题。

　　本书可作为高职高专院校工程测量技术专业及相关专业教材，也可供从事测绘工作的技术人员学习参考。

　　由于编者水平有限，书中难免有疏漏及不足之处，敬请各位读者批评指正。

编　者

2015 年 4 月

# 目　录

# 第一章 摄影测量学概论

**学习重点：**

1. 摄影测量的概念
2. 摄影测量的特点及任务
3. 摄影测量与遥感的联系与区别
4. 摄影测量的三个发展阶段
5. 不同摄影测量方法的特点

## 一、摄影测量学认识

摄影测量学是通过影像研究信息获取、处理、提取和成果表达的一门信息科学。

传统的摄影测量学是利用光学摄影机摄取的像片，研究和确定被摄物体的形状、大小、位置、性质和相互关系的一门科学和技术。它包括的内容有：获取被摄物体的影像，研究单张和多张像片影像处理的理论、方法、设备和技术，以及如何将所测得的成果以图解形式或数字形式表示出来。

摄影测量的主要任务是测制各种比例尺的地形图、建立地形数据库，并为各种地理信息系统和土地信息系统提供基础数据（4D 数据）。摄影测量研究内容如图 1-1 所示。

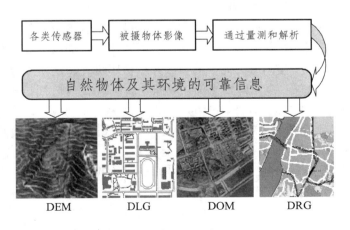

**图 1-1 摄影测量研究内容**

4D 数据：

**1. 数字高程模型（Digital Elevation Model，DEM）**

数字高程模型是高斯投影平面上规则格网点平面坐标（$x$，$y$）及其高程（$z$）的数据集。

**2. 数字正射影像图（Digital Orthophoto Map，DOM）**

数字正射影像图是利用数字高程模型对扫描处理的数字化的航空像片/遥感像片（单色/彩色），经逐像元进行纠正，再按影像镶嵌，根据图幅范围剪裁生成的影像数据，一般是带有公里格网、图廓内、外整饰和注记的平面图。

**3. 数字线划地图（Digital Line Graphic，DLG）**

数字线划地图是现有地形图上基础地理要素的矢量数据集，且保存了要素间空间关系和相关的属性信息。

**4. 数字栅格地图（Digital Raster Graphic，DRG）**

数字栅格地图是纸质地形图的数字化产品。每幅图经扫描、纠正、图幅处理及数据压缩处理后，形成在内容、几何精度和色彩上与地形图保持一致的栅格文件。

现代摄影测量学是运用声、光、电等遥感技术设备（摄像机、扫描仪、雷达）测量被测物，生成图片或者声像数据的科学，一般认为就是"拍照—测量"。摄影测量的主要特点是在像片上进行量测和解译，无须接触物体本身，因而很少受到自然和地理环境的限制。

## 二、摄影测量与遥感

摄影测量与遥感（Photogram metry &Remote Sensing，Photogram metry&RS）是对非接触传感器系统获取的影像与数字表达的记录进行量测与解译的过程，是获取自然物体环境可靠信息的一门工艺、科学和技术，主要用于资源与环境的调查，为国土、农业、气象、环境、地质、海洋等部门服务。

自从苏联宇航员加加林进入太空之后，在 20 世纪 60 年代，航天技术迅速发展起来，美国地理学者首先提出了"遥感"这个名词，用来取代传统的"航片判读"这一术语，随后得到了广泛使用。遥感的含义是一种探测物体而又不接触物体的技术。

遥感技术对摄影测量学的冲击作用首先在于它打破了摄影测量学长期以来过分局限于测绘物体形状与大小等数据的几何处理，尤其是航空摄影测量长期以来只偏重于测制地形图的局限。在遥感技术中，除了使用可见光的框幅式黑白摄影机外，还使用彩色摄影、彩红外摄影、全景摄影、红外扫描仪、多光谱扫描仪、成像光谱仪、CCD 阵列扫描和矩阵摄影机合成孔径侧视雷达等手段。特别是诸如美国在 1999 年发射的 EOS 地球观测系统空间站，主要传感器 ASTER 覆盖可见光到远红外，有较高的空间分辨率（15 m）和温度分辨率（0.3 K）。其中，高分辨率成像光谱仪有 36 个波段，加上其微波遥感 EOSSAR，基本上覆盖了大气窗的所有电磁波范围。空间飞行器作为平台，围绕地球长期运行，为我们提供大量的多时相、多光谱、多分辨率的丰富影像信息，而且，所有的航天传感器也可以用于航空遥感。正由于遥感技术对摄影测量学的作用，早在 1980 年汉堡大会上，国际摄影测量学会就正式更名为国际摄影测量与遥感学会（ISPRS），世界各国及中国均有相应的变动，并且在第 14 届大会上提出了摄影测量与遥感的新定义："使用一种传感器，根据电磁波的辐射原理，不接触物体而通过一系列的技术处理，获得物体的物理与几何性质。"

## 三、摄影测量的分类

摄影测量从诞生到现在，已有百余年的历史，经历了由模拟摄影测量、解析摄影测量到数字摄影测量的一个相当长的发展阶段。

模拟摄影测量是用光学机械的方法模拟摄影时的几何关系，通过对航空摄影过程的几何反转，由像片重建一个缩小了的所摄物体的几何模型，对几何模型进行量测便可得出所需的图形，如地形原图。模拟摄影测量是最直观的一种摄影测量，也是延续时间最久的一种摄影测量方法。自从 1859 年法国陆军上校劳赛达特在巴黎试验用像片测制地形图获得成功，从而诞生了摄影测量以来，除最初的手工量测以外，模拟摄影测量主要致力于模拟解算的理论方法和设备研究。在飞机发明以前，虽然借助气球和风筝也取得了空中拍摄的照片，但是并未形成真正的航空摄影测量。在飞机发明以后，特别是第一次世界大战，加速了航空摄影测量事业的发展，模拟摄影测量的技术方法也由地面摄影测量发展到航空摄影测量的阶段。

解析摄影测量是伴随电子计算机的出现和发展而发展起来的。它始于 20 世纪 50 代末，完成于 80 年代。解析摄影测量是依据像点与相应地面点间的数学关系，用电子计算机解算像点与相应地面点的坐标和进行测图解算的技术。在解析摄影测量中利用少量的野外控制点加密测图用的控制点或其他用途的更加密集的控制点的工作，叫作解析空中三角测量。由电子计算机实施解算和控制进行测图则称之为解析测图，相应的仪器系统称为解析测图仪。解析空中三角测量俗称电算加密。电算加密和解析测图仪的出现，是摄影测量进入解析摄影测量阶段的重要标志。

数字摄影测量则是以数字影像为基础，用电子计算机进行分析和处理，确定被摄物体的形状、大小、空间位置及其性质的技术，它具有全数字的特点。数字影像的获取方式有两种：一是由数字式遥感器在摄影时直接获取，二是通过对像片的数字化扫描获取。对已获取的数字影像进行预处理，使之适于判读与量测，然后在数字摄影测量系统中进行影像匹配和摄影测量处理，便可以得到各种数字成果。这些成果可以输出成图形、图像，也可以直接应用。数字摄影测量适用性很强，能处理航空像片、航天像片和近景摄影像片等各种资料，能为地图数据库的建立与更新提供数据，能用于制作数字地形模型、数字地球，它是地理信息系统获取地面数据的重要手段之一。数字摄影测量目前已得到广泛应用，并仍在迅速发展之中。图 1-2 表示了摄影测量不同方法的发展历程。

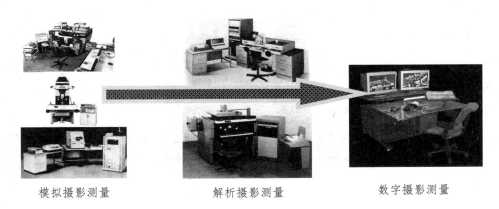

模拟摄影测量　　　　　　解析摄影测量　　　　　　数字摄影测量

**图 1-2　摄影测量的发展历程**

表 1-1 列出了不同摄影测量方法的特点。

表 1-1　不同摄影测量方法的特点

| 分　类 | 发展阶段 | 原始资料 | 投影方式 | 仪　器 | 操作方式 | 产　品 |
|---|---|---|---|---|---|---|
| 模拟摄影测量 | 20 世纪 30—70 年代 | 像　片 | 物理投影 | 模拟测图仪 | 作业员手工 | 模拟产品 |
| 解析摄影测量 | 20 世纪 60—90 年代 | 像　片 | 数字投影 | 解析测图仪 | 机助作业员操作 | 模拟产品数字产品 |
| 数字摄影测量 | 20 世纪 90 年代至今 | 像片、数字影像、数字化影像 | 数字投影 | 计算机 | 自动化操作+作业员干预 | 数字产品 |

## 四、摄影测量与相关学科的关系

### 1. 与大地测量学的关系

大地测量学的一个主要任务是确定国家大地原点与水准原点，建立国家级与地区大地和高程控制网，以满足测图控制的需要。摄影测量是测绘地形图的主要方法，因此相互有着密切的联系。控制、测图、制图是测绘地形图的三大部分，大地测量除布置国家级控制网外，还需做一些测图需要控制点，而摄影测量中的地面数字模型为重力改正提供了较好的地面模型，遥感技术为地球板块学说提供了科学手段。

### 2. 与地图制图学的关系

地图制图是据测量资料与其他地学、人文、资源、经济等信息，编制成各种比例尺的地形图与专题地图，它从传统的手工作业变成了一门空间信息图形传输的学科。摄影测量已从目视化产品过渡到数字化产品，两者无明显的界线与分工，共同的目的是把地图变成数据库，建立各种 GIS，为国民经济建设服务。

### 3. 与工程测量学的关系

工程测量是以工程建设为对象的测绘工作，主要任务是工程规划、施工和管理各阶段的测绘工作，它包括测绘大比例尺地形图、施工放样、竣工检测。摄影测量学也可测绘大比例尺地形图，各种竣工检测、变形观测则是非地形摄影测量学的主要任务，因此，摄影测量学应是工程测量学的主要基础课。

### 4. 与地籍测量学的关系

全国大面积的地籍测量工作，也是以摄影测量学方法为主的，因此，摄影测量学是该学科的主干课程。

### 5. 与海洋、军事测绘的关系

与海洋和军事有关的测绘工作，需要用到测绘学各分支学科的基本知识，摄影测量学是各分支学科的技术基础课或专业课，其间有着不可分割的关系。

# 第二章　影像获取的基本知识

**学习重点：**

1. 量测用摄影机的基本原理
2. 量测用摄影机的特征
3. 模拟像片和数字影像的区别
4. 航测用像片和普通像片的区别
5. 航空摄影的实施过程
6. 摄影测量对于空中摄影的基本要求
7. 摄影成果质量检查的内容
8. 色彩合成的基本原理，加色法和减色法的原理
9. 真彩色和假彩色像片
10. ADS 数字航空摄影系统的特点及基本组成
11. 像片影像误差的主要来源

# 第一节　摄影原理及摄影机

## 一、航空摄影机（量测用）

安装在飞机上对着地面能自动地进行连续摄影的照相机称为航空摄影机。由于当代航空摄影机都是一台相当复杂、精密的全自动光学电子机械装置，具有精密的光学系统和电动结构，所摄取的影像能满足量测和判读的要求。因此航空摄影机一般也称为航摄仪，表示这种照相机如同一台结构复杂的光学仪器。

摄影机的结构形式种类繁多，但其基本结构大致相同，它可由镜箱和暗箱两个基本部分组成，一般由物镜、光圈、快门、暗箱、检影器及附加装置组成。

根据摄影时摄影物镜主光轴与地面的相对位置，航摄仪可分为框幅式（画幅式）航摄仪和全景式航摄仪两大类。框幅式航摄仪摄影时主光轴对地面的方向保持不变，每曝光一次获得一幅中心透视投影的图像，与普通的 120、135 型相机相同；全景式航摄仪摄影时主光轴相对地面在不断移动。

因为航摄仪是用来从空中对地面进行大面积摄影的，所摄取的影像又必须能满足量测和判读的要求，所以，无论航摄仪的结构或是摄影物镜的光学质量都与普通相机有重大的区别。

在结构上，现代航摄仪一般都备有重叠度调整器，能每隔一定时间间隔进行连续摄影，保证在同一条航线上，相邻像片之间保持一定的重叠度以满足立体观测要求。根据摄影测量的需要，航摄仪的焦平面上必须有压平装置及贴附框，并在贴附框的四边中央及角隅处分别装有机械框标和光学框标。此外，为了避免各种环境因素的影响，航摄仪必须有减振装置，制作航摄仪的机械部件应选用防腐蚀和变形极小的特种合金，以保证航摄仪光学系统的稳定性，防止飞机发动机的振动、大气温度的变化（±40 ℃）和飞机升降时由于过载负荷等因素对摄影影像质量的影响。现代最新型的航摄仪还备有像移补偿装置，以消除曝光瞬间由于飞机前进运动而引起的像点位移。

航摄仪的像幅比较大，一般有 18 cm×18 cm、23 cm×23 cm、30 cm×30 cm 三种。

航摄仪也可按摄影机物镜的焦距和像场角分类：

短焦距航摄仪，其焦距 $F<150$ mm，相应的像场角 $2\beta>100°$；

中焦距航摄仪，其焦距 150 mm$<F<300$ mm，相应的像场角 $70°<2\beta<100°$；

长焦距航摄仪，其焦距 $F>300$ mm，相应的像场角 $2\beta\leq70°$。

要在这样大的幅面内，获取高质量的影像，在摄影物镜的光学设计、制造摄影物镜所用的光学玻璃的选材、加工、安装和调试等方面都要求特别精细。此外，摄影时为了保证正确曝光，当代航摄仪一般都具有自动测光系统。因此，航摄仪的光学系统是相当复杂的。随着当代科学技术的不断进步，摄影物镜和航摄胶片质量的不断提高，航摄资料用途的不断开拓，现代航摄仪已发展成一台高度精密的全自动化摄影机。

**1. 摄影原理——小孔成像原理（图 2-1）**

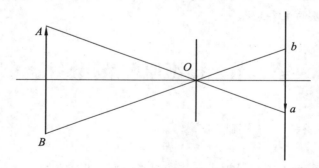

图 2-1　小孔成像原理图

**2. 摄影机结构（图 2-2）**

**3. 量测用摄影机要求**

（1）物镜要求具备良好的光学特性，物镜的畸变差要小，分辨率要高，透光率要强。

（2）机械结构要稳定。

（3）航空摄影机应同时具备摄影过程的自动化装置，使安装在飞机上的此类摄影机能对地面连续进行摄影。

**4. 量测用摄影机特征**

（1）量测用摄影机的像距是一个固定的已知值。

用于测绘地形的航摄仪，摄影的物距要比像距大得多，摄影时摄影物镜固定调焦于无穷远点处，因此，像距是一个定值，约等于摄影物镜的焦距 $f$（focal length）。

（2）摄影机像面框架上有框标标志（fiducial marks）。

像平面与物镜的主光轴垂直，同时像平面也是一个框标平面（图 2-3），因此像点在像片平面上的位置，可以根据像片上的框标坐标系来确定（图 2-4）。

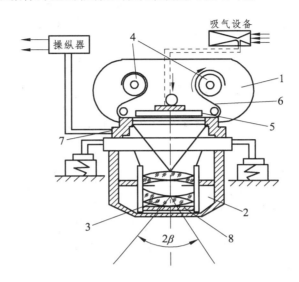

图 2-2　RC-8 航摄仪结构示意

1—航空摄影机暗盒；2—镜像；3—物镜；4—卷片轴；
5—压片板；6—软片；7—框标平面；8—滤光片

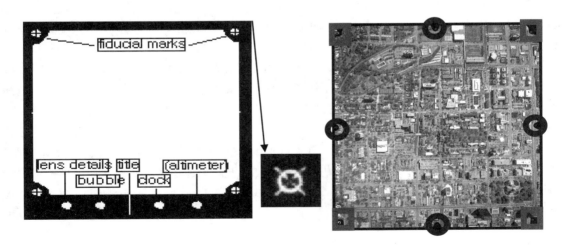

图 2-3　摄影机框标平面　　　　　　　　图 2-4　像片上的框标

（3）内方位元素（interior orientation elements）的数值是已知的。

像主点（principal point）：摄影机主光轴与像平面的交点（像主点在框标坐标系坐标 $x_0$，$y_0$）。

像片主距（$f$）：摄影机物镜后节点到像片主点的垂距（图 2-5）。

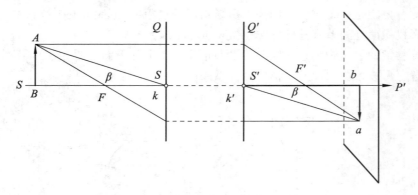

图 2-5　内方位元素示意

## 二、模拟像片

摄影一般分为三个主要过程，即摄影过程、负片过程和正片过程。

摄影过程是将装有感光材料的照相机对准被摄景物，随之通过镜头的移动，使物像之间满足透镜成像公式，此过程称为调焦或对光。然后根据感光材料的感光性能和景物的光照等条件，调节照相机的光圈和快门，使胶片获得正确的曝光量，此过程称为曝光。这时由于感光物质受光后发生化学反应，而部分卤化银还原为金属银，其作用的大小与景物所反射的光线强弱成正比，故使感光片上构成了金属影像。由于光对卤化银的还原能力很弱，生成的金属银很少，一般肉眼是看不见的，故把这种影像称为潜影。为了使潜影成为可见影像，应将曝光后的感光材料在暗室里进行冲洗处理，这个过程称为负片过程。负片过程包括显影、定影、水洗、干燥等步骤，因形成的影像层次与景物的明暗相反，故称为负片或阴片，又因常根据它洗印像片，故称为底片。

为了得到与景物明暗相同的影像，必须再利用感光材料紧密叠加于负片上曝光印像，经过与负片一样的显影、定影、水洗、干燥等处理后，则可得到与负片黑白相反，而与景物明暗相同的影像，具有这种影像的片子称为正片或阳片，如果晒印在像纸上，也可称为像片，上述处理过程称为正片过程。

摄影测量是以被测量物体的影像信息为依据的。传统摄影测量的影像信息主要是利用光学摄影机摄取的框幅式像片获取，是记录在感光胶片上的影像信息，这种像片也称模拟像片。

## 三、数字影像

随着电子技术的进步，摄影测量学也由传统模拟、解析逐步过渡到数字摄影测量。但是，现在的数字摄影测量并非真正意义上的"全数字"，因为最基本的航空照片，还是由模拟相机曝光、冲洗、扫描而获得的"数字"航片，实际上是数字化航片。随着当前技术的发展，数码式摄影机作为一种新型的照相机或者说是计算机输入设备，近年来取得了长足的进步与发展。

数码相机（即数码式摄影机）也叫数字式照相机，英文全称 Digital Camera，简称 DC。数码相机是集光学、机械、电子为一体的产品。数码相机最早出现在美国，人们曾利用它通过卫星向地面传送照片，后来数码摄影转为民用并不断拓展应用范围。

　　数码相机以电子存储设备作为摄像记录载体，通过光学镜头在光圈和快门的控制下，实现被摄物体在电子存储设备上曝光，完成被摄影像的记录。传统相机使用胶片（卷）作为记录信息的载体，而数码相机的"胶片"则是其成像感光器件加存储器。目前，数码相机的核心成像感光器件有两种：一种是广泛使用的CCD（Charge Coupled Device）电荷耦合器件图像传感器，另一种是CMOS（Complementary Metal Oxide Semiconductor）互补金属氧化物半导体图像传感器。

　　数码相机由光学镜头、光电传感器、微电脑、操作面板、取景器、LCD显示器、存储卡、闪光灯、连接接口、电源等部分构成。它集成了影像信息的转换、存储和传输等部件，具有数字化存取模式与电脑交互处理和实时拍摄等特点。

　　数码相机与传统相机的主要区别在于：

## 1. 影像成像过程不同

　　传统相机使用银盐感光材料即胶片（卷）作为载体，通过曝光胶片的光化学反应获得被摄物体的影像，且拍摄后的胶卷要经过处理才能得到照片，无法立即知道照片拍摄效果的好坏；数码相机是使用电荷耦合器CCD元件感光，将光信号转变为电信号，再经模/数转换后记录于存储卡上，存储卡可反复使用，且拍摄后的照片可以立即回放观看效果。

## 2. 影像存储介质不同

　　传统相机的影像以化学方法记录在卤化银胶片上，而数码相机的图像则以数字方式存储在磁介质（如存储卡、硬磁盘）或数字光盘上。

## 3. 影像输入/输出方式不同

　　传统相机的影像都是以底片和像片的形式表现的，观看、制作、传输和携带不便，当然也可以通过扫描仪对其进行数字化处理，但图像的质量和精度会有一定的影响。数码相机的数字影像可直接输入计算机，处理后可以有形式各异、丰富多彩的输出产品，非常方便快捷。

## 4. 影像处理工艺不同

　　传统相机的影像处理是一个光化学过程，必须在暗房里冲洗，同时对影像的处理要通过光学机械如印像机、放大机等进行，其曝光修正、影像修补、调色、剪辑等工艺复杂。数码相机的数字影像处理由计算机进行，目前各种各样的图像处理软件功能强大，使用方便，可以完成传统的摄影技术难以想象的加工处理。

　　数码摄影机以电子存储设备作为摄像记录载体，在摄影期间完全屏弃了传统的曝光、冲洗、扫描等过程，而是由电子元器件直接记录、存储地面信息，获取数字航空影像（数字影像）。其数字影像可以借助各种媒介实现图像的实时传递，直接提供给数字摄影测量、遥感图像处理系统作进一步处理。随着科学技术的发展进步，数码式摄影机在摄影测量中的应用日益广泛。

　　数字影像又称数字图像，即数字化的影像，是一个二维矩阵，每个点称为像元（像素）。像元空间坐标和灰度值均已离散化，且灰度值随其点位坐标而异。数字影像可直接在航天或航空遥感的扫描式传感器成像时产生，并记录在磁介质上，也可利用影像数字化装置对模拟像片进行数字化，也记录在数字磁介质上。

# 第二节　空中摄影的实施过程

采用摄影测量方法测制地形图，必须要对测区进行有计划的空中摄影。将航摄仪安装在航测飞机上，从空中一定的高度上对地面物体进行摄影，取得航摄像片。搭载航摄仪的飞机飞行的稳定性要好，在空中摄影过程中要能保持一定的飞行高度和航线飞行的直线性。飞机的飞行航速不宜过大，续航的时间要长。

航空摄影可分为面积航空摄影、条状地带航空摄影和独立地块航空摄影三种。面积航空摄影主要用于测绘地形图，或进行大面积资源调查。条状地带航空摄影主要用于公路、铁路、输电线路定线和江、河流域的规则与治理工程等。它与面积航空摄影的区别是，条状地带航空摄影一般只有一条或少数几条航带。独立地块航空摄影主要用于大型工程建设和矿山勘探部门，这种航空摄影只拍摄少数几张具有一定重叠度的像片。

当需要采用航空摄影测量的方法测制某一地区的地形图时，测图单位应向承担空中摄影的单位提出航空摄影任务委托书，并签订航摄协议书或合同。摄影单位要根据协议书或合同的要求制订航摄技术计划，按要求完成航空摄影的任务。所以，航空摄影的实施过程一般分为任务委托、签订合同、航摄技术计划制订、空中摄影实施、摄影处理、资料检查验收等几个主要环节。以下对它们做简要介绍。

## 一、航空摄影任务委托书的主要内容

（1）根据计划测图的范围和图幅数，划定需航摄的区域范围，按经纬度或图幅号在计划图上标示出所需航摄的区域范围，或直接标示在小比例尺的地形图上；

（2）确定航摄比例尺；

（3）根据测区地形和测图仪器，提出航摄仪的类型、焦距、像幅的规格；

（4）对像片重叠度的要求；

（5）规定提出资料成果的内容、方式和期限，航摄资料成果包括航摄底片、航摄像片（按合同规定提供的份数）、像片索引图、航摄软件变形测定成果、航摄机鉴定表、航摄像片质量鉴定表等。

## 二、航摄技术计划的主要内容

（1）收集航摄地区已有的地形图、控制测量成果、气象等有关资料；

（2）划分航摄分区；

（3）确定航线方向和敷设航线（航线方向一般为东西直线飞行，且一般按图廓线敷设）；

（4）计算航摄所需的飞行数据和摄影数据（主要是绝对航高、摄影航高、像片重叠度、航摄基线、航线间隔距、航摄分区的航线数、曝光时间间隔和像片数等）；

（5）编制领航图；

（6）确定航摄的日期和时间。

### 三、空中摄影实施

空中摄影应选在天空晴朗少云、能见度好、气流平稳的天气进行，摄影时间最好是中午前后的几个小时。飞机做好航空摄影各项准备工作后，依据领航图起飞进入摄区航线，按预定的曝光时间和计算的曝光间隔连续地对地面摄影，直至第一条航线拍完。然后飞机盘旋转弯180°进入第二条航线进行拍摄，直至一个摄影分区拍摄完毕，再按计划转入下一摄影分区拍摄（图2-6）。

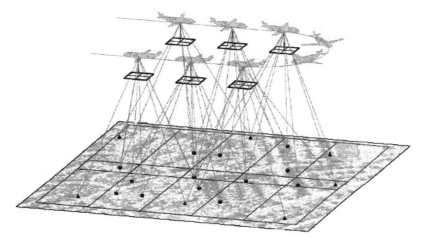

**图2-6　航空摄影过程**

### 四、摄影处理

摄影处理包括底片冲洗、正片晒印、像片索引图的制作等工作。航空像片拍摄完后，立即将装有底片的暗盒取出，在专用的冲印设备中进行处理，并按相应的技术质量标准检查。万一出现质量问题，如云层遮挡、漏拍、漏光、重叠度超限等，应马上采取重拍等补救措施。

### 五、资料检查验收

按航空摄影技术规范和航空摄影合同以及航摄技术计划中的条款进行检查验收。

## 第三节　摄影测量对于空中摄影的基本要求

空中摄影的成果——航空像片是摄影测量的基本原始资料，其质量的优劣，直接影响摄影测量过程的繁简、摄影测量成图的工效和精度高低。因此，摄影测量要对空中摄影测量提出相应的质量要求，即影像质量和飞行质量基本要求。飞行质量具体要求如下：

# 一、像片倾斜角

像片倾斜角指的是摄影仪物镜主光轴与铅垂线之间的夹角，以 $\alpha$ 表示（图 2-7）。以测绘地形为目的的空中摄影多采用竖直摄影方式，要求航摄仪再曝光的瞬间物镜主光轴保持垂直于地面。实际上，由于飞机的稳定性和摄影操作的技能限制，航摄仪主光轴在曝光时总会有微小的倾斜，按规定要求像片倾斜角 $\alpha$ 应小于 $2° \sim 3°$，这种摄影方式称为竖直摄影。

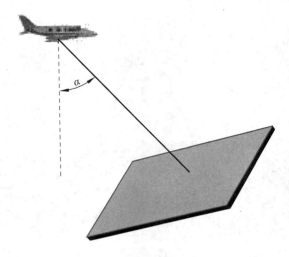

图 2-7　像片倾斜角

# 二、摄影航高

摄影航高称为航高 $H$，是指航摄仪物镜中心 $S$ 在摄影瞬间相对某一基准面的高度。航高是从该基准面起算的，向上为正号。根据所取基准面的不同，航高可分为相对航高和绝对航高（图 2-8）。

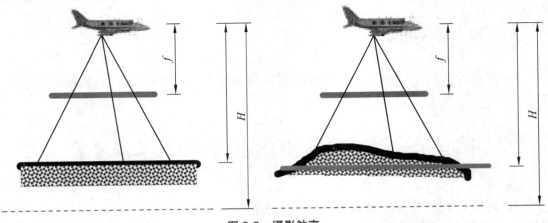

图 2-8　摄影航高

（1）相对航高 $H$：航摄仪物镜中心 $S$ 在摄影瞬间相对于某一基准面（通常是摄影区域地

面平均高程基准面）的高度。

（2）绝对航高 $H_绝$：航摄仪物镜中心 $S$ 在摄影瞬间相对于大地水准面的高度。摄影区域地面平均高程 $A$、相对高程 $H$、绝对高程 $H_绝$ 之间的关系为：

$$H_绝 = A + H \tag{2-1}$$

## 三、摄影比例尺

摄影比例尺是指空中摄影计划设计时的像片比例尺。航摄比例尺要考虑成图比例尺、摄影测量内业成图方法和成图精度等因素来选取，另外还要考虑经济性和摄影资料的可使用性。摄影比例尺可分为大、中、小三种。为充分发挥航摄负片的使用潜力，考虑上述因素，一般都应选择较小的摄影比例尺。航空摄影比例尺与成图比例尺之间的关系参照表2-1确定。

**表 2-1　航摄比例尺与成图比例尺关系**

| 比例尺类别 | 航摄比例尺 | 成图比例尺 |
|---|---|---|
| 大比例尺 | 1：2 000 ～ 1：3 000 | 1：500 |
| | 1：4 000 ～ 1：6 000 | 1：1 000 |
| | 1：8 000 ～ 1：12 000 | 1：2 000 |
| 中比例尺 | 1：15 000 ～ 1：20 000 | 1：5 000 |
| | 1：10 000 ～ 1：25 000 | 1：10 000 |
| | 1：25 000 ～ 1：30 000 | |
| 小比例尺 | 1：20 000 ～ 1：30 000 | 1：25 000 |
| | 1：35 000 ～ 1：55 000 | 1：50 000 |

在实际应用中，航空摄影比例尺是由摄影机的主距和摄影航高来确定的，即

$$1/m = f/H \tag{2-2}$$

式中：$m$ 为航摄比例尺分母；$f$ 为航摄仪的主距；$H$ 为摄影航高。这是摄影测量中常用的重要公式之一。

## 四、像片重叠度

摄影测量使用的航摄像片，要求沿航线飞行方向两相邻像片上对所摄的地面有一定的重叠影像，这种重叠影像部分称为航向重叠，其重叠影像与像幅边长之比的百分数称为航向重叠度。对于区域摄影（即面积航空摄影），要求两相邻航带像片之间有一定的影像重叠，这种重叠影像部分称为旁向重叠，其重叠影像与边长之比的百分数称为旁向重叠度（图 2-9、图 2-10）。

像片的重叠部分是立体观察和像片模型连接所必须的条件。在航向方向必须要有三张相邻像片有公共重叠影像，这一公共重叠部分称为三度重叠部分，这是摄影测量选定控制点的要求。所以，一般情况下要求航向重叠度保持在 60% ～ 65%，最小不能小于 53%；旁向重叠度保持在 30% ～ 35%，最小不能小于 15%。

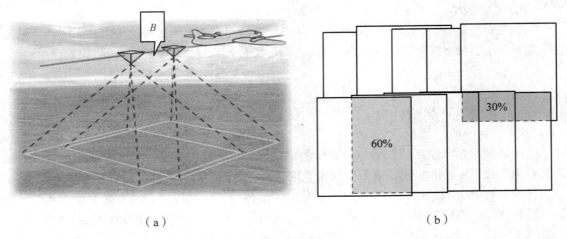

图 2-9　像片重叠度示意

图 2-10　像片重叠度实例

# 五、摄影基线

沿航线方向两相邻摄影站之间的距离称为摄影基线 $B$[图 2-9（a）]。

# 六、航高差

规范规定，同一航线内最大航高与最小航高之差不得大于 30 m，摄影区域内实际航高与设计航高之差不得大于 50 m。

## 七、航带弯曲度

一条航线上，实际航迹与航线首末端像主点连线的偏离程度称为航带弯曲度，通常以最大弯曲的矢距 $L$ 与航线长度 $D$ 之比来表示（图 2-11）。通常要求航线弯曲度 $R$ 不超过 3%，如公式（2-3）所示，以免影响旁向重叠以及导致常规测绘过程中的空中三角加密和像片联测等发生困难。

$$R=L/D\times100\%$$ （2-3）

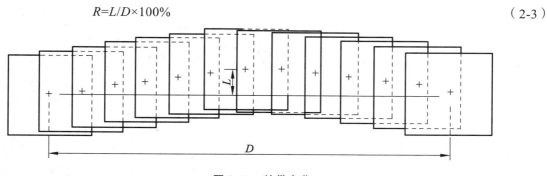

图 2-11 航带弯曲

## 八、像片旋偏角

相邻两像片的主点连线与像幅航带飞行方向的两框标连线之间的夹角称为像片的旋偏角，习惯用 $k$ 表示。它是由于摄影时，航摄仪定向不准确而产生的。旋偏角不但会影响像片的重叠度，而且还给航测内业作业增加困难。因此，对像片的旋偏角，一般要求小于 6°，个别最大不应大于 8°，而且不能连续三片有超过 6°的情况（图 2-12）。

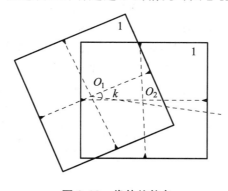

图 2-12 像片旋偏角

## 九、空中摄影影像质量评定

空中摄影完之后，当日应进行摄影处理，并对影像质量进行评定。检查评定质量有如下的项目：

（1）负片上影像是否清晰，框标影像是否齐全，像幅四周指示器件的影像（如水准气泡等）是否清晰可辨。

（2）由于太阳高压角的影响，地物阴影长度是否超过规定，地物阴暗和明亮部分的细部能否辨认。

（3）负片上是否存在云影、划痕、折伤和乳剂脱落等现象。

（4）负片上的黑度是否符合要求，影像反差是否超限。

（5）航带的直线性、平行性、重叠度、航高差、摄影比例尺等都要严格检查，不得超出规定的技术指标。

# 第四节　彩色摄影与其他摄影

## 一、色彩的基本知识

物体分发光体和非发光体两类。发光体发出的光线一般都含有多种光谱成分，光谱成分的组合形成一定的色光。物体显示的色随着照射光谱成分和物体对光谱成分固有不变的吸收、反射和透射的能力而定。

眼是人们观察外界景物的视觉器官。物体射出的光线刺激眼球视网膜神经产生光感和色感。视网膜有柱体视神经细胞和锥体视神经细胞两类。前者仅有黑白亮度的光感视觉，而后者对不同波长的色光能产生不同的色感视觉。人们观察外界物体时，物体投射入眼内的光线的光谱成分就决定了该物体的颜色。

白色光的七色可见光谱依人眼的色感也可概括地分为三个光谱段：蓝、绿、红，称为主色或原色，其余的各种颜色认为是三原色按不同成分的光学混合而得的中间色。因此，白色光可概括地表示：白＝蓝＋绿＋红。

试验显示：绿＋红→黄；蓝＋绿→青；蓝＋红→品红。

和主色（蓝、绿、红）光学混合形成白色的那个色（黄、品红、青），称为主色的补色，也称主色和补色为互补色，其形象表示如图 2-13 所示。

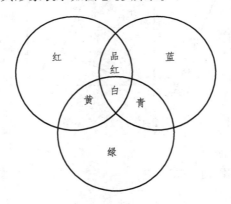

图 2-13　色彩合成

滤光片是染色的透光片，属于选择性吸收的透明体。随滤光片所染的色的不同，对不同波长的光有特定的吸收或透过的性能。选择使用某种滤光片，就能取得需要的光谱成分的透射光。滤光片的特性可用透光曲线来表示。

## 二、色彩的组合

加色法：改变三原色的混合比例，将会得到不同的中间色。利用三原色光学混合而得中间色的方法，称为加色法。遥感技术应用多光谱段摄影以取得天然色影像或彩色影像，基本原理基于加色法。

减色法：从互补色法混合相加得白色光的概念，也可推理认为补色是由白色减去主色而得到。如：

黄＝白－蓝＝绿＋红，黄＋品红＝红

青＝白－红＝绿＋蓝，青＋黄＝绿

品红＝白－绿＝红＋蓝，品红＋青＝蓝

滤光片具有减色功能，这是由于滤光片为选择性的透明体，这样重叠三个补色滤光片就没有光线透过了，光线就全部被吸收了。利用吸收光谱某些成分而显色的方法，称为减色法，多层彩色感光材料就是利用减色法原理设计的。

## 三、多层彩色感光材料与摄影处理

多层彩色片是按照减色法成色原理制作的，通常涂有三层感光乳剂层，除卤化银盐为感光物质外，还加有不同的耦合剂或称成色剂。三层有色片的曝光和彩色显影的情况可概括地表达为：曝光后的卤化银乳剂层＋彩色显影剂→金属银黑色银像＋（成色剂＋显影液中氧化物）→金属银黑色银像＋有色染料→附着有色染料的银像。

摄影处理的漂白作用和定影作用是同时进行的，可统称为定影。正片多层彩色片同负片彩色片一样，具有完全相同的三层感光乳剂层。在正片晒印过程中，彩色负片可看成是滤光片的综合，起着类同滤光片的作用。但在晒印正片时还要利用滤光片进行补偿，才能取得良好的彩色正片影像。

## 四、红外片和假彩色片

在卤化银感光乳剂中添加光学增感剂，使乳剂的感光范围扩大到红外段，用这种感光乳剂制作的感光片称为黑白红外片。如在上述乳剂中添加成色剂，使其在曝光和彩色显影后获得青色染料的彩色，用这种感光乳剂制作出彩色红外乳剂层，再配合一层和两层原色感光乳剂层，就制成彩色红外片。在正片上：

感绿层的绿光波段景物→蓝色影像

感红层红光波段景物→绿色影像

感红外层近红外波段景物→红色影像

所以，红外彩色片是以假彩色来显示所摄景物的。

由于用红外波段代替了蓝光波段，所以由地球卫星像片取得的合成图像是假彩色像片。

为使影像中某些地物更突出地显示出来，通过特殊彩色图像合成试验，选用最佳光谱段-滤光片组合方案，以获得不同的假彩色增强效果。假彩色图像在遥感判读上有极大的应用。

# 第五节　ADS 数字航空摄影系统认识

## 一、ADS40/ADS80 数字航空摄影系统认识

2001 年 7 月，瑞士徕卡公司（Leica Geosystems）在荷兰阿姆斯特丹举行的第 19 届 ISPRS（国际摄影测量与遥感协会）大会上正式推出了先进的基于线阵 CCD 扫描机载数字航空摄影测量系统 ADS40。2008 年 7 月，瑞士徕卡公司在中国北京举行的第 21 届 ISPRS 大会上又推出了 ADS 系列机载传感器的最新产品——ADS80 机载数字航空摄影测量系统（目前最先进的是 ADS100 机载数字航空摄影测量系统，在我国部分单位已经用于实际生产了）。

LeicaADS80 机载数字航空摄影测量系统是目前先进的推扫式机载数字航空摄影测量系统。ADS80 集成了高精度的惯性导航定向系统（IMU）和全球卫星定位系（GPS），采用 12 000 像元的三线阵（SH81 型号相机有 11 条、SH82 型号相机有 12 条）CCD 扫描和专业的单一大孔径焦阑（远心）镜头，一次飞行就可以同时获取前视、底点和后视的具有 100%三度重叠、连续无缝、具有相同影像分辨率和良好光谱特性的全色立体影像以及彩色影像和彩红外影像。

在 ADS80 SH82 相机的 12 条 CCD 中，每条 CCD 为 12 000 像元，像元大小为 6.5 μm，按照前视（28°）、底视（0°）、后视（14°）分为三组排列，前视组包括一条单独的全色 CCD，底视组包括一对相错半个像素的全色 CCD 和红、绿、蓝、近红外等各一条 CCD，后视组包括一条单独的全色 CCD 和红、绿、蓝、近红外等各一条 CCD。

## 二、ADS40 数字航空摄影与传统航空摄影之比较

### 1. 成像原理不同

传统模拟航空摄影相机是在空中瞬时曝光，利用感光底片获取影像，为单一主点透视，是框幅式中心投影。一般获取的是 23 cm×23 cm 或 18 cm×18 cm 的单幅航片。这种摄影方式是利用单张航片的重叠度获取立体模型像对的。这种航片一般采用 60%的重叠率，但只有 10%的地面信息记录在三度重叠内。一般以像片比例尺和扫描分辨率两个指标衡量这种数字化的航空照片。ADS40 数字航空摄影系统是按照线阵式扫描成像的原理开发的多线阵（最多 12 条）、多角度（F28°、F14°、N0°、B14°、B28°，其中 F 表示前视、N 表示下视、B 表示后视）相机。每个线阵是由 12 000 个大小为 6.5 μm×6.5 μm 的 CCD 像元组成的。图 2-14 是三线阵数字航空摄影原理示意图。

在 ADS40 数字航空摄影系统中，一个视场角度中根据实际情况包含若干条线阵。如下视0°角度下包含了分别获取 R、G、B 三个波段的 3 条线阵。在飞行过程中，每条线阵都无缝隙地记录了航线内所有的地面信息。这种摄影方式是利用同一条航线不同角度的影像（前视、

下视、后视）构成立体模型像对的。这种航片连续的无缝像元采用 100% 重叠率，所以有 100% 的地面信息记录在三度重叠内。另外，常规航片利用摄影比例尺和扫描分辨率两个指标衡量数字化的航片，即同一航摄比例尺的航片扫描分辨率不同，其精度指标也是不同的。在数字影像直接获取中，"像片比例尺"就不应该用于描述影像或摄像仪所能达到的影像质量应用范围。因为在这种情况下，"像片比例尺"这个名称并不能涵盖现有市场上 CCD 的各种不同像元大小和尺寸。用"像片比例尺"来描述直接获取的数字影像，就好像描述扫描后的像片而不提扫描分辨率一样，是非常容易让人误解的，因此 ADS40 影像是利用 GSD（地面分辨率）进行描述的。在 CCD 像元一定的情况下，GSD 是由摄影机的焦距和航飞高度决定的。如 ADS40 相机 CCD 像元 6.5 μm，相机焦距为 63 mm，因此要获取地面分辨率 0.2 m 的影像，相对航高在 1 920 m 即可。

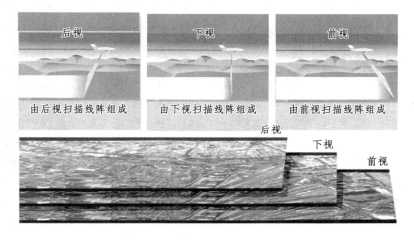

**图 2-14　三线阵数字航空摄影原理示意**

### 2. 获取的产品类型种类不同

传统模拟航空摄影中，一次飞行一般只能搭载一台摄影机，一台摄影机一般配置一个镜头，只能由感光底片对某一波段进行记录。因此，每次飞行仅能获取一种摄影成果，如彩色、全色（黑白）、彩红外等。

相对于传统模拟航空摄影的产品单一性而言，ADS40 数字航空摄影系统由于自身的多线阵、多角度的设计原理，每一条线阵的 CCD 可以获取一个波段的影像。因此一次飞行可以获取更多的产品，可以满足不同的需求。ADS40 数字航空摄影系统共由 4 个角度场 9 个 CCD 线阵进行扫描，获取 9 个波段的影像，分别为 F28°角度场包含 Pan（全色）波段，F14°角度场包含 R（红色）波段、B（蓝色）波段、NIR（近红外）波段，N0°角度场包含 R（红色）波段、G（绿色）波段、B（蓝色）波段，B28°角度场包含 Pan（全色）波段。图 2-15 是 ADS40 聚焦平面上的原始波段示意图。

在实际应用中，利用 F28°的 Pan 波段、N0°的 G 波段、B28°的 Pan 波段中的任意两条构成立体，即可进行立体测图；利用 N0°角度场的 R 波段、G 波段、B 波段合成真彩色影像，用来制作正射影像；利用 NIR 波段获取彩红外影像，可以进行绿地统计等工作。

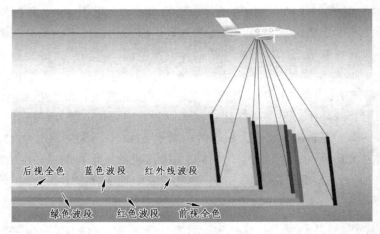

**图 2-15　ADS40 聚焦平面上原始波段示意**

### 3. 后期处理的差异性

传统模拟摄影结束后，后期需要经过底片冲洗、正片晒印、底片扫描数字化，来获取数字化的航片和晒印的航片，然后进行像控点联测和空三加密解算，获取加密成果，进行后期处理。从这个流程可以看出，传统模拟摄影中，航空摄影与后期处理是比较独立的两块，而且航片与航片之间在加密处理过程中是以独立模型的方式形成立体像对的，因此可以按照所需要的方式对某一个摄区的不同航线和同一条航线的不同张航片进行比较自由的分区加密。

相对于传统模拟航空摄影所进行的航测项目中摄影和后期处理的独立与自由，ADS40 数字航空摄影系统在进行一个航测项目时，航空摄影与后期处理是一个系统性的工程，并没有严格的区分。

首先，ADS40 数字航空摄影系统集成了 IPAS（Inertial Position & Attitude System，即惯性定位与定向系统），该系统由控制单元、GPS 接收机及其天线、IMU 和相应的软件组成，提供航空传感器的直接定向参数，高精度高频率提供传感器位置和姿态参数，提高了姿态传感器实时精度。这个机载导航定位系统与地面 GPS 观测基准站在飞行中同步记录数据，获取航飞影像后期处理所需的相关位置与姿态参数数据。利用飞行时获取的相关数据对航飞成果数据进行后处理，这是常规模拟航空摄影所没有的。

其次，ADS40 数字航空摄影系统获取的影像产品较多，其相应的处理过程也比较复杂。ADS40 数据按照处理情况不同获取不同结果。

从飞机上直接下载下来的航飞数据，称为 RAW 数据。RAW 数据是一个飞行数据包，包含了飞行中获取的地面信息数据和 IPAS 的 GPS-IMU 相关数据。然后利用相机自带的 G - pro 处理软件对 RAW 数据进行展开，获取进行了辐射纠正的单航线单波段影像数据，称为 0 级影像。同时获取飞行数据，利用 IPASpro 处理软件，将飞行数据与地面基准站数据进行拟合计算，获取精确纳入到当地坐标系统的飞行数据，用于后期处理。0 级影像是所有后处理的基础影像。后处理主要包括如下几个方面：

（1）利用 0 级影像与解算后的飞行数据和少量地面控制点，进行空三加密解算，获取加密成果，供后期使用。

（2）利用 0 级影像与解算后的飞行数据进行处理，获取进行了几何纠正的影像，称为 1

级影像。不同视角的 1 级影像可以构成立体像对作为后期立体测图的基准影像，也可以用于 N0°视角的 1 级影像生成 2 级影像。

（3）利用 0 级影像和空三加密成果，生成 DEM，然后利用 N0°的 R、G、B 合成的彩色影像，作为 DEM 合成的基准影像，用来制作正射影像，即 2 级影像。

从上面的处理步骤中可以看出，ADS40 数据在处理中每一步都有很强的相关性。飞行处理、影像数据预处理、数据处理可以看作一个整体工程来做。这可能也是这套数字摄影处理系统被称为数字航空摄影系统的原因所在。

多线阵数码成像技术是顺应摄影测量向"全过程"数字化发展而产生的新型航空影像获取技术。它不仅缩短了航空影像获取的周期，省去了航片冲洗和扫描等传统航空摄影及数字化的中间环节，减少了噪声来源，提高了影像的质量，而且获取的影像几乎处处具有三度重叠和良好的基高比，更加适合于正射影像制作和数字地面模型的自动化生产。但是由于其在成像方式和海量数据等方面独特的特点，处理起来比较烦琐。随着相应处理软件的增多，其后期处理会更成熟合理，这一技术将会得到广泛的应用。

# 第六节　像片影像的误差及处理

## 一、像片影像误差综述

摄影得到的影像由于受到摄影机物镜畸变差、摄影处理、大气折光、底片压平以及地球弯曲等因素的影响造成像片上影像产生误差，这些误差将直接影响摄影测量的精度，因此应加以研究和处理。

## 二、摄影机物镜畸变对像片影像的影响

由于物镜在加工、安装和调试过程中存在一定的残余误差，这就会引起物镜畸变。它有两种：径向畸变差、切向畸变差。后者小，仅为前者的 1/7 ~ 1/5，因而只测定径向畸变差并加以改正，如图 2-16 所示。

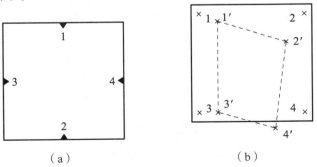

（a）　　　　　　　　　　　　（b）

**图 2-16　物镜畸变改正**

理想情况下，过物镜节点的入射光线与出射光线相互平行，由于生产加工导致的畸变，

使实际光线并不平行。如图 2-17 所示，物点 $A$ 应构像于 $a'$，由于物镜畸变差，$A$ 点实际构像于 $a$。

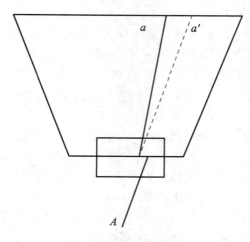

**图 2-17　物镜畸变原理**

物镜畸变差有径向畸变差和切向畸变差。径向畸变差为主要误差，它在以像主点为中心的辐射线上，在图上表示为 $a'a$。

径向畸变差是以像主点为中心的像点辐射距的函数，可表示为：

$$\Delta r = k_0 r + k_1 r^2 + k_2 r^5 + k_3 r^7 + \cdots$$

式中，$\Delta r$ 为畸变差；$r$ 为像点到像主点的距离；$k_0$，$k_1$，$\cdots$ 为径向畸变差系数，由生产相机厂家提供。

改正时分别在 $x$、$y$ 方向上进行（$\Delta x$ 为 $x$ 方向上改正数，$\Delta y$ 为 $y$ 方向上改正数）：

$$\Delta x = -x(k_0 + k_1 r^2 + k_2 r^4 + k_3 r^6 + \cdots)$$
$$\Delta y = -y(k_0 + k_1 r^2 + k_2 r^4 + k_3 r^6 + \cdots)$$

# 三、摄影感光材料变形的影响

感光材料在摄影、摄影处理、负片保存以及由负片晒印正片的过程中，都会产生不同程度的变形。它受均匀、不均匀和偶然、局部变形的综合影响。对于均匀和不均匀变形，可看作是对像幅的增大或缩小，相当于像片摄影比例尺有微小的变动，因此这类变形影响改正可根据对像片上框标位置的量测加以改正（目前，摄影测量主要使用数字摄影机直接获取数字影像，所以这类变形可以不用考虑）。

### 1. 量测 4 个框标坐标改正

这种框标不仅能改正均匀和不均匀的线性变形，而且也能改正非线性变形。当已知 4 个框标相对于像主点的正确坐标时，可采用如下关系式改正：

$$\left. \begin{array}{l} x = a_1 + a_2 x' + a_3 y' + a_4 x' y' \\ y = b_1 + b_2 x' + b_3 y' + b_4 x' y' \end{array} \right\}$$

（2-4）

式中，$(x', y')$ 为量测的框标坐标；$(x, y)$ 为正确的框标坐标；$a_i$，$b_i$ 为待定的变换参数。

像点改正的步骤为：

（1）先精确量测框标样片上的 4 个框标坐标。

（2）相应地在航片上量出 4 个框标的坐标。

（3）利用改正公式，可列出 8 个方程。

（4）解算变换参数。

（5）按各像点坐标，利用改正公式，计算各改正后的像点坐标。

### 2. 量测 4 个框标距离改正

这种框标能改正均匀和不均匀的伸缩。当已知两对边框标的距离时，可采用如下关系式改正：

$$x = x'\frac{L_x}{l_x}, \quad y = y'\frac{L_y}{l_y} \tag{2-5}$$

式中，$L_x$，$L_y$ 为框标之间距离的正确值；$l_x$，$l_y$ 为框标在像片上的量测距离。通过框标距计算变换参数后就可进行改正了。

## 四、大气折光的影响

大气的密度随高度增加而减小，空气的折射率随高度增大而逐渐减小，因而光线的路径不是一条直线。

如图 2-18 所示，地面点 $A$ 在理想的中心投影情况下应构像于 $a'$，由于大气折光的影响，由 $A$ 点发出的光线实际上沿着一条曲线到达 $S$，最后构像于 $a$。$a'a$ 就是大气折光所引起的像点移位，叫作该点的大气折光差。

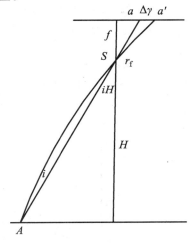

图 2-18　大气折光的影响

大气折光引起像点在辐射方向的改正为：

$$\Delta r = -(f + r^2 / f)r_f \tag{2-6}$$

其中，$f$ 为摄影机主距；$r$ 为以像底点为中心的辐射距；$r_f$ 为折射光差：

$$r_f = \frac{n_0 - n_H}{n_0 + n_H} \cdot \frac{r}{f} \qquad (2-7)$$

$n_0$ 和 $n_H$ 分别为地面和高度 $H$ 处的大气折射率。那么大气折光引起的像点坐标改正值为：

$$dx = \frac{x'}{r}\Delta r, \quad dy = \frac{y'}{r}\Delta r \qquad (2-8)$$

## 五、地球曲率对像点坐标的影响

地球曲率的影响是不破坏物像间的中心投影的另一种变形。大地水准面是一椭球面，利用像片建立的地面模型的大地水准面也是椭球面，但已知控制点的坐标系是以平面作为水准面的，即认为大地水准面与水平坐标面重合。这一矛盾的存在，会明显影响加密成果的精度。

由地球曲率引起的像点坐标在辐射方向的改正为：

$$\delta = Hr^3 / 2Rf^2 \qquad (2-9)$$

式中，$H$ 为摄站点的航高；$r$ 为以像底点为中心的向径；$R$ 为地球的曲率半径；$f$ 为摄影机主距。

则像点坐标的改正为：

$$\delta_x = \frac{x'}{r}\delta = \frac{x'Hr^2}{2f^2R}, \quad \delta_y = \frac{y'}{r}\delta = \frac{y'Hr^2}{2f^2R} \qquad (2-10)$$

式中，$(x', y')$ 为地球曲率改正前的像点坐标。

最后，经摄影物镜畸变差、摄影材料变形、大气折光差和地球曲率改正后的像点坐标为：

$$\left.\begin{array}{l} x = x' + \Delta x + dx + \delta_x \\ y = y' + \Delta y + dy + \delta_y \end{array}\right\} \qquad (2-11)$$

式中，$x, y$ 为经各项系数改正后的像点坐标；$x', y'$ 为经摄影材料变形改正后的像点坐标；$\Delta x, \Delta y$ 为物镜畸变差引起的像点坐标改正；$dx, dy$ 为大气折光差引起的像点坐标改正；$\delta_x, \delta_y$ 为地球曲率引起的像点坐标改正（图2-19）。

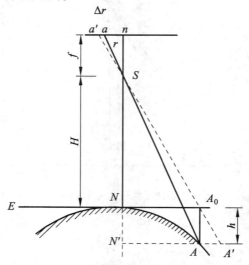

图 2-19　地球曲率对像点坐标影响

# 第三章　单张航摄像片解析

**学习重点：**

1. 中心投影及正射投影的概念
2. 摄影测量常用的坐标系统
3. 航摄像片的内外方位元素含义
4. 中心投影构像方程式理解
5. 空间后方交会的概念及意义
6. 航摄像片引起像点位移的因素

　　经典的摄影测量学已经形成了一套完整的理论体系，通过这套理论的学习，可以使初学者对于摄影测量的实现过程有个概念上的思路，从而为以后学习相关理论知识、实践技能操作提供一个良好的支持。这一部分的学习至关重要，概念理论环环相扣，对于每个任务，初学者都必须达到理解的程度。航摄像片是航空摄影测量的原始资料，摄影测量就是根据被摄物体在像片上的构像规律及物体与对应影像之间的几何关系和代数关系，获取被摄物体的几何属性和物理属性，因此，单张航摄像片解析是整个摄影测量的理论基础。

# 第一节　中心投影的基本概念

## 一、中心投影及正射投影

### 1. 中心投影

　　用一组假想的直线将物体向几何面投射称为投影。其投射线称为投影射线，投影的几何面称为投影平面。当投影射线汇聚于一点时，称为中心投影，投影射线的汇聚点 $S$ 称为投影中心（图 3-1）。

　　中心投影有两种状态，如图 3-1 所示，当投影平面 $p$（即像片）和被摄物体位于投影中心的两侧，此时像片所处的位置称为负片位置，如同摄影时的情况。现假设以投影中心为对称中心，将像片转到物空间，即投影平面与被摄影物体位于投影中心的同一侧，此时像片 $p'$ 所处的位置称为正片位置，利用摄影底片晒印与底片等大的像片时就是这种情况。

　　无论像片处在正片位置或负片位置，像点与物点之间的几何关系并没有改变，数学表达式仍然是一样的。今后在讨论与中心投影有关的问题时，可根据需要采用正片位置或者负片位置。

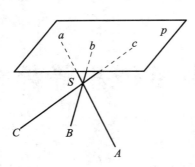 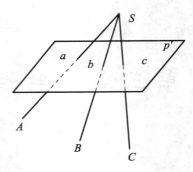

图 3-1　中心投影

从几何意义上说，航摄时的物方主点相当于投影中心，像片平面是投影平面，像片平面上的影像就是摄区地面点的中心投影。摄影测量的主要任务之一，就是把地面按中心投影规律获得的摄影比例尺像片，转换成按图比例尺要求的正射投影地形图。

### 2. 正射投影

当诸投影光线都平行于某一固定方向时，这种投影称为平行投影。其中，当投影射线与投影平面成斜交时，称为斜投影（图 3-2）；当投影射线与投影平面成正交时，称为正射投影（图 3-3）。

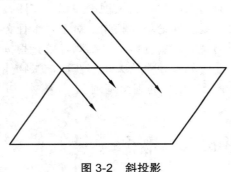 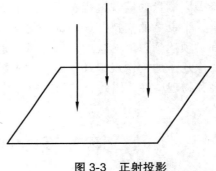

图 3-2　斜投影　　　　　　　　　　　　　　　图 3-3　正射投影

## 二、航摄像片上的特殊点、线、面

利用单张像片按中心投影的规律反求所摄物点时，只讨论物点平面与像点平面的关系，这两个平面之间的中心投影变换关系又称透视变换关系。

### 1. 航摄像片上的特殊点、线、面

如图 3-4 所示，设像片平面 $P$ 和地平面（或图面）$E$ 是以物镜中心 $S$ 为投影中心的两个透视平面。两透视平面的交线 $TT$ 称为透视轴或迹线，两平面的夹角 $\alpha$ 称为像片倾角。

过 $S$ 作 $P$ 面的垂线与像片面交于 $o$ 点，与地面交与 $O$，$o$ 称为像主点，$O$ 称为地主点，$So$ 称为摄影机的主光轴。$So=f$，称为摄影机的主距。

过 $S$ 作 $E$ 的铅垂线，称为主垂线。主垂线与相片面交于 $n$，与地面交于 $N$，$n$ 称为像底点，$N$ 称为地底点。$SN=H$，称为航高。

摄影机主光轴 $So$ 与主垂线 $Sn$ 的夹角就是像片倾角 $\alpha$，过 $S$ 作角 $oSn$ 的角平分线，与像片

面 $P$ 交于 $c$，与地平面交与 $C$，$c$ 称为等角点。

过主垂线 $SN$ 和主光轴 $So$ 的铅垂线 $W$ 称为主垂面。主垂面既垂直于像平面 $P$，又垂直于地平面 $E$，因而也必然垂直于透视轴 $TT$。主垂面与像平面 $P$ 的交线 $vv$ 称为主纵线，与地平面的交线 $VV$ 称为摄影方向线。$o$，$n$，$c$ 必然在主纵线上，$O$，$N$，$C$ 必然在摄影方向线上。过 $S$ 作平行于 $E$ 面的水平面 $E_S$，称为合面。合面与像平面的交线 $h_i h_i$ 称为合线（真水平线），合线与主纵线的交点 $i$ 称为主合点。过 $c$，$o$ 分别作平行于 $h_i h_i$ 的直线 $h_c h_c$、$h_o h_o$，分别称为等比线和主横线。

过 $S$ 作 $vv$ 的平行线交 $VV$ 于 $j$，$j$ 点称为主遁点。

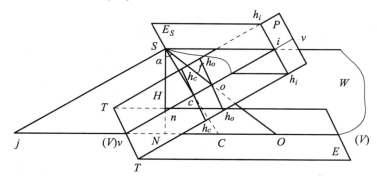

图 3-4　航摄像片上的特殊点、线、面

由图 3-4 可知特殊点线面之间的几何关系如下：

$$\left.\begin{array}{l} on = f\tan\alpha \\ oc = f\tan\alpha/2 \\ oi = f\cot\alpha \end{array}\right\} \quad 同样在物面上有：\left.\begin{array}{l} ON = H\tan\alpha \\ CN = H\tan\alpha/2 \\ SJ = iV = H/\sin\alpha \end{array}\right\} \quad （3\text{-}1）$$

### 2. 重要点、线特征

底点特性：空间所有铅垂线在像面上的构像都位于以像底点 $n$ 为辐射中心的相应辐射线上，如图 3-5 所示。

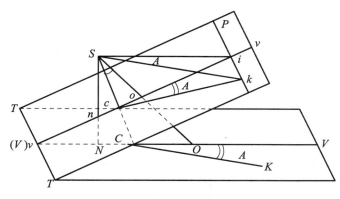

图 3-5　特殊点、线特性

等角点特性：地面为水平时，取等角点 $c$ 和 $C$ 为辐射中心，在像平面和地面上任意一对透视对应点所引绘的方向，与相应的对应起始线之间的夹角是相等的，如图 3-5 所示。

等比线特性：等比线是一条像水平线，过等比线的水平面，相当于在原摄站用原摄影仪所摄得的一张理想的水平像片。因而，等比线的构像比例尺等于水平像片的摄影比例尺 $f/H$，不受像片倾斜的影响，如图 3-5 所示。

上述各点、线在像片上是客观存在的，但除了像主点在像片上容易找到外，其他点、线均不能直接找到，需经过解析求解才能得到。这些点、线对于后面章节中定性和定量分析航摄像片上的几何特性有着重要意义。

# 第二节　摄影测量常用坐标系统

摄影测量解析的任务就是根据像片上像点的位置确定对应地面点的空间位置，为此必然涉及选择适当的坐标系统来描述像点和地面点，并通过一系列的坐标变换，建立二者之间的数学关系，从而由像点观测值求出对应物点的测量坐标。摄影测量中的坐标系分为两大类：一类是用于描述像点位置的像方空间坐标系，另一类是用于描述地面点位置的物方空间坐标系。

## 一、像方空间坐标系

### 1. 像平面坐标系

像平面坐标系用于表示像点在像平面上的位置，通常采用右手系。在解析和数字摄影测量中，常常使用航摄像片的框标来定义坐标系，称为框标坐标系，如图 3-6 所示。若像片框标为边框标，则以对边框标连线作为 $x$、$y$ 轴，连线交点 $P$ 为坐标原点，与航线方向相近的连线为 $x$ 轴。若像片框标为角框标，则以对角框标连线夹角的平分线作为 $x$、$y$ 轴，连线交点 $P$ 为坐标原点。

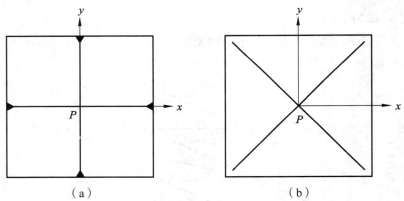

（a）　　　　　　　　　　　（b）

**图 3-6　框标坐标系**

而在摄影测量解析计算中，像点的坐标应采用以像主点为原点的像平面坐标系中的坐标。为此，当像主点与框标连线交点不重合时，须将框标坐标系平移至像主点 $O$ 为原点的坐标系，见图 3-7。若主点在框标坐标系中的坐标为 $(x_0, y_0)$，则像点框标坐标 $(x_p, y_p)$ 可换算到以像主点为原点的像平面坐标系中的坐标 $(x, y)$：

$$\left. \begin{array}{l} x = x_p - x_0 \\ y = y_p - y_0 \end{array} \right\} \tag{3-2}$$

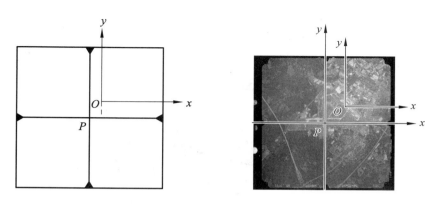

图 3-7　像平面直角坐标系

## 2. 像空间坐标系

为了便于进行像点的空间坐标变换，需要建立起能够描述像点空间位置的坐标系，即像空间坐标系。以像片的摄影中心 $S$ 为坐标原点，$x$、$y$ 轴与像平面坐标系的 $x$、$y$ 轴平行，$z$ 轴与主光轴方向重合，构成像空间右手直角坐标系 $S\text{-}xyz$，如图 3-8 所示。像点在这个坐标系中的 $z$ 坐标始终等于$-f$，$x$、$y$ 坐标也就是像点的像平面坐标，因此只要量测得到像点在以像主点为原点的像平面坐标系中的坐标（$x$，$y$），就可得到该像点的像空间坐标（$x$，$y$，$-f$）。像空间坐标系随着每张像片的摄影瞬间空间位置而定，所以不同航摄像片的像空间坐标系是不统一的。

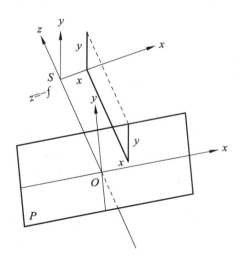

图 3-8　像空间直角坐标系

## 3. 像空间辅助坐标系

像点的像空间坐标可以直接由像平面坐标求得，但由于各像片的像空间坐标系是不统一的，这就给计算带来了困难。为此，需要建立一种相对统一的坐标系，称为像空间辅助坐标系，用 $S\text{-}XYZ$ 或 $S\text{-}uvw$ 表示。此坐标系的坐标原点仍取摄影中心 $S$，$X$、$Y$、$Z$ 坐标轴方向视实际情况而定，如图 3-9 所示。

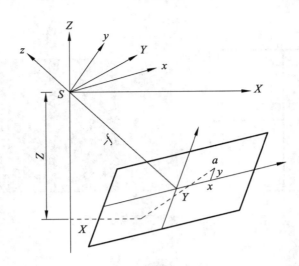

**图 3-9　像空间辅助坐标系**

像空间辅助坐标系的建立方法：

（1）取铅垂方向为 $w$ 轴，航向为 $u$ 轴，三轴构成右手直角坐标系；

（2）以每条航线的首像片的空间坐标系的三轴作为像空间辅助坐标系的三个轴向；

（3）以每个像片的左片摄影中心为坐标原点，摄影基线方向为 $u$ 轴，以摄影基线及左片主光轴构成的面为 $uw$ 平面，构成右手系。

可见，各片的像空间辅助坐标系的三轴对应平行，不同之处在于各自的坐标原点是所在像片的摄影中心。

## 二、物方空间坐标系

### 1. 摄影测量坐标系

将像对的像空间辅助坐标系沿 $Z$ 轴延伸到地面某一点，做一个和像空间辅助坐标系平行的坐标系 $P\text{-}X_pY_pZ_p$，称为摄影测量坐标系，它是航带网中的一种统一的坐标系。由于它与像空间辅助坐标系平行，因此很容易由像点的空间辅助坐标求得相应面点的摄影测量坐标。

### 2. 地面测量坐标系

地面测量坐标系是指地图投影坐标系，也就是国家测图所采用的高斯-克吕格 3 度带或 6 度带投影的平面直角坐标系与定义的某一基准面的高程系（如 1956 年黄海高程或 1985 国家高程基准）所组成的空间左手直角坐标系 $T\text{-}X_tY_tZ_t$。

### 3. 地面摄影测量坐标系

由于摄影测量坐标系采用的是右手系，而地面摄影测量坐标系采用的是左手系，这给摄影测量坐标系到地面测量坐标系的转换带来了困难。为此，在摄影测量坐标系与地面摄影测量坐标系之间建立一种过渡性的坐标系，称为地面摄影测量坐标系，用 $D\text{-}X_{tp}Y_{tp}Z_{tp}$ 表示，其坐标原点在测区内的某一地面点上，$X$ 轴为大致与航向一致的水平方向，$Z$ 轴沿铅垂方向，三轴构成右手系，如图 3-10 所示。摄影测量中，首先将地面点在像空间辅助坐标系中的坐标转换成地面摄影测量坐标，再转换为地面测量坐标。

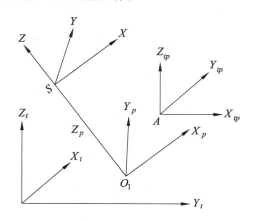

**图 3-10　物方空间坐标系关系**

# 第三节　航摄像片内外方位元素

摄影测量的任务是要通过像片上的像点坐标解析其对应的地面点位置。为了达到这个目的，首先要建立起像片和其对应地面之间的几何关系，即摄影瞬间，摄影机（摄影中心）、像片、地面三者之间的几何关系；然后通过其几何关系找到它们之间的数学关系，从而达到通过像点解析对面地面点位置的目的，如图 3-11 所示。

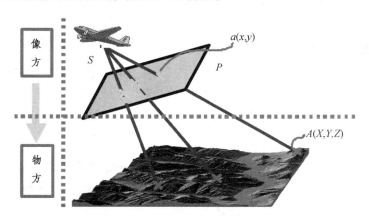

**图 3-11　摄影中心、像片、地面点关系**

## 一、内方位元素

内方位元素是描述摄影中心与像片之间相关位置的参数，包括三个参数（$x_0$、$y_0$、$f$）：摄影中心 $S$ 到像片的主距 $f$ 及像主点 $o$ 在框标坐标系中的坐标（$x_0$，$y_0$），如图 3-12 所示。在摄影测量作业中，将像片装入投影镜箱后，若保持摄影瞬间摄影中心与像片的关系和投影中心与像片的关系一致，即恢复三个内方位元素，并用灯光照明，即可得到和摄影瞬间完全相似的投影光束，它是建立测图所需的立体模型的基础。内方位元素值一般视为已知，它由制造厂家通过摄影机鉴定设备检验得到，检验的数据写在仪器说明书上。在制造摄影机时，一般应将像主点置于框标连线交点上，但安装中有误差，使二者并不重合，所以（$x_0$，$y_0$）是一个微小值。内方位元素值的正确与否，直接影响测图的精度，因此对航摄仪须作定期鉴定。

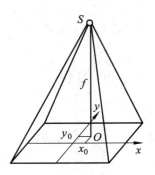

图 3-12　内方位元素示意

## 二、外方位元素

在恢复了内方位元素（即恢复了摄影光束）的基础上，确定像片或摄影光束摄影瞬间在地面坐标系中的参数，称为外方位元素。一张像片的外方位元素包括 6 个参数。其中有 3 个是描述摄影中心 $S$ 空间位置的坐标值，称为直线元素；另外 3 个是描述像片空间姿态的参数，称为角元素。

### 1. 三个直线元素

三个直线元素是指摄影瞬间摄影中心 $S$ 在选择的地面空间坐标系中的坐标值 $X_S$、$Y_S$、$Z_S$。地面空间直角坐标系可以是左手系的地面测量坐标系，也可以是右手系的地面摄影测量坐标系，后述问题如无特别说明，则一般是指地面摄影测量坐标系。

### 2. 三个角元素

它是描述像片在摄影瞬间空间姿态的要素，其中两个角元素用以确定主光轴在空间的方向，另一个确定像片在像片面内的方位。实际摄影时，摄影机的主光轴不可能铅垂，像片也不可能水平，此时刻认为摄影时的姿态是由理想姿态绕空间三个轴向（主轴、副轴、第三旋转轴）依次旋转三个角值后所得到，这三个角值称为像片的三个外方位元素。通常有三种表达方式：

（1）以 $Y$ 轴为主轴的 $\varphi$-$\omega$-$\kappa$ 转角系统如图 3-13 所示，三个外方位元素角值可定义如下：

航向倾角 $\varphi$：主光轴 $So$ 在 $S$-$XZ$ 平面上的投影与坐标轴 $Z$ 间的夹角；

旁向倾角 $\omega$：主光轴 $So$ 在 $S$-$YZ$ 平面上的投影与坐标轴 $Z$ 间的夹角；

像片倾角 $\kappa$：$Y$ 轴投影到像片平面内，其投影与像片平面坐标系的 $y$ 轴的夹角用 $\kappa$ 表示，称为像片倾角。

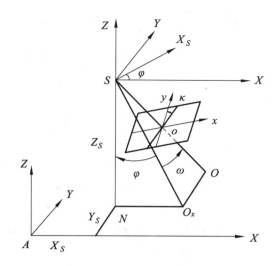

图 3-14　$\varphi$-$\omega$-$\kappa$ 系统

按照这种方法定义的外方位元素，主光轴和像片的空间方位恰好等价于下列情况：假设在摄站点 $S$ 摄取一张水平像片，若将该片及其像空辅助坐标系 $S$-$XYZ$ 首先绕着 $Y$ 轴（称为主轴）在航向倾斜 $\varphi$ 角；在此基础上，再绕着副轴（绕着 $Y$ 轴旋转过 $\varphi$ 角的 $X$ 轴）在旁向倾斜 $\omega$ 角；像片再绕着第三轴（经 $\varphi$、$\omega$ 角旋转过后的 $Z$ 轴即主光轴）旋转 $\kappa$ 角。因此，此时我们定义的角元素 $\varphi$、$\omega$、$\kappa$ 可以认为是以 $Y$ 轴为主轴的 $\varphi$-$\omega$-$\kappa$ 系统下的像片空间姿态的表达方式。

转角的正负号，国际上规定绕轴逆时针旋转（从旋转轴正向的一端面对着坐标原点看）为正，反之为负。我国习惯规定 $\varphi$ 角顺时针转为正，$\omega$、$\kappa$ 角逆时针方向为正，图 3-13 中箭头方向表示正方向。

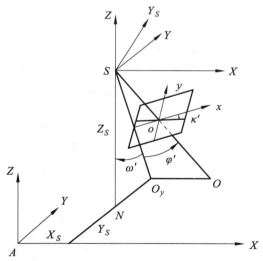

图 3-13　$\omega'$-$\varphi'$-$\kappa'$ 系统

（2）以 $X$ 轴为主轴的 $\omega'$-$\varphi'$-$\kappa'$ 系统，三个外方位元素角值可定义如下：

首先将主光轴 $So$ 投影在 $S$-$YZ$ 平面内，得到 $SO_y$。

旁向倾角 $\omega'$：$SO_y$ 与 $Z$ 轴的夹角用 $\omega'$ 表示，称为旁向倾角；

航向倾角 $\varphi'$：$SO_y$ 与 $So$ 轴的夹角用 $\varphi'$ 表示，称为航向倾角；

像片倾角 $\kappa'$：将 $X$ 轴投影到像片平面内，其投影与像片平面坐标系 $x$ 轴的夹角用 $\kappa$ 表示，称为像片倾角。

按照上述方法定义的外方位角元素 $\omega'$、$\varphi'$、$\kappa'$ 可以认为是以 $X$ 轴为主轴的 $\omega'$-$\varphi'$-$\kappa'$ 系统下的像片空间姿态的表达方式。

$\omega'$、$\varphi'$、$\kappa'$ 正负号定义与 $\varphi$、$\omega$、$\kappa$ 相似，图 3-14 中箭头指向正方向。

（3）以 $Z$ 轴为主轴的 $A$-$\alpha$-$\kappa_v$ 系统。

如图 3-15 所示，$A$ 表示主光轴 $So$ 和铅垂线 $SN$ 所确定的主垂面 $W$ 的方向角，即摄影方向线 $NO$ 与 $X$ 轴的夹角；$\alpha$ 表示像片倾角，指主光轴 $So$ 与铅垂线的夹角；$\kappa_v$ 表示像片旋角，指主纵线与像片 $y$ 轴之间的夹角。主垂面方向角 $A$ 可理解为绕主轴 $Z$ 轴顺时针旋转得到的；像片倾角 $\alpha$ 是绕副轴（旋转 $A$ 角后的 $X$ 轴）逆时针方向旋转得到的；而像片旋角 $\kappa_v$ 则是绕旋转 $A$、$\alpha$ 角后的主光轴 $So$ 逆时针旋转得到的。因此，按照上述方法定义的外方位角元素 $A$、$\alpha$、$\kappa_v$ 可以认为是以 $Z$ 轴为主轴的 $A$-$\alpha$-$\kappa_v$ 系统下的像片空间姿态的表达方式。

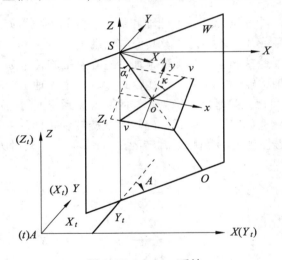

图 3-15　$\omega'$-$\varphi'$-$\kappa'$ 系统

$A$、$\alpha$、$\kappa_v$ 正负号定义与 $\varphi$、$\omega$、$\kappa$ 相似，图 3-15 中箭头指向正方向。

上述三种角元素表达方式，其中模拟摄影测量仪器单张像片测图时，多采用 $A$、$\alpha$、$\kappa_v$；立体测图时多采用 $\omega'$、$\varphi'$、$\kappa'$ 或 $\varphi$、$\omega$、$\kappa$；而在解析摄影测量和数字摄影测量中采用 $\varphi$、$\omega$、$\kappa$。

### 3. 总结分析

外方位元素三个线元素本质是摄影瞬间，摄影机在测量坐标系中的坐标，这个很好理解，相当于摄影时在什么位置摄影。摄影位置不同，摄影得到的影像自然不同。摄影位置确定了，摄影机朝不同的方向摄影（姿态不同），其得到的影像也不相同。只有摄影位置确定、摄影方向确定（姿态确定），像片上影像才可以一一对应地面点目标。摄影姿态通过旋转角来确定，旋转角也可以理解为两个坐标系（像片对应的像空间坐标系和地面测量坐标系）之间的夹角，两个空间坐标系有三个夹角。三个角元素也可理解为航空摄影时飞机的滚动角、俯仰角、航偏角，如图 3-16 所示。

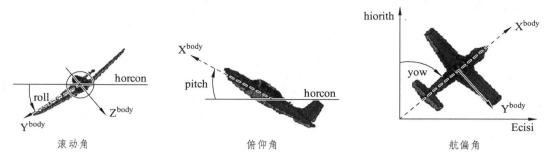

图 3-16　外方位角元素实质含义

# 第四节　空间直角坐标系之间的变换

在解析摄影测量中，用像点坐标解求相应点地面坐标时，需将各种情况下量测的像点坐标转换到像平面直角坐标系中，再将它转换为统一的像空间辅助坐标，这就涉及各种坐标系之间的坐标变换。

## 一、像点的平面坐标变换

共原点的两像平面坐标系间的变换关系如图 3-17 所示，其变换方程式如式（3-3），其中 $\kappa$ 是两个坐标系间的夹角。

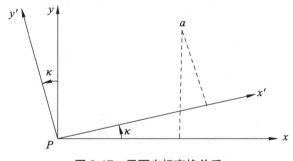

图 3-17　平面坐标变换关系

$$\begin{bmatrix} x \\ y \end{bmatrix} = \begin{bmatrix} \cos\kappa & -\sin\kappa \\ \sin\kappa & \cos\kappa \end{bmatrix} \begin{bmatrix} x' \\ y' \end{bmatrix}$$

（3-3）

不共原点的两像平面坐标系间的变换关系如图 3-18 所示，其中 $A$ 为两个坐标系间的旋转矩阵，公式（3-4）中的矩阵 $x_0$，$y_0$ 代表两个坐标系之间的平移量。

$$\begin{bmatrix} x \\ y \end{bmatrix} = A \begin{bmatrix} x' \\ y' \end{bmatrix} + \begin{bmatrix} x_0 \\ y_0 \end{bmatrix}$$

（3-4）

在摄影测量中，像点的平面坐标变换主要用于像框标坐标与像平面坐标的变换，而且两坐标系的轴系是对应平行的，所以二者的转换只存在平移转换。

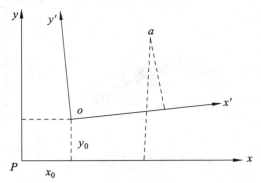

**图 3-18　不共原点平面坐标变换关系**

## 二、像点的空间坐标变换

在取得像点的像平面坐标后，加上 $z=-f$ 即可得到像点的像空间直角坐标。像点的空间坐标变换，是指将像点的像空间直角坐标（$x$，$y$，$-f$）变换为像空间辅助坐标（$X$，$Y$，$Z$）。这是像点在共原点的两个空间直角坐标系中的坐标变换。

同一像点在原点相同的两个空间直角坐标系中的坐标变换，其变换见式（3-5）：

$$\begin{bmatrix} X \\ Y \\ Z \end{bmatrix} = \boldsymbol{R} \begin{bmatrix} x \\ y \\ -f \end{bmatrix}, \quad \boldsymbol{R} = \begin{bmatrix} a_1 & a_2 & a_3 \\ b_1 & b_2 & b_3 \\ c_1 & c_2 & c_3 \end{bmatrix} = \begin{bmatrix} \cos \hat{x}x & \cos \hat{x}y & \cos \hat{x}z \\ \cos \hat{y}x & \cos \hat{y}y & \cos \hat{y}z \\ \cos \hat{z}x & \cos \hat{z}y & \cos \hat{z}z \end{bmatrix} \tag{3-5}$$

$\boldsymbol{R}$ 为空间轴系旋转变换的旋转矩阵，它是一正交矩阵。$a_i$，$b_i$，$c_i$ 为方向余弦，这九个方向余弦中实质只含有三个独立参数即外方位元素三个角元素，这三个参数可以是前述三种转角系统中的任何一种，最终的结果是一致的。以第一种情况详述如下：

以 $Y$ 轴为主轴的 $\varphi$、$\omega$、$\kappa$ 转角系统的坐标变换：可分四步分解进行。

第一步，将 $S\text{-}XYZ$ 绕 $Y$ 轴旋转 $\varphi$ 角得到一新坐标系 $S\text{-}X_PYZ_P$，如图 3-19 所示。

$$\begin{bmatrix} X \\ Y \\ Z \end{bmatrix} = \boldsymbol{R}_\varphi \begin{bmatrix} X\varphi \\ Y \\ Z\varphi \end{bmatrix} = \begin{bmatrix} \cos\varphi & 0 & -\sin\varphi \\ 0 & 1 & 0 \\ \cos\varphi & 0 & \cos\varphi \end{bmatrix} \begin{bmatrix} X\varphi \\ Y \\ Z\varphi \end{bmatrix} \tag{3-6}$$

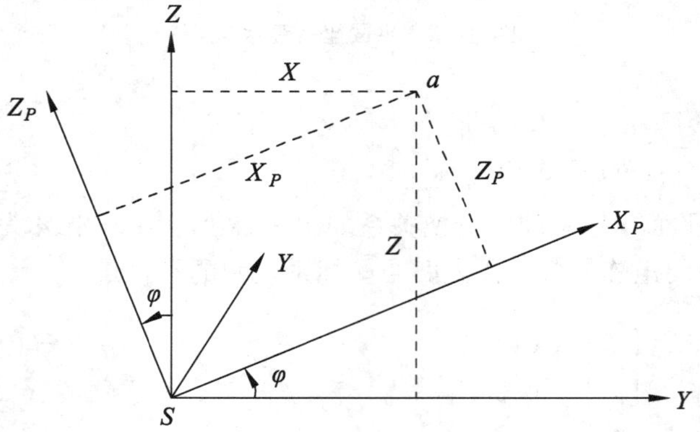

**图 3-19　$S\text{-}XYZ$ 至 $S\text{-}X_PYZ_P$**

第二步，绕 $X_P$ 轴将 $S\text{-}X_PYZ_P$ 旋转 $\omega$ 角得到新坐标系 $S\text{-}X_PY_\omega Z_{P\omega}$，如图 3-20 所示。

$$\begin{bmatrix} X\varphi \\ Y \\ Z\varphi \end{bmatrix} = \boldsymbol{R}_\omega \begin{bmatrix} X\varphi \\ Y\omega \\ Z\varphi\omega \end{bmatrix} = \begin{bmatrix} 1 & 0 & 0 \\ 0 & \cos\omega & -\sin\omega \\ 0 & \sin\omega & \cos\omega \end{bmatrix} \begin{bmatrix} X\varphi \\ Y\omega \\ Z\varphi\omega \end{bmatrix} \qquad (3\text{-}7)$$

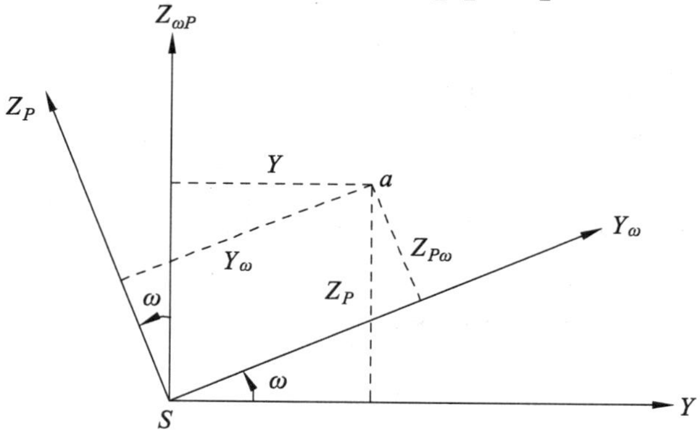

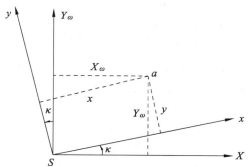

图 3-20　$S\text{-}X_PYZ_P$ 至 $S\text{-}X_PY_\omega Z_{P\omega}$

第三步，绕轴 $Z_{P\omega}$ 将 $S\text{-}X_PY_\omega Z_{P\omega}$ 旋转 $\kappa$ 角，得到像空间直角坐标系，如图 3-21 所示。

$$\begin{bmatrix} X\varphi \\ Y\omega \\ Z\varphi\omega \end{bmatrix} = \boldsymbol{R}_\kappa \begin{bmatrix} x \\ y \\ -f \end{bmatrix} = \begin{bmatrix} \cos\kappa & -\sin\kappa & 0 \\ \sin\kappa & \cos\kappa & 0 \\ 0 & 0 & 1 \end{bmatrix} \begin{bmatrix} x \\ y \\ -f \end{bmatrix} \qquad (3\text{-}8)$$

图 3-21　$S\text{-}X_PY_\omega Z_{P\omega}$ 至 $S\text{-}xyz$

第四步，将上面公式逆序代入可得到像点空间辅助坐标与像空间坐标的变换关系为式（3-9）：

$$\begin{bmatrix} X \\ Y \\ Z \end{bmatrix} = \boldsymbol{R}_\varphi \boldsymbol{R}_\omega \boldsymbol{R}_\kappa \begin{bmatrix} x \\ y \\ -f \end{bmatrix} = \boldsymbol{R} \begin{bmatrix} x \\ y \\ -f \end{bmatrix} \qquad (3\text{-}9)$$

式中：

$$\boldsymbol{R} = \boldsymbol{R}_\varphi \boldsymbol{R}_\omega \boldsymbol{R}_\kappa = \begin{bmatrix} \cos\varphi & 0 & -\sin\varphi \\ 0 & 1 & 0 \\ \sin\varphi & 0 & \cos\varphi \end{bmatrix} \begin{bmatrix} 1 & 0 & 0 \\ 0 & \cos\omega & -\sin\omega \\ 0 & \sin\omega & \cos\omega \end{bmatrix} \begin{bmatrix} \cos\kappa & -\sin\kappa & 0 \\ \sin\kappa & \cos\kappa & 0 \\ 0 & 0 & 1 \end{bmatrix}$$

$$= \begin{bmatrix} a_1 & a_2 & a_3 \\ b_1 & b_2 & b_3 \\ c_1 & c_2 & c_3 \end{bmatrix}$$

（3-10）

经整理得：$a_i$，$b_i$，$c_i$ 九个方向余弦值如下：

$$a_1 = \cos\varphi\cos\kappa - \sin\varphi\sin\omega\sin\kappa$$

$$a_2 = -\cos\varphi\sin\kappa - \sin\varphi\sin\omega\sin\kappa$$

$$a_3 = -\sin\varphi\cos\omega$$

$$b_1 = \cos\omega\sin\kappa$$

$$b_2 = \cos\omega\cos\kappa$$

$$b_3 = -\sin\omega$$

$$c_1 = \sin\varphi\cos\kappa + \cos\varphi\sin\omega\sin\kappa$$

$$c_2 = -\sin\varphi\sin\kappa - \cos\varphi\sin\omega\cos\kappa$$

$$c_3 = \cos\varphi\cos\omega$$

以 $X$ 轴为主轴的 $\omega'$、$\varphi'$、$\kappa'$ 转角系统的坐标变换如下：

用与上述类似的方法，可得到采用 $\omega'$、$\varphi'$、$\kappa'$ 表示的旋转矩阵的方向余弦值：

$$a_1 = \cos\varphi'\cos\kappa'$$

$$a_2 = -\cos\varphi'\sin\kappa'$$

$$a_3 = -\sin\varphi'$$

$$b_1 = \cos\omega'\sin\kappa' - \sin\omega'\sin\varphi'\cos\kappa'$$

$$b_2 = \cos\omega'\cos\kappa' + \sin\omega'\sin\varphi'\sin\kappa'$$

$$b_3 = -\sin\omega'\cos\varphi'$$

$$c_1 = \sin\omega'\sin\kappa' + \cos\omega'\sin\varphi'\cos\kappa'$$

$$c_2 = \sin\omega'\cos\kappa' - \cos\omega'\sin\varphi'\sin\kappa'$$

$$c_3 = \cos\varphi'\cos\omega'$$

以 $Z$ 轴为主轴的 $A$、$\alpha$、$\kappa_v$ 系统的坐标变换如下：

同理，用上述类似的方法，可得到采用 $A$、$\alpha$、$\kappa_v$ 表示的旋转矩阵的方向余弦值：

$$a_1 = \cos A\cos\kappa_v + \sin A\cos\alpha\sin\kappa_v$$

$$a_2 = -\cos A\sin\kappa_v + \sin A\cos\alpha\cos\kappa_v$$

$$a_3 = -\sin A\sin\alpha$$

$$b_1 = -\sin A\cos\kappa_v + \cos A\cos\alpha\sin\kappa_v$$

$$b_2 = \sin A\sin\kappa_v + \cos A\cos\alpha\cos\kappa_v$$

$$b_3 = -\cos A\sin\alpha$$

$$c_1 = \sin\alpha\sin\kappa_v$$

$$c_2 = \sin\alpha\cos\kappa_v$$

$$c_3 = \cos\alpha$$

值得注意的是，对于同一张像片在同一坐标系中，当取不同的转角系统的 3 个角度计算方向余弦时，其表达方式虽然不同，但相应的方向余弦值是彼此相等的，即由不同转角系统的角度计算的旋转矩阵是唯一的。

# 第五节 中心投影构像方程及单张像片空间后方交会

## 一、中心投影构像方程

航摄像片与地形图是两种不同性质的投影，摄影测量的处理，就是要把中心投影的影像变换为正射投影的地形图。为此，就要讨论像点与相应物点的构像方程式。

选取地面摄影测量坐标系 $A\text{-}XYZ$ 及像空间辅助坐标系 $S\text{-}XYZ$，并使两坐标系的坐标轴彼此平行，如图 3-22 所示。

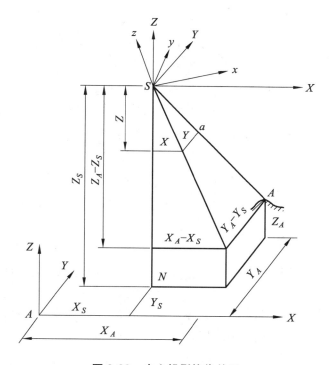

**图 3-22　中心投影构像关系**

设投影中心 $S$ 与地面点 $A$ 在地面摄影测量坐标系中的坐标分别为（$X_S$，$Y_S$，$Z_S$）和（$X_A$，$Y_A$，$Z_A$），则地面点 $A$ 在像方空间辅助坐标系的中坐标为（$X_A-X_S$，$Y_A-Y_S$，$Z_A-Z_S$），而相应像点 $a$ 在像空间辅助坐标系中的坐标为（$X$，$Y$，$Z$）。

由于摄影时 $S$，$a$，$A$ 三点位于一条直线上，由图中的相似三角形关系得式（3-11）：

$$\frac{X}{X_A-X_S}=\frac{Y}{Y_A-Y_S}=\frac{Z}{Z_A-Z_S}=\frac{1}{\lambda} \qquad (3\text{-}11)$$

式中，$\lambda$ 为比例因子，写成矩阵形式如下式：

$$\begin{bmatrix} X \\ Y \\ Z \end{bmatrix}=\frac{1}{\lambda}\begin{bmatrix} X_A-X_S \\ Y_A-Y_S \\ Z_A-Z_S \end{bmatrix} \qquad (3\text{-}12)$$

像空间坐标系与像空间辅助坐标系的坐标关系式的反算式为（3-13），即

$$\begin{bmatrix} x \\ y \\ -f \end{bmatrix} = \begin{bmatrix} a_1 & b_1 & c_1 \\ a_2 & b_2 & c_2 \\ a_3 & b_3 & c_3 \end{bmatrix} \begin{bmatrix} X \\ Y \\ Z \end{bmatrix} \qquad （3\text{-}13）$$

将式（3-12）带入式（3-13），并用第3式去除第1、2式整理得式（3-14）：

$$\left. \begin{aligned} x = -f \frac{a_1(X_A - X_S) + b_1(Y_A - Y_S) + c_1(Z_A - Z_S)}{a_3(X_A - X_S) + b_3(Y_A - Y_S) + c_3(Z_A - Z_S)} \\ y = -f \frac{a_2(X_A - X_S) + b_2(Y_A - Y_S) + c_2(Z_A - Z_S)}{a_3(X_A - X_S) + b_3(Y_A - Y_S) + c_3(Z_A - Z_S)} \end{aligned} \right\} \qquad （3\text{-}14）$$

当需要顾及内方位元素时可变换为式（3-15）：

$$\left. \begin{aligned} x - x_0 = -f \frac{a_1(X_A - X_S) + b_1(Y_A - Y_S) + c_1(Z_A - Z_S)}{a_3(X_A - X_S) + b_3(Y_A - Y_S) + c_3(Z_A - Z_S)} \\ y - y_0 = -f \frac{a_2(X_A - X_S) + b_2(Y_A - Y_S) + c_2(Z_A - Z_S)}{a_3(X_A - X_S) + b_3(Y_A - Y_S) + c_3(Z_A - Z_S)} \end{aligned} \right\} \qquad （3\text{-}15）$$

式（3-14）是中心投影的构像方程，又称为共线方程式。根据式（3-11）、式（3-12）以及式（3-13），可得共线方程式反算式（3-16）：

$$\left. \begin{aligned} X_A - X_S = (Z_A - Z_S) \frac{a_1 x + a_2 y - a_3 f}{c_1 x + c_2 y - c_3 f} \\ Y_A - Y_S = (Z_A - Z_S) \frac{a_2 x + a_2 y - a_2 f}{c_1 x + c_2 y - c_3 f} \end{aligned} \right\} \qquad （3\text{-}16）$$

共线方程式中包括12个数据：以像主点为原点的像点坐标 $x$、$y$，对应地面点坐标 $X$、$Y$、$Z$，像片主距 $f$ 及外方位元素 $X_S$、$Y_S$、$Z_S$、$\varphi$、$\omega$、$\kappa$。

共线方程式是摄影测量中最重要、最基本的公式，后面介绍的单像空间后方交会、光束法双像摄影测量、数字影像纠正等都要用到该式。

# 二、单张像片的空间后方交会

如果已知每张像片的6个外方位元素，就能确定摄影瞬间被摄物体与航摄像片的关系，重建地面的立体模型，因此如何获取像片的外方位元素，一直是摄影测量工作者所探讨的问题。目前，外方位元素主要利用雷达、全球定位系统、惯性导航系统（INS）以及星相摄影机来获取，也可用摄影测量空间后方交会法获取，如图3-23所示。

## 1. 定 义

利用航片上的三个以上像点坐标和对应地面点坐标，计算像片外方位元素的工作，称为单张像片的空间后方交会。进行空间后方交会计算，常用的一个基本公式是像点、投影中心和物点三点共线的共线方程。

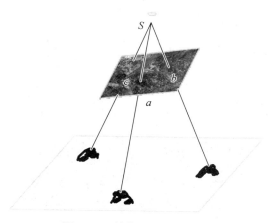

图 3-23　单像空间后方交会

### 2. 所需控制点个数与分布

共线条件方程的一般形式为：

$$x - x_0 = -f \frac{a_1(X - X_S) + b_1(Y - Y_S) + c_1(Z - Z_S)}{a_3(X - X_S) + b_3(Y - Y_S) + c_3(Z - Z_S)}$$

$$y - y_0 = -f \frac{a_2(X - X_S) + b_2(Y - Y_S) + c_2(Z - Z_S)}{a_3(X - X_S) + b_3(Y - Y_S) + c_3(Z - Z_S)}$$

式中包含有 6 个外方位元素，即 $X_S$、$Y_S$、$Z_S$、$\varphi$、$\omega$、$\kappa$，只有确定了这 6 个外方位元素的值，才能利用共线条件方程真正确定一张像片的任一像点与对应地面点的坐标关系。

个数：对任一控制点，我们已知其地面坐标 $(X_i, Y_i, Z_i)$ 和对应像点坐标 $(x_i, y_i)$，代入共线条件方程可以列出两个方程式，因此，至少需要 3 个控制点才能解算出 6 个外方位元素。

在实际应用中，为了避免粗差，应有多余检查点，因此，一般需要 4～6 个控制点。

分布：为了最有效地控制整张像片，控制点应均匀分布于像片边缘，如图 3-24 所示。

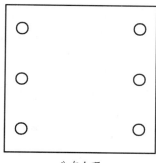

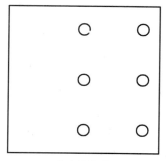

分布合理　　　　　　分布合理　　　　　　分布不合理

图 3-24　单像空间后方交会

### 3. 基本公式

计算外方位元素的基本公式为共线条件方程。

共线条件方程的严密关系式是非线性函数，为了便于计算机处理，对它进行线性化，然后按泰勒级数展开取至一次项。将共线方程按泰勒级数展开取小值一次项，当采用 $\varphi$、$\omega$、$\kappa$ 系统时为下面的形式：

$$Fx = (Fx)^0 + \frac{\partial Fx}{\partial X_S}\Delta X_S + \frac{\partial Fx}{\partial Y_S}\Delta Y_S + \frac{\partial Fx}{\partial Z_S}\Delta Z_S + \frac{\partial Fx}{\partial \varphi}\Delta \varphi + \frac{\partial Fx}{\partial \omega}\Delta \omega + \frac{\partial Fx}{\partial \kappa}\Delta \kappa$$
$$Fy = (Fy)^0 + \frac{\partial Fy}{\partial X_S}\Delta X_S + \frac{\partial Fy}{\partial Y_S}\Delta Y_S + \frac{\partial Fy}{\partial Z_S}\Delta Z_S + \frac{\partial Fy}{\partial \varphi}\Delta \varphi + \frac{\partial Fy}{\partial \omega}\Delta \omega + \frac{\partial Fy}{\partial \kappa}\Delta \kappa \tag{3-17}$$

式中，$(Fx)^0$、$(Fy)^0$ 分别是 $Fx$ 和 $Fy$ 的初值；$\frac{\partial Fx}{\partial \bullet}$、$\frac{\partial Fy}{\partial \bullet}$ 分别是 $Fx$ 和 $Fy$ 对各个外方位元素的偏导数，是外方位元素改正数的系数；$\Delta X_S$、$\Delta Y_S$、$\Delta Z_S$、$\Delta \varphi$、$\Delta \omega$、$\Delta \kappa$ 分别是 $X_S$、$Y_S$、$Z_S$、$\varphi$、$\omega$、$\kappa$ 初值的增量（外方位元素近似值的改正数）。

**4. 空间后方交会计算中的误差方程式与法方程**

为了提高精度，并提供检查条件，通常要有 4 个以上的控制点，此时有了多余观测，就需要用最小二乘法来计算各改正数。当把控制点坐标值作为真值，像点坐标作为观测值时，可列出误差方程式：

$$v_x = -\frac{f}{H}\Delta X_S - \frac{x-x_0}{H}\Delta Z_S - \left[f + \frac{(x-x_0)^2}{f}\right]\Delta \varphi - \frac{(x-x_0)(y-y_0)}{f}\Delta \omega + (y-y_0)\Delta \kappa - l_x$$
$$v_y = -\frac{f}{H}\Delta Y_S - \frac{y-y_0}{H}\Delta Z_S - \frac{(x-x_0)(y-y_0)}{f}\Delta \varphi + \left[f + \frac{(y-y_0)^2}{f}\right]\Delta \omega - (x-x_0)\Delta \kappa - l_y \tag{3-18}$$

**5. 空间后方交会的计算过程**

（1）获取已知数据。包括：$n$ 个控制点的地面坐标 $(X_i, Y_i, Z_i)$；内方位元素 $x_0$、$y_0$、$f$；摄影航高 $H$；像片比例尺 $m$。

（2）量测 $n$ 个控制点对应的像点坐标 $(x_i, y_i)$，并进行必要的系统误差改正。

（3）确定外方位元素的初值 $X_S^0$、$Y_S^0$、$Z_S^0$、$\varphi^0$、$\omega^0$、$\kappa^0$。在近似垂直摄影情况下，各个初值可按如下方法确定：

$$X_S^0 = \frac{1}{n}\sum_{i=1}^{n}X_i, \quad Y_S^0 = \frac{1}{n}\sum_{i=1}^{n}Y_i, \quad Z_S^0 = H = mf, \quad \varphi^0 = \omega^0 = \kappa^0 = 0$$

（4）计算各个方向余弦，组成旋转矩阵 $\boldsymbol{R}$。

（5）逐点计算像点坐标值 $(x_{计}, y_{计})$，常数项和误差方程式系数，即逐点组建误差方程式。

（6）计算法方程式的系数阵 $\boldsymbol{A}^{\mathrm{T}}\boldsymbol{A}$ 和常数阵 $\boldsymbol{A}^{\mathrm{T}}\boldsymbol{L}$，组成法方程式。

（7）按式（3-18）解各个外方位元素的增量（或改正数），并与相应初值求和，得到外方位元素的新初值。

（8）检查计算是否收敛。将所求的外方位元素改正数与规定的限差比较，通常只对角元素的改正数设定限差（一般为 $0.1'$）。当三个角改正数都小于限差时，迭代结束；否则，用新的初值重复（4）~（8）步。

（9）外方位元素的精度估算。

**6. 空间后方交会的理论精度**

根据平差原理，平差后的单位权中误差为：

$$m_0 = \sqrt{\frac{\sum v_i^2}{2n - t}}$$

（3-19）

式中，$m_0$ 是单位权中误差；$v_i$ 是第 $i$ 个方程的残差；$n$ 是控制点个数；$t$ 是未知数个数，在此为 6。根据误差传播定律：

$$\boldsymbol{m}^2 = \boldsymbol{N}^{-1} m_0^2$$

（3-20）

式中，$\boldsymbol{N}^{-1}$ 是法方程系数阵的逆阵。若

$$\boldsymbol{N}^{-1} = \begin{bmatrix} Q_{11} & Q_{12} & \cdots & Q_{1t} \\ Q_{21} & Q_{22} & \cdots & Q_{2t} \\ \vdots & \vdots & & \vdots \\ Q_{t1} & Q_{t2} & \cdots & Q_{tt} \end{bmatrix}$$

（3-21）

则第 $i$ 个未知数的中误差为：

$$m_i = \sqrt{Q_{ii}}\, m_0$$

（3-22）

## 三、中心投影构像方程的应用

（1）单片空间后方交会和多片空间前方交会；

（2）光束法空中三角测量的基础方程；

（3）数字投影基础（数字导杆）；

（4）计算模拟像片数据（已知内、外方位元素及物点坐标）；

（5）利用 DEM 与共线方程制作正射影像；

（6）利用 DEM 进行单片测图。

# 第六节　航摄像片的像点位移

## 一、概　念

对于水平的平坦地区，若能摄取一张水平像片，这样的理想像片可作为地形图使用，具有地形图的数学特征（距离、夹角关系）。而实际航空摄影测量时，由于竖轴不铅垂，地面也有起伏，这样获得的航片，就不再具有地形图的数学特征（图 3-25）。其原因是在中心摄影的情况下，当像片有倾斜，地面有起伏时，导致了地面入射光线在像片上构像相对于理想情况下的构像而产生了位置的差异，称为像点位移。由它又导致了由像片上任一点引画的方向线，相对于地面上相应的水平方向线，产生了方向上的偏差，下面分两种特殊情况进行讨论。

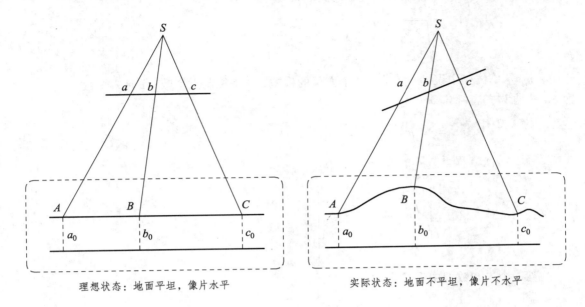

理想状态：地面平坦，像片水平　　　　　实际状态：地面不平坦，像片不水平

**图 3-25　实际像片与理想像片的关系**

## 二、地面水平时像片倾斜引起的像点位移及方向偏差

### 1. 像片倾斜位移的概念

如图 3-26 所示，地面 $A$ 点在 $P$（航片）的构像为 $a$，在 $P^0$（理想像片）的构像为 $a_0$，点位差值 $\sigma_a = aa^0 = \gamma_c - \gamma_c^0$ 即为像点 $a$ 的像片倾斜位移值。

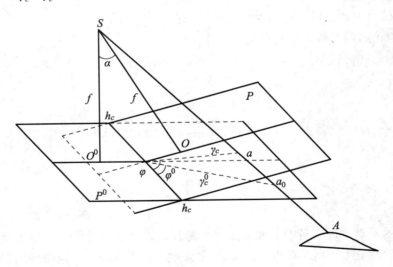

**图 3-26　倾斜像片与水平像片的关系**

### 2. 数学表达式

通过推理可得到严密公式：

$$\sigma_a = \frac{-\gamma_c^2 \sin\varphi\sin\alpha}{f - \gamma_c \sin\varphi\sin\alpha} \qquad\qquad (3-23)$$

式中，$\gamma_c$ 为以 $c$ 为辐射中心的辐射距（称为向径）；$\varphi$ 为向径与等比线 $h_c h_c$ 正向的夹角（称为方向角）。

因 $f - \gamma_c \sin\varphi\sin\alpha$ 可简化为 $f$，所以可得倾斜误差近似公式：

$$\sigma_a = -\frac{\gamma_c^2}{f}\sin\varphi\sin\alpha$$

### 3. 倾斜像片上像点位移的特性

（1）倾斜像片上像点位移出现在以等角点为中心的辐射线上。

（2）当 $\varphi = 0°$ 或 $180°$ 时像点位于等比线上，无像片倾斜像点位移。

（3）像点位移以误差值表示，与 $\sin\varphi$ 的符号有关。当 $0° < \varphi < 180°$ 时像点朝向等角点位移，上半部分影像线段的长度比水平像片相应线段长度短，说明该部分的影像比例尺小于等比线的影像比例尺。在 $180° < \varphi < 360°$ 时，与前述刚好相反。

### 4. 由像片倾斜引起的方向偏差

在以主纵线为 $y$ 轴的直角坐标系中，$\varepsilon_a$ 为像片倾斜引起的方向偏差，$\varepsilon_a$ 是像片倾斜使得各地面点在航摄像片上的构像位置产生了位移而导致的。在一张航片上，有三种情况无方向偏差：

（1）等比线上任两点的连线；

（2）以等角点为顶点的辐射线或过等角点的直线上的任两点的连线；

（3）当两点位于某一条像水平线上时。

## 三、像片水平时地形起伏引起的投影差、像点位移及方向偏差

如图 3-27 为一剖面图，因地形起伏引起的投影差 $\delta h = NA' - NA_0 = AA_0'$，即为 $A$ 点在基准面上的中心投影相对于正射投影的位置差别，称为投影差。

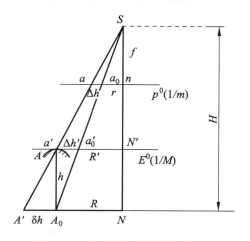

图 3-27　地形起伏引起的像点位移

在图上由数学相似三角形关系可得：

$$\frac{\delta h}{R'} = \frac{h}{H-h} \tag{a}$$

$$\frac{R'}{H-h} = \frac{r}{f} \tag{b}$$

由于

$$\Delta h = \frac{\delta h}{m} = \frac{f}{H}\delta h \tag{c}$$

可以利用（a）（b）（c）三式得：

$$\Delta h = \frac{rh}{H} \tag{3-24}$$

该式即为地形起伏引起的像点位移的计算公式。

根据式（a）可以得到地面上投影差

$$\delta h = \frac{R'h}{H-h} \tag{3-25}$$

归纳起来，地形起伏像点位移的特征为：

（1）地形起伏像点位移是地面点相对于所取基准面的偏差而引起的，随地面点的高差值不同而各异。

（2）以误差值表示，表现在像底点为辐射中心的方向线上。

（3）符号与该点的高差符号相同，正高差引起的由像点朝向像底点引入值来改正。

（4）在保持像片摄影比例尺不变时，位移量随 $H$ 上升而下降。

（5）由像底点引出的辐射线不会出现因地形起伏像点位移引起的方向偏差。

（6）水平像片上存在有地形起伏像点位移。

因地形起伏引起的方向偏差：如图 3-27 所示，对基准面具有高差的任意两地面点的像点，其连线方向相对该两地面点在基准面上正射投影点的像点的连线方向的偏差，称为因地形起伏引起的方向偏差。同样，因地形起伏引起的方向偏差只有在以像底点为中心的辐射线上或过像底点的直线上，任意两点的连线，不存在地形起伏引起的方向偏差，但仍存在像片倾斜引起的方向偏差。

## 四、航摄像片的构像比例尺

对于水平地面 $E$ 摄取水平像片 $P^0$，其构像比例尺 $1/m$，为像片上任意线段长度 $l$ 和地面上相应水平距离 $L$ 之比，即：$1/m = l/L = f/H$，对一张像片而言，比例尺为常数。对一般的航片而言，由于地面存在起伏，像片有倾角，会产生不同程度的像点位移，从而导致航片上的构像比例尺是不一致的。在地面起伏的航片上，很难找到影像比例尺完全相同的部分。而地形摄影测量的任务就是通过各种处理，将没有统一比例尺的航片变换为规定比例尺的地形图。

# 第四章　立体观察与立体量测

**学习重点：**

　　1. 人造立体视觉的原理

　　2. 人眼的分辨能力和观察能力

　　3. 立体观察的条件

　　4. 立体效应及其特点

　　5. 立体观察的方法

　　在摄影测量中广泛应用立体观察和立体测量，这不仅增强了辨识像点的能力，而且提高了量测精度。立体摄影测量仪器都是在对像对进行立体观察的情况下作业的，仪器的观察系统应具备人眼自然观察的相应条件。通过摄影测量的手段进行测绘产品生产，必须通过影像建立立体模型，在立体模型上进行各种测绘产品的生产。在这个过程中，操作人员需要看到立体模型，才能实现对于模型的各种操作。通过这一部分的学习，使得学习者了解产生立体视觉的原因及其如何获取人造立体视觉等方面的内容，从而消除学生对于为什么能看到立体这个问题的疑惑。

# 第一节　人眼立体视觉

　　眼是人们观察外界景物的感觉器官。眼球位于眼窝内，肌肉的收缩作用可使眼球转动。眼睛前突部分为透明角膜，它是外界光线进入眼球的通道。角膜后面有一个水晶体，如同双凸透镜，可随观察物体的远近改变曲率半径。眼球的最里层是视网膜，由视神经末梢组成，有感受光能的作用。感光最灵活的地方是网膜窝。眼球的形状近乎对称，其对称轴为光轴。当人眼注视某物点时，视轴会自动地转向该点，使该点成像在网膜窝中心，同时随着物体离人眼的远近自动改变水晶体曲率，使物体在网膜上的构像清晰。眼睛的这种本能称为眼的调节。

　　当双眼观察物体时，两眼会本能地使物体的像落于左右两网膜窝中心，即视轴交会于所注视的物点上，这种本能称为眼的交会。在生理习惯上，眼的交会动作与眼的调节是同时进行、永远协调的。在注视有远近距离的物体时，随着水晶体的曲率半径相应的改变，网膜窝上总是得到清晰的像。眼的这种凝视本能适于观察远近不同的物体。正常眼的最合适的视距称为明视距离，约为 250 mm，两眼基线为 65 mm。

## 一、人眼相当于摄影机

人眼是一个天然的光学系统，结构复杂，它好像一架完善的自动调光的摄像机，水晶体如同摄影机物镜，它能自动改变焦距，使观察不同远近物体时，视网膜上都能得到清晰的物像；瞳孔好像光圈，网膜好像底片，能接受物体的影像信息，如图 4-1 所示。

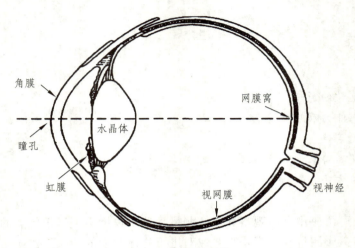

**图 4-1 人眼的结构**

只有用双眼观察景物，才能判断景物的远近，得到景物的立体效应。这种现象称为人眼的立体视觉。摄影测量学中，正是根据这一原理，对同一地区要在两个不同摄影站点上拍摄两种像片，构成一个立体像对，进行观察与测量。

## 二、立体视觉原理

### 1. 立体视觉原理

人眼为什么能观察景物的远近呢？如图 4-2 所示，$A$ 点在两眼中的构像分别为 $a_1$、$a_2$，而 $B$ 点在两眼中的构像分别为 $b_1$、$b_2$；则 $AB$ 在两眼中的构像分别为 $a_1b_1$ 和 $a_2b_2$，则有：$\delta = a_1b_1 - a_2b_2$，$\delta$ 称为生理视差。科学研究表明：由交会角不同而引起的生理视差通过人的大脑就能作出物体远近的判断。因此，生理视差是人双眼分辨远近的根源。这种生理视差正是物体远近交会角不同的反映，所以可以根据交向角差 $\Delta r = r - r'$ 或生理视差 $\delta = a_1b_1 - a_2b_2$ 判断点位深度位移 $\mathrm{d}L$。

### 2. 人眼的分辨能力与观察能力

人眼的分辨力是由视神经细胞决定的，若两物点的影像落在同一视神经细胞内，人眼就分不出这两个像点，即不能分辨这是两个物点。视神经细胞直径为 0.003 5 mm，相当于水晶体张角为 45″，所以单眼观察两点间的分辨力为 45″，如果观察的是平行线，则提高为 20″。而实验证明，双眼观察比单眼观察提高 $\sqrt{2}$ 倍，所以双眼观察点状物体的分辨力为 $45/\sqrt{2}=30″$，观察线状物体分辨力为 $20/\sqrt{2}=12″$。

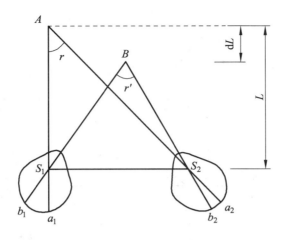

图 4-2　双眼立体视觉原理

### 3. 人眼的感知过程

按照立体视觉原理来分析，人眼要观测到立体，必须双眼观测，可是当用单眼观测物体时我们同样能观测到立体效果，这主要是人的心理因素。我们大脑形成感知主要经历如下过程：光线到达人眼是物理过程，光线刺激视神经细胞使其产生视神经信号是生理过程，大脑结合原有记忆和视神经信号做出判断是一个心理过程。在心理过程中，大脑对于物体的判断加入了已有记忆，所以感觉单眼观测的物体是立体的。

# 第二节　人造立体视觉

## 一、人造立体视觉的产生

如图 4-3 所示，$A$、$B$ 两物体远近不同形成的交会角的差异，便在人的两眼中产生了生理视差，得到一个立体视觉，能分辨出物体远近。若用摄影机摄得同一景物的两张像片 $P_1$、$P_2$，这两张像片称为立体像对。当左右眼各看一张相应像片时，看到的光线和看实际物体是一致的，在眼中同样可以产生生理视差，能分辨出物体远近。这种观察立体像对得到地面景物立体影像的立体感觉称为人造立体视觉（效能）。人造立体视觉的获取是由于像片的构像真实地记录了空间物体的相互几何关系，它作为中间媒介资料，将空间实物与网膜窝上生理视差的自然界立体视差的直接关系，分为空间物体与构像信息和构像信息与生理视差两个阶段，对照航空摄影情形，相邻两像片航向重叠 65%，地面上同一物体在相邻两像片上都有影像，即可真实地记录所摄物体相互关系的几何信息。我们利用相邻像片组成的像对进行双眼观察，同样会获取所摄地面的立体空间感觉。这种方法感觉到的实物视觉立体模型称为视模型。

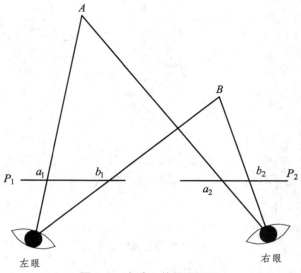

图 4-3　人造立体视觉原理

## 二、观察人造立体的条件

摄影测量学中，广泛应用人造立体的观察，根据实物在像对上所记录的构像信息建立人造立体视觉，必须符合自然界立体观察的条件。归纳起来有 4 个条件：

（1）由两个不同摄站点摄取同一景物的一个立体像对；

（2）一只眼睛只能观察像对中的一张像片，即双眼观察像对时必须保持两眼分别只能观察一张像片，这一条件称为分像条件；

（3）两眼各自观察同一景物的左右影像点的连线应与眼基线近似平行；

（4）像片间的距离应与双眼的交会角相适应。

人造立体视觉的应用使摄影测量从初期的单像量测，发展为双像的立体量测，不仅提高了量测的精度和摄影测量的工作效率，更重要的是扩大了摄影测量的应用范围，奠定了立体摄影测量基础。人造立体视觉原理现在已经广泛地应用于各行各业，比如现在的立体电影、3D 电视、3D 模型影像等方面。

## 三、立体效应（效能）的转换

在满足上述观察条件的基础上，两张像片有三种不同的放置方式，因而产生了三种立体效应，即正立体、反立体、零立体效应。

（1）正立体效应：左方摄影站获得的像片放在左方，用左眼观察；右方摄影站获得的像片放在右方，用右眼观察。就得到一个与实物相似的立体效果，此立体效应为正立体。

（2）反立体效应：左方摄站的像片放在右边，用右眼观察；右方摄站的像片放在左边，用左眼观察或在组成正立体后，将左右片各旋转 180°。这时观察到的立体影像恰好与实物相反，即物体的高低方位发生变化，这种立体效应称之为反立体。

（3）零立体效应：将正立体情况下的两张像片，在各自的平面内按同一方向旋转 90°，使得像片上纵横坐标互换方向，因而失去了立体感觉成为一个平面图像。这种立体视觉，称为零立体效应。

各种立体效应如图 4-4 所示。

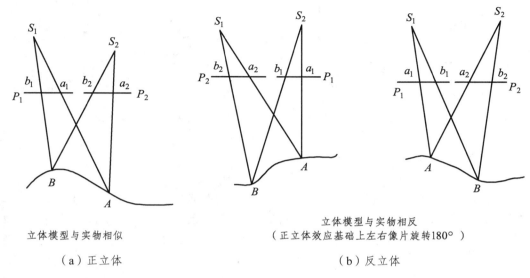

立体模型与实物相似

（a）正立体

立体模型与实物相反
（正立体效应基础上左右像片旋转180°）

（b）反立体

**图 4-4 立体效应**

# 第三节 像对的立体观察

航空摄影过程中航带方向相邻像片都有约 65% 的航向重叠，任意两相邻航摄像片都能组成一个立体像对。在摄影测量中常借助人造立体效应来看到所摄地面的视模型。人造立体效应常借助于立体观察仪器，如桥式立体镜、反光立体镜、偏振光立体镜、液晶闪闭法、变焦距双筒立体镜等，还可以借助互补色法来实现。最简单的是双眼直接观察，但人眼基距有限，观察视场小，且成像的视觉模型不稳定，眼睛易疲劳。立体观察也可看作是一种影像三维增强的过程。航空像片、侧视雷达影像、SPOT 卫星影像以及高纬度地区陆地卫星 MSS 影像，均可用来进行立体观察，以获取地面三维影像，提高判读效果。

## 一、用立体镜观察立体

观察立体像对时，一种是直接观察两张像片，构成立体视觉，它是借助立体镜来达到分像的；另一种是通过光学投影方法获取。

用立体镜观察立体：立体镜的主要作用是一只眼睛能清晰地只看一张像片的影像，目前得到了广泛应用，最简单的是桥式、反光立体镜。观察立体时，看到的立体模型与实物不一样，主要是在竖直方向夸大了，地面起伏变高，这种变形有利于高程的量测。由于量测的是像点坐标，用它来计算高差，观察中虽然夸大了高差，但量测像点坐标没变，所以对计算的高差没影响。立体观察的仪器如图 4-5 和图 4-6 所示。

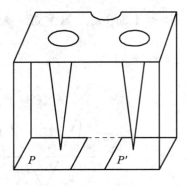

图 4-5 桥式立体镜

图 4-6 反光立体镜

## 二、重叠影式观察立体

当一个立体像对的两张像片在恢复了摄影时的相对位置后,用灯光照射到像片上,其光线通过像片投射至承影面上,两张像片的影像相互重叠。如何满足一只眼睛只看到一张像片的投影影像来观察立体影像呢?这就要用到"分像"的方法,常用的方法有互补色法、光闸法和偏振法。

(1)互补色法:混合在一起成为白色光的两种色光称为互补色光。品红和蓝绿是两种常见的互补色。如图 4-7 所示,在暗室中,用两投影器分别对左右片进行投影。在左投影器中插入红色滤光片,右投影器中插入绿色滤光片。观察者带上左红右绿的眼镜就可以达到分像的目的,而观察到立体了。

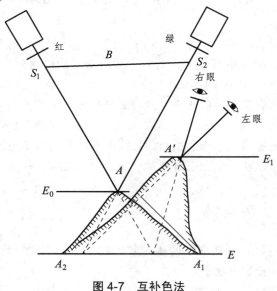

图 4-7 互补色法

(2)光闸法:在投影的光线中安装光闸,两个光闸一个打开、一个关闭相互交替。人眼带上与光闸同步的光闸眼镜,这样就能一只眼睛只看一张影像了。这是由于影像在人眼中能保持 0.15 s 的视觉停留,只要同一只眼睛的再次打开的时间间隔小于 0.15 s,眼睛中的影像就不会消失。这样虽然一只眼睛没有看到影像,但大脑中仍有影像停留,仍能观察到立体。

（3）偏振光法：光线经过偏振器分解出来的偏振光只在偏振平面上传播，设此时的光强为 $I_1$，当通过第二个偏振器后光强为 $I_2$，如果两个偏振器的夹角为 $\alpha$，则 $I_2=I_1\cos\alpha$。利用这一特性，在两张影像的投影光路中分别放置偏振平面相互垂直的偏振器，得到波动方向相互垂直的两组偏振光影像。观察者带上与偏振器相互垂直的偏振眼镜，这样就能达到分像的目的，从而可以观察到立体。

（4）液晶闪闭法：它由红外发生器和液晶眼镜组成。使用时红外发生器一端与显卡相连，图像显示软件按照一定的频率交替显示左右影像，红外发生器同步发射红外线，控制液晶眼镜的左右镜片交替地闪闭，达到分像的目的，从而观察到立体。

# 第四节　立体量测

摄影测量学不仅要在室内能观察到构成的地面立体模型，而且要在模型上进行量测模型点坐标或在像片上量测像点坐标，从而通过模型点坐标或像点坐标确定地面点的三维坐标。这就要求在立体像对上进行量测。立体量测有用双测标和用单测标量测两种方法。

## 一、双测标量测法

双测标量测法是用两个刻有量测标准的测标放在两张像片上，或放置在左右像片观察光路中，当立体观测像片对时，左右两个测标构成一个空间测标，当左右测标分别在左右像片的同名地物点上时，测标与该地物点相贴，此时，移动像片或观测系统的手轮可直接读出该点在量测坐标系中的坐标，或者以测标切到某一高程，用左右手轮运动，保证测标沿立体模型表面紧贴移动，即可举动测图设备绘出等高线。

如图 4-8 所示，$a$ 称为定测标，$a'$ 称为动测标，$a$ 和 $a'$ 重合时可读出左右像点的同名坐标量测值（$x_a,y_a$），（$x'_a,y'_a$）。在这种情况下，相应像点的坐标差称为视差。其中横坐标之差称为左右视差，用 $p$ 表示，纵坐标之差称为上下视差，用 $q$ 表示，即 $p=x_a-x'_a$，$q=y_a-y'_a$。

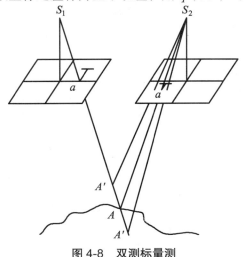

图 4-8　双测标量测

## 二、单测标量测法

单测标量测法是用一个真实测标去量测立体模型，如图 4-9 所示。当把立体像对的左右两张像片分别装于左右两个投影器中，且恢复了空间相对位置和方位时，就构成了立体模型。用一个测绘台进行模型点的量测，测绘台的水平小承影面 $Q$ 中央有一小光点测标，小承影面可作上下移动，而整个测绘台可在承影面上作水平方向移动，当光点测标与某一地面点 $A$ 相切时，这时测标的位置就代表量测点的空间位置（$X$，$Y$，$Z$），按此高度沿着立体模型表面保持相切地移动测绘台，则测绘台下端的绘图笔随即绘出运动轨迹，此轨迹就是该高程的等高线。

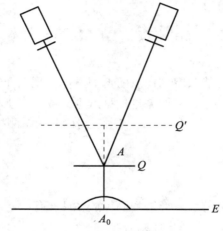

图 4-9　单测标量测

# 第五章 双像摄影测量基础

**学习重点：**

1. 立体像对的基本概念
2. 双像摄影测量的两种方法
3. 空间后方交会—前方交会的概念及相应公式
4. 相对定向元素及绝对定向元素
5. 解析法相对定向及解析法绝对定向的基本公式

## 第一节 立体像对的点、线、面

通过单张影像解析，称为单像摄影测量。在共线方程中，对于一张航摄像片而言，若内外方位元素和像点坐标已知，要求像点对应的地面点坐标，是不可能的，因为要求得地面点坐标（$X$，$Y$，$Z$）至少需要 3 个方程式，而一张像片通过共线方程只能建立两个方程式。通过共线方程的分析可知，通过一张影像解析目标地面的三维坐标是不可能的，只有通过立体摄影测量才可以，也就是双像摄影测量。双像摄影测量以立体像对为基础，通过立体观察与量测来确定地面目标的三维信息。由不同摄站摄取的、具有一定影像重叠的两张像片称为立体像对。下面介绍立体像对与所摄地面间的基本几何关系和部分术语。

如图 5-1 所示，$S_1$、$S_2$ 为两个摄站，角标 1、2 表示左、右。$S_1$、$S_2$ 的连线叫作摄影基线，记作 $B$。地面点 $A$ 的投射线 $AS_1$ 和 $AS_2$ 叫作同名光线或相应光线，同名光线分别与两像面的交点 $a_1$、$a_2$ 叫作同名像点或相应像点。显然，处于摄影位置时同名光线在同一平面内，即同名光线共面，这个平面叫核面。例如，通过地面点 $A$ 的核面叫作 $A$ 点的核面，记作 $W_A$。所以在摄影时所有的同名光线都处在各自对应的核面内，即摄影时各对同名光线都是共面的，这是关于立体像对的一个重要几何概念。

通过像底点的核面叫作垂核面，因为左右底点的投射光线是平行的，所以一个立体像对有一个垂核面。过像主点的核面叫作主核面，有左主核面和右主核面。由于两主光轴一般不在同一个平面内，所以左、右主核面一般是不重合的。

基线或其延长线与像平面的交点叫作核点，图中 $J_1$、$J_2$ 分别是左、右像片上的核点。核面与像平面的交线叫作核线，与垂核面、主核面相对应有垂核线和主核线。同一个核面对应的左右像片上的核线叫作同名核线，同名核线上的像点一定是一一对应的，因为它们都是同一个核面与地面上的点的构像。由此得知，任意地面点对应的两条核线是同名核线，左右像片上的垂核线也是同名核线，而左右主核线一般不是同名核线。由于所有核面都通过摄影基线，而摄影基线与像平面相交于一点，即核点，因此，像面上所有核线必汇聚于核点。与单张像片的解析相联系可知，核点就是空间一组与基线方向平行的直线的合点。

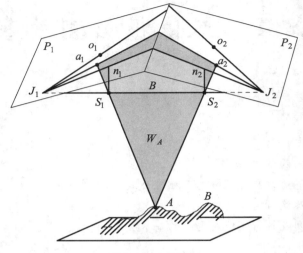

图 5-1　立体像对

　　摄影基线水平的两张水平像片组成的立体像对叫作标准式像对。由于通过以像主点为原点的像平面坐标系的坐标轴方向的选择可以使这种像对的两个像空间坐标系、基线坐标系与地辅系之间的相应轴平行，所以也可以说"两个像空间坐标系和基线坐标系各轴均与地辅系相应轴平行的立体像对叫作标准式像对"。

# 第二节　立体像对的前方交会

　　利用单张像片空间后方交会可以求得像片的外方位元素，但要利用单张像片反求相应地面点坐标，仍然是不可能的，因为像片的外方位元素和像片上的某一像点坐标，仅能确定像片的空间方位和相应地面点的空间方向。而利用立体像对上的同名像点，就能得到两条同名射线在空间的方向及它们的交点，此交点就是该像点对应的地面点的空间位置。若立体像对的内方位元素已知，利用共线方程，通过空间后方交会的方法，可以求得单张像片的外方位元素，即恢复了航摄像片在摄影瞬间的空中姿态和位置，此时通过像片可以恢复一个和摄影时一致的几何模型。这些模型点坐标便可以在相应的摄影测量坐标系统中计算出来。这就是空间前方交会所要做的工作。

　　空间前方交会就是利用立体像对两张像片的同名像点坐标、内方位元素和外方位元素，解算模型点坐标（或地面点坐标）的工作。

## 一、立体像对空间前方交会公式

### 1. 基本公式

图 5-2 所示表示一个已恢复相对方位的立体像对。其中 $S_1$、$S_2$ 表示两个摄站，$S_1$-$X_1Y_1Z_1$

是以左摄站为原点的像空间辅助坐标系。在右摄站 $S_2$ 建立一个各坐标轴与 $S_1$-$X_1Y_1Z_1$ 相平行的像空间辅助坐标系 $S_2$-$X_2Y_2Z_2$。在地面建立地面摄影测量坐标系 $D$-$X_tY_tZ_t$，$X_t$ 轴与航向基本一致，$X_tY_t$ 面水平，并且使 $S_1$-$X_1Y_1Z_1$ 和 $S_2$-$X_2Y_2Z_2$ 两个像空间辅助坐标系的坐标轴与 $D$-$X_tY_tZ_t$ 平行。

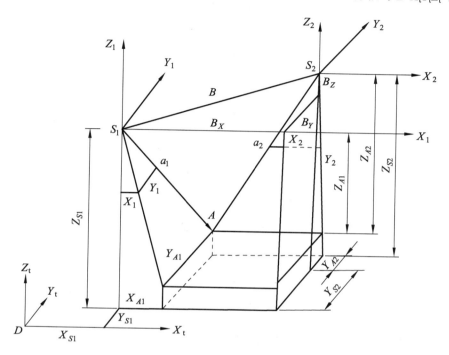

**图 5-2　空间前方交会**

设地面点 $A$ 在 $D$-$X_tY_tZ_t$ 中的坐标为（$X_A$，$Y_A$，$Z_A$），相应的像点 $a_1$、$a_2$ 的像空间坐标为（$x_1$，$y_1$，$-f$）、（$x_2$，$y_2$，$-f$），像空间辅助坐标为（$X_1$，$Y_1$，$Z_1$）、（$X_2$，$Y_2$，$Z_2$），$\boldsymbol{R}_1$、$\boldsymbol{R}_2$ 分别是左、右像片的旋转矩阵。

显然，有式（5-1）所示的像空间坐标到空间辅助坐标系之间的坐标变换：

$$\begin{bmatrix} X_1 \\ Y_1 \\ Z_1 \end{bmatrix} = \boldsymbol{R}_1 \begin{bmatrix} x_1 \\ y_1 \\ -f \end{bmatrix}, \qquad \begin{bmatrix} X_2 \\ Y_2 \\ Z_2 \end{bmatrix} = \boldsymbol{R}_2 \begin{bmatrix} x_2 \\ y_2 \\ -f \end{bmatrix} \tag{5-1}$$

摄影基线 $B$ 的三个坐标分量 $B_X$、$B_Y$、$B_Z$ 可由外方位线元素线元素计算：

$$\left. \begin{aligned} B_X &= X_{S2} - X_{S1} \\ B_Y &= Y_{S2} - Y_{S1} \\ B_Z &= Z_{S2} - Z_{S1} \end{aligned} \right\} \tag{5-2}$$

由于 $S$、$a$、$A$ 三点共线，有

$$\left. \begin{aligned} \frac{S_1A}{S_1a_1} &= \frac{X_A - X_{S1}}{X_1} = \frac{Y_A - Y_{S1}}{Y_1} = \frac{Z_A - Z_{S1}}{Z_1} = N_1 \\ \frac{S_2A}{S_2a_2} &= \frac{X_A - X_{S2}}{X_2} = \frac{Y_A - Y_{S2}}{Y_2} = \frac{Z_A - Z_{S2}}{Z_2} = N_2 \end{aligned} \right\} \tag{5-3}$$

式中，$N_1$ 和 $N_2$ 称为点投影系数。其中，$N_1$ 为左投影系数，$N_2$ 为右投影系数。

由式（5-3）可得出前方交会计算地面点坐标的公式：

$$\left.\begin{array}{l} X_A = X_{S1} + N_1 X_1 = X_{S2} + N_2 X_2 \\ Y_A = Y_{S1} + N_1 Y_1 = Y_{S2} + N_2 Y_2 \\ Z_A = Z_{S1} + N_1 Z_1 = Z_{S2} + N_2 Z_2 \end{array}\right\} \qquad (5\text{-}4)$$

上式可变为：

$$\left.\begin{array}{l} X_{S2} - X_{S1} = N_1 X_1 - N_2 X_2 = B_X \\ Y_{S2} - Y_{S1} = N_1 Y_1 - N_2 Y_2 = B_Y \\ Z_{S2} - Z_{S1} = N_1 Z_1 - N_2 Z_2 = B_Z \end{array}\right\} \qquad (5\text{-}5)$$

由上式第一、第三两式联立求解，可得到

$$\left.\begin{array}{l} N_1 = \dfrac{B_X Z_2 - B_Z X_2}{X_1 Z_2 - X_2 Z_1} \\[4mm] N_2 = \dfrac{B_X Z_1 - B_Z X_1}{X_1 Z_2 - X_2 Z_1} \end{array}\right\} \qquad (5\text{-}6)$$

公式（5-4）、（5-6）便是空间前方交会的基本公式。

### 2. 计算步骤

综上所述，空间前方交会公式计算地面坐标的步骤为：

（1）取两张像片的外方位角元素 $\varphi_1$、$\omega_1$、$\kappa_1$、$\varphi_2$、$\omega_2$、$\kappa_2$，利用两张像片的外方位线元素计算出 $B_Y$、$B_Z$、$B_X$。

（2）分别计算左、右两片的旋转矩阵 $\boldsymbol{R}_1$ 和 $\boldsymbol{R}_2$。

（3）计算两片上相应像点的像空间辅助坐标 $(X_1, Y_1, Z_1)$、$(X_2, Y_2, Z_2)$。

（4）计算点投影系数 $N_1$ 和 $N_2$。

（5）按式（5-4）计算模型点的地面摄影测量坐标。由于 $N_1$ 和 $N_2$ 是由式（5-5）中的第一、第三两式求出，所以计算地面坐标 $Y_A$ 时，应取平均值，即

$$Y_A = \frac{1}{2}\left[(Y_{S1} + N_1 Y_1) + (Y_{S2} + N_2 Y_2)\right] \qquad (5\text{-}7)$$

## 二、双像空间后方交会—前方交会解求地面点坐标

当我们通过航空摄影，获取地面的一个立体像对时，可采用双像解析计算的空间后方交会—前方交会方法计算地面点的空间点位坐标。这种方法首先由后方交会法的方法求出左右单张像片的外方位元素，再由前方交会的方法求出待定点坐标，其作业步骤如下：

### 1. 空间后方交会求单张像片外方位元素

（1）野外像片控制测量。

测量出 4 个控制点的地面坐标 $(X_t, Y_t, Z_t)$。

（2）像点坐标测定。

测出控制点的像点坐标，然后测出需求解的像点坐标。

（3）空间后方交会计算像片外方位元素。

对两张像片各自进行空间后方交会，计算外方位元素。

### 2. 空间前方交会计算未知点地面坐标

（1）利用像片角元素，计算旋转矩阵 $\boldsymbol{R}_1$、$\boldsymbol{R}_2$。

（2）根据像片外方位元素，计算摄影基线。

$$\left.\begin{aligned} B_X &= X_{S2} - X_{S1} \\ B_Y &= Y_{S2} - Y_{S1} \\ B_Z &= Z_{S2} - Z_{S1} \end{aligned}\right\} \tag{5-2}$$

（3）计算像点的像空间辅助坐标。

$$\begin{bmatrix} X_1 \\ Y_1 \\ Z_1 \end{bmatrix} = \boldsymbol{R}_1 \begin{bmatrix} x_1 \\ y_1 \\ -f \end{bmatrix}, \quad \begin{bmatrix} X_2 \\ Y_2 \\ Z_2 \end{bmatrix} = \boldsymbol{R}_2 \begin{bmatrix} x_2 \\ y_2 \\ -f \end{bmatrix} \tag{5-1}$$

（4）计算点投影系数。

$$\left.\begin{aligned} N_1 &= \frac{B_X Z_2 - B_Z X_2}{X_1 Z_2 - X_2 Z_1} \\ N_2 &= \frac{B_X Z_1 - B_Z X_1}{X_1 Z_2 - X_2 Z_1} \end{aligned}\right\} \tag{5-6}$$

（5）按式（5-4）计算所求点的地面摄影测量坐标，其中 $Y_A$ 坐标的计算按式（5-7）处理。

（6）重复以上步骤完成所需其他地面点坐标计算。

# 第三节　立体像对的相对定向元素和立体模型的绝对定向元素

确定一张航摄像片在地面坐标系统中的方位，需要确定 6 个外方位元素，即摄站的 3 个坐标和确定摄影光束空间姿态的 3 个角元素。因此，确定一个立体像对的两张像片在该坐标系中的方位，则需要 12 个外方位元素，即：

左片：$X_{S1}$、$Y_{S1}$、$Z_{S1}$、$\varphi_1$、$\omega_1$、$\kappa_1$；

右片：$X_{S2}$、$Y_{S2}$、$Z_{S2}$、$\varphi_2$、$\omega_2$、$\kappa_2$。

恢复立体像对中两张像片的 12 个外方位元素即能恢复期绝对位置和姿态，重建被摄地面的绝对立体模型。

摄影测量中，上述过程可以通过另一途径来完成。首先暂不考虑像片的绝对位置和姿态，而只恢复两张像片之间的相对位置和姿态，这样建立的立体模型称为相对立体模型，其比例尺和方位均是任意的，也可以理解为自由模型；然后在此基础上，将两张像片作为一个整体进行缩放，通过控制点，进行平移、旋转、缩放使其达到绝对位置。这种方法称为相对定向——绝对定向。

用于描述两张像片相对位置和姿态关系的参数，称为相对定向元素。用解析计算的方法解求相对定向元素的过程，称为解析法相对定向。由于不涉及像片的绝对位置，因此相对定向只需要利用立体像对内在几何关系来进行，不需要地面控制点。确定模型在地面坐标系统中绝对位置和姿态的参数，称为绝对定向元素。用解析计算的方法求解绝对定向元素的过程，称为立体模型绝对定向。

## 一、立体像对的相对定向元素

在摄影测量的生产作业中，立体像对的相对定向和绝对定向总是和一定的仪器及作业方法联系在一起的。相对定向元素与空间辅助坐标系的选择有关，对于不同的像空间辅助坐标系，相对定向元素可以有不同的选择，下面介绍两种常用的相对方位元素系统。

### 1. 连续像对相对定向系统

这一系统是以立体像对中左像片的像空间坐标系作为像对的像空间辅助坐标系。此时如图 5-3 所示，可以认为左像片在此像空间辅助坐标系中的相对方位元素全部为零，因此，右像片对于左像片的相对方位元素，就是右像片在像空间辅助坐标系中的相对方位元素，即：

左像片：$X_{S1} = Y_{S1} = Z_{S1} = 0, \varphi_1 = 0, \omega_1 = 0, \kappa_1 = 0$ ；

右像片：$X_{S2} = b_x, Y_{S2} = b_y, Z_{S2} = b_z, \varphi_2, \omega_2, \kappa_2$ 。

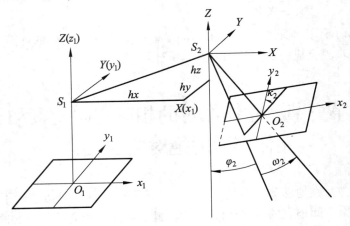

**图 5-3　连续像对相对定向**

$\varphi_2$ 为右像片主光轴在 $X_Z$ 坐标面上的投影与 $Z$ 轴的夹角；$\omega_2$ 为右像片主光轴与 $X_Z$ 坐标面之间的夹角，$\kappa_2$ 为 $Y$ 轴在右像片平面上的投影与右像片平面坐标系 $y_2$ 轴之间的夹角。

$b_x$、$b_y$、$b_z$ 为摄影基线 $b$ 在像空间辅助坐标系中的三个坐标轴上的投影，称为摄影基线的 3 个分量。其中 $b_x$ 只影响相对定向后建立模型的大小，而不影响模型的建立，因此相对定向需要恢复或求解的相对定向元素只有 5 个，即 $b_y$、$b_z$、$\varphi_2$、$\omega_2$、$\kappa_2$，我们称其为连续像对相对定向元素。

这种相对方位元素的特点是，在相对定向过程中，只需移动和旋转其中一张像片，另一张则始终固定不变。

### 2. 单独像对相对定向系统

在这一系统中，以左摄站 $S_1$ 为像空间辅助坐标系原点，摄影基线 $b$ 为 $X$ 轴，左主光轴与摄影基线组成的左主核面为 $X_Z$ 面，$Y$ 轴垂直于该面构成右手直角坐标系，如图 5-4 所示。这一种像空间辅助坐标系也叫作基线坐标系。所以说，单独像对相对定向系统是以基线坐标系为参考基准的。

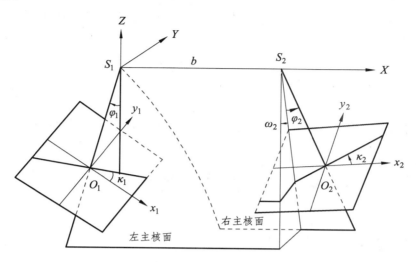

图 5-4　单独像对相对定向

左右像片的相对方位元素为：

左像片：$X_{S1} = Y_{S1} = Z_{S1} = 0, \varphi_1, \omega_1 = 0, \kappa_1$；

右像片：$X_{S2} = b_x = b, Y_{S2} = b_y = 0, Z_{S2} = b_z = 0, \varphi_2, \omega_2, \kappa_2$。

同样，$b_x$ 只涉及模型比例尺的大小，而不影响模型的建立，因此单独像对相对定向元素系统由 5 个角元素 $\varphi_1$、$\kappa_1$、$\varphi_2$、$\omega_2$、$\kappa_2$ 组成。

其中，$\omega_2$ 为左、右两像片主核面之间的夹角，由左主核面起算，逆时针为正，图中为正值；$\varphi_1$、$\varphi_2$ 为左、右主核面上左、右主光轴与摄影基线垂线之间的夹角，由垂线起算，顺时针为正，图中 $\varphi_1$ 为负值，$\varphi_2$ 为正值；$\kappa_1$、$\kappa_2$ 为左、右主核线与左、右像平面坐标系 $x$ 轴间的夹角，由主核线起算，逆时针至 $x$ 正方向为正，图中 $\kappa_1$、$\kappa_2$ 角为负值。

这种相对定向元素系统的特点是，在相对定向过程中，只需分别旋转两张像片便可以确定两光束的相对方位，无须平移。

## 二、立体像对的绝对定向元素

相对定向后建立的立体模型是相对于摄影测量坐标系统的，它在地面坐标系中的方位是未知的，其比例尺也是任意的。如果想要知道模型中某点相应的地面点的地面坐标，就必须对所建立的模型进行绝对定向，即要确定模型在地面坐标系中的正确方位及比例尺因子。这项工作叫立体模型的绝对定向。

如前所述，立体像对共有 12 个外方位元素，相对定向求得 5 个元素后，待解求的绝对定向元素应有 7 个。求解这 7 个元素的过程实质是将立体模型上的模型坐标通过平移、旋转、缩放纳入到摄影测量坐标系中。

绝对定向的定义：解算立体模型绝对方位元素的工作。立体模型绝对方位元素有 7 个，它们是：$X_0, Y_0, Z_0, \Phi, \Omega, K, \lambda$。

绝对定向的目的：恢复立体模型在地面坐标系中的大小和方位。

过程：利用已知地面控制点，确定立体模型在地面坐标系中的大小和方位，解求绝对方位元素。方程式如下：

$$\begin{bmatrix} X_T \\ Y_T \\ Z_T \end{bmatrix} = \lambda \cdot M \begin{bmatrix} X \\ Y \\ Z \end{bmatrix} + \begin{bmatrix} X_0 \\ Y_0 \\ Z_0 \end{bmatrix} = \lambda \cdot \begin{bmatrix} a_1 & a_2 & a_3 \\ a_2 & b_2 & b_3 \\ a_3 & c_2 & c_3 \end{bmatrix} \begin{bmatrix} X \\ Y \\ Z \end{bmatrix} + \begin{bmatrix} X_0 \\ Y_0 \\ Z_0 \end{bmatrix} \tag{5-8}$$

其中，$M$ 为旋转矩阵，包含三个角元素 $\Phi$、$\Omega$、$K$；$X_0$、$Y_0$、$Z_0$ 为坐标平移参数；$\lambda$ 为缩放系数。

# 第四节 立体像对的相对定向

## 一、解析法相对定向原理

像对的相对定向无论用模拟法或解析法，都是以同名射线对对相交即完成摄影时 3 线共面的条件作为解求的基础。模拟法相对定向是利用投影仪器的运动，使同名射线对对相交，建立起地面的立体模型。而解析法相对定向则是通过计算相对定向元素，建立地面的立体模型。如图 5-5 所示为相对定向原理。

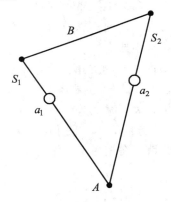

**图 5-5 相对定向原理**

假设 $S_1a_1$ 和 $S_2a_2$ 为一对同名射线。其矢量用 $\overrightarrow{S_1a_1}$ 和 $\overrightarrow{S_2a_2}$ 表示，摄影基线矢量用 $\vec{B}$ 表示。同名射线对对相交，表明射线 $\overrightarrow{S_1a_1}$、$\overrightarrow{S_2a_2}$、$\vec{B}$ 位于同一平面内，亦即三矢量共面。根据矢量代数，三矢量共面，它们的混合积等于零，即

$$\vec{B} \cdot (\overrightarrow{S_1a_1} \times \overrightarrow{S_2a_2}) = 0 \tag{5-9}$$

上式即为共面条件方程，其值为零的条件是完成相对定向的标准，用于解求相对定向元素。其对应的坐标表达形式如下：

$$\begin{vmatrix} b_u & b_v & b_w \\ X & Y & Z \\ X' & Y' & Z' \end{vmatrix} = 0 \tag{5-10}$$

式中，$b_u$、$b_v$、$b_w$ 为摄影基线 $b$ 在像空间辅助坐标系中的三个坐标轴上的投影，称为摄影基线的 3 个分量；$X$、$Y$、$Z$ 为左像片的像空间辅助坐标；$X'$、$Y'$、$Z'$ 为右像片的像空间辅助坐标。

它的几何解释是由此三向量所形成的平行六面体的体积必须等于零，由此保证这一对相应光线共处于一个核面之内，成对相交。

上式还可以改化成其他的表达形式。如将上式按第一行元素展开，则有

$$B_X \begin{vmatrix} Y & Z \\ Y' & Z' \end{vmatrix} - B_Y \begin{vmatrix} X & Z \\ X' & Z' \end{vmatrix} + B_Z \begin{vmatrix} X & Y \\ X' & Y' \end{vmatrix} = 0 \tag{5-11}$$

即

$$\begin{bmatrix} B_X, B_Y, B_Z \end{bmatrix} \begin{bmatrix} YZ' - Y'Z \\ X'Z - XZ' \\ XY' - X'Y \end{bmatrix} = 0 \tag{5-12}$$

因

$$\begin{bmatrix} YZ' - Y'Z \\ X'Z - XZ' \\ XY' - X'Y \end{bmatrix} = \begin{bmatrix} 0 & -Z & Y \\ Z & 0 & -X \\ -Y & X & 0 \end{bmatrix} \begin{bmatrix} X' \\ Y' \\ Z' \end{bmatrix} \tag{5-13}$$

故

$$\begin{bmatrix} B_X, B_Y, B_Z \end{bmatrix} \begin{bmatrix} 0 & -Z & Y \\ Z & 0 & -X \\ -Y & X & 0 \end{bmatrix} \begin{bmatrix} X' \\ Y' \\ Z' \end{bmatrix} = 0 \tag{5-14}$$

这是共面方程的另一表达形式，这一表达方程式和上面的向量式表达式是对应的。

根据相对定向所取的像空间辅助坐标系不同，常用的方式有连续像对相对定向和单独像对相对定向两种。

## 二、相对定向元素的解算过程

### 1. 共面条件方程的线性化

连续像对系统相对定向元素的计算是以共面条件方程为依据的。但是共面条件方程是立体像对方位元素的非线性函数。为了能够按照最小二乘法平差的原理解算出相对定向元素的最小二乘解，需要首先将共面方程式线性化。

$$\begin{vmatrix} b_u & b_v & b_w \\ X & Y & Z \\ X' & Y' & Z' \end{vmatrix} = 0 \tag{5-15}$$

将共面方程线性化后得：

$$F = F^0 + \frac{\partial F}{\partial \mu} \mathrm{d}\mu + \frac{\partial F}{\partial \nu} \mathrm{d}\nu + \frac{\partial F}{\partial \varphi_2} \mathrm{d}\varphi_2 + \frac{\partial F}{\partial \omega_2} \mathrm{d}\omega_2 + \frac{\partial F}{\partial \kappa_2} \mathrm{d}\kappa_2 = 0 \tag{5-16}$$

上式中相对方位元素改正数的系数计算如下（参考内容，可根据需要参考学习）：

$$\frac{\partial F}{\partial \mu} = b_u \begin{vmatrix} 0 & 1 & 0 \\ u_1 & v_1 & w_1 \\ u_2 & v_2 & w_2 \end{vmatrix} = -b_u \begin{vmatrix} u_1 & w_1 \\ u_2 & w_2 \end{vmatrix} = b_u (u_2 w_1 - u_1 w_2)$$

$$\frac{\partial F}{\partial \nu} = b_u (u_1 v_2 - u_2 v_1)$$

$$\frac{\partial F}{\partial \varphi_2} = b_u \begin{vmatrix} 1 & \mu & \nu \\ u_1 & v_1 & w_1 \\ \partial u_2 / \partial \varphi_2 & \partial v_2 / \partial \varphi_2 & \partial w_2 / \partial \varphi_2 \end{vmatrix}$$

$$\frac{\partial \begin{bmatrix} u_2 \\ v_2 \\ w_2 \end{bmatrix}}{\partial \varphi_2} = \frac{\partial \boldsymbol{R}}{\partial \varphi_2} \begin{bmatrix} x_2 \\ y_2 \\ -f \end{bmatrix}$$

$$\frac{\partial \boldsymbol{R}}{\partial \varphi_2} = \frac{\partial (\boldsymbol{R}_{\varphi_2} \boldsymbol{R}_{\omega_2} \boldsymbol{R}_{\kappa_2})}{\partial \varphi_2} = \frac{\partial \boldsymbol{R}_{\varphi_2}}{\partial \varphi_2} \boldsymbol{R}_{\varphi_2}^{-1} \boldsymbol{R}_{\varphi_2} \boldsymbol{R}_{\omega_2} \boldsymbol{R}_{\kappa_2} = \frac{\partial \boldsymbol{R}_{\varphi_2}}{\partial \varphi_2} \boldsymbol{R}_{\varphi_2}^{-1} \boldsymbol{R}$$

$$\boldsymbol{R}_{\varphi_2} = \begin{bmatrix} \cos \varphi_2 & 0 & -\sin \varphi_2 \\ 0 & 1 & 0 \\ \sin \varphi_2 & 0 & \cos \varphi_2 \end{bmatrix}$$

$$\frac{\partial \boldsymbol{R}_{\varphi_2}}{\partial \varphi_2} \boldsymbol{R}_{\varphi 2}^{-1} = \begin{bmatrix} -\sin \varphi_2 & 0 & -\cos \varphi_2 \\ 0 & 0 & 0 \\ \cos \varphi_2 & 0 & -\sin \varphi_2 \end{bmatrix} \begin{bmatrix} \cos \varphi_2 & 0 & \sin \varphi_2 \\ 0 & 1 & 0 \\ -\sin \varphi_2 & 0 & \cos \varphi_2 \end{bmatrix} = \begin{bmatrix} 0 & 0 & -1 \\ 0 & 0 & 0 \\ 1 & 0 & 0 \end{bmatrix}$$

$$\frac{\partial \begin{bmatrix} u_2 \\ v_2 \\ w_2 \end{bmatrix}}{\partial \varphi_2} = \frac{\partial \boldsymbol{R}_{\varphi_2}}{\partial \varphi_2} \boldsymbol{R}_{\varphi_2}^{-1} \boldsymbol{R} \begin{bmatrix} x_2 \\ y_2 \\ -f \end{bmatrix} = \begin{bmatrix} 0 & 0 & -1 \\ 0 & 0 & 0 \\ 1 & 0 & 0 \end{bmatrix} \begin{bmatrix} u_2 \\ v_2 \\ w_2 \end{bmatrix} = \begin{bmatrix} -w_2 \\ 0 \\ u_2 \end{bmatrix}$$

用上面同样的方法求出另外两个系数：

$$\frac{\partial \begin{bmatrix} u_2 \\ v_2 \\ w_2 \end{bmatrix}}{\partial \omega_2} = \begin{bmatrix} 0 \\ -w_2 \\ v_2 \end{bmatrix} \qquad \frac{\partial \begin{bmatrix} u_2 \\ v_2 \\ w_2 \end{bmatrix}}{\partial \kappa_2} = \begin{bmatrix} -v_2 \\ u_2 \\ 0 \end{bmatrix}$$

$$\frac{\partial F}{\partial \varphi_2} = b_u \begin{vmatrix} 1 & \mu & \nu \\ u_1 & v_1 & w_1 \\ \partial u_2 / \partial \varphi_2 & \partial v_2 / \partial \varphi_2 & \partial w_2 / \partial \varphi_2 \end{vmatrix}$$

$$\frac{\partial F}{\partial \varphi_2} = b_u \begin{vmatrix} 1 & \mu & \nu \\ u_1 & v_1 & w_1 \\ -w_2 & 0 & u_2 \end{vmatrix} \approx b_u v_1 u_2$$

因为在近似竖直投影条件下 $\mu$、$\nu$ 是非常小的值，所以略去二次以上小项：

$$\frac{\partial F}{\partial \omega_2} = b_u \begin{vmatrix} 1 & \mu & \nu \\ u_1 & v_1 & w_1 \\ 0 & -w_2 & v_2 \end{vmatrix} \approx b_u (v_1 v_2 + w_1 w_2)$$

$$\frac{\partial F}{\partial \kappa_2} = \begin{vmatrix} b_u & b_v & b_w \\ u_1 & v_1 & w_1 \\ -v_2 & u_2 & 0 \end{vmatrix} \approx -b_u u_2 w_1$$

$$F = F^0 + \frac{\partial F}{\partial \mu}\mathrm{d}\mu + \frac{\partial F}{\partial \nu}\mathrm{d}\nu + \frac{\partial F}{\partial \varphi_2}\mathrm{d}\varphi_2 + \frac{\partial F}{\partial \omega_2}\mathrm{d}\omega_2 + \frac{\partial F}{\partial \kappa_2}\mathrm{d}\kappa_2 = 0$$

把所有求出的系数项代入上式：

$$\frac{\partial F}{\partial \mu} = b_u (u_2 w_1 - u_1 w_2), \quad \frac{\partial F}{\partial \nu} = b_u (u_1 v_2 - u_2 v_1), \quad \frac{\partial F}{\partial \varphi_2} \approx b_u v_1 u_2,$$

$$\frac{\partial F}{\partial \omega_2} \approx b_u (v_1 v_2 + w_1 w_2), \quad \frac{\partial F}{\partial \kappa_2} \approx -b_u u_2 w_1$$

得：

$$(u_2 w_1 - u_1 w_2) b_u \mathrm{d}\mu + (u_1 v_2 - u_2 v_1) b_u \mathrm{d}\nu + u_2 v_1 b_u \mathrm{d}\varphi + (v_1 v_2 + w_1 w_2) b_u \mathrm{d}\omega - u_2 w_1 b_u \mathrm{d}\kappa + F_0 = 0$$

等式两边同时除以 $u_2 w_1 - u_1 w_2$ 得：

$$b_u \mathrm{d}\mu + \frac{u_1 v_2 - u_2 v_1}{w_1 u_2 - u_1 w_2} b_u \mathrm{d}\nu + \frac{u_2 v_1}{w_1 u_2 - u_1 w_2} b_u \mathrm{d}\varphi + \frac{v_1 v_2 + w_1 w_2}{w_1 u_2 - u_1 w_2} b_u \mathrm{d}\omega - \frac{u_2 w_1}{w_1 u_2 - u_1 w_2} b_u \mathrm{d}\kappa + \frac{F_0}{w_1 u_2 - u_1 w_2} = 0$$

系数约简，因为：

$$N_2 = \frac{b_u w_1 - b_w u_1}{u_1 w_2 - w_1 u_2}$$

所以

$$u_1 w_2 - w_1 u_2 = \frac{b_u}{N_2}\left( w_1 - \frac{b_w}{b_u} u_1 \right) \approx \frac{b_u}{N_2} w_1$$

因为

$$\frac{v_1}{w_1} = \frac{N_1 v_1}{N_1 w_1} = \frac{N_2 v_2 + b_v}{N_2 w_2 + b_w} \approx \frac{N_2 v_2}{N_2 w_2} = \frac{v_2}{w_2}$$

所以

$$\frac{v_1}{v_2} = \frac{w_1}{w_2}$$

近似竖直投影情况下：

$$v_1 = v_2, \quad w_1 = w_2$$

所以推出：

$$\frac{u_1 v_2 - u_2 v_1}{w_1 u_2 - u_1 w_2} = -\frac{v_2}{w_2}$$

$$\frac{b_u v_1}{w_1 u_2 - u_1 w_2} = -\frac{v_2}{w_2} N_2$$

$$\frac{b_u (v_1 v_2 + w_1 w_2)}{w_1 u_2 - u_1 w_2} = -\left( w_2 + \frac{v_2^2}{w_2} \right) N_2$$

$$\frac{b_u u_2 w_1}{w_1 u_2 - u_1 w_2} = -N_2 u_2$$

$$\frac{F_0}{w_1 u_2 - u_1 w_2} = \frac{\begin{vmatrix} b_u & b_v & b_w \\ u_1 & v_1 & w_1 \\ u_2 & v_2 & w_2 \end{vmatrix}}{w_1 u_2 - u_1 w_2}$$

$$= \frac{\begin{vmatrix} b_u & b_w \\ u_2 & w_2 \end{vmatrix}}{w_1 u_2 - u_1 w_2} v_1 - \frac{\begin{vmatrix} b_u & b_w \\ u_1 & w_1 \end{vmatrix}}{w_1 u_2 - u_1 w_2} v_2 - \frac{\begin{vmatrix} u_1 & w_1 \\ u_2 & w_2 \end{vmatrix}}{w_1 u_2 - u_1 w_2} b_v$$

$$= -N_1 v$$

连续法相对定向中常数项的几何意义：

（1）$Q$ 为模型点的上下视差。

（2）当一个立体像对完成相对定向时，$Q = 0$。

（3）当一个立体像对未完成相对定向时，即同名光线不相交时，$Q \neq 0$。

$$Q = b_u \mathrm{d}u - \frac{v_2}{w_2} b_u \mathrm{d}v - \frac{u_2 v_2}{w_2} N_2 \mathrm{d}\varphi_2 - \left(w_2 + \frac{v_2^2}{w_2}\right) N_2 \mathrm{d}\omega_2 + u_2 N_2 \mathrm{d}\kappa_2 \tag{5-17}$$

误差方程的建立：

$$v_Q = b_u \mathrm{d}\mu + \frac{v_2}{w_2} b_u \mathrm{d}v - \frac{u_2 v_2}{w_2} N_2 \mathrm{d}\varphi - \left(w_2 + \frac{v_2^2}{w_2}\right) N_2 \mathrm{d}\omega + u_2 N_2 \mathrm{d}\kappa - Q \tag{5-18}$$

量测 5 个以上的同名点可以按最小二乘平差法求相对定向元素。

### 2. 相对定向元素的计算

（1）获取已知数据 $x_0$，$y_0$，$f$。

（2）确定相对定向元素的初值 $\mu = v = \varphi = \omega = \kappa = 0$。

（3）由相对定向元素计算像点的像空间辅助坐标 $u_1$，$v_1$，$w_1$，$u_2$，$v_2$，$w_2$。

（4）计算误差方程式的系数和常数项。

（5）解法方程，求相对定向元素改正数。

（6）计算相对定向元素的新值。

（7）判断迭代是否收敛。

## 三、模型点坐标的计算

相对定向工作完成后，建立起来的立体模型是辅助坐标系里的模型，需要通过绝对定向将其纳入到测量坐标系中。在此之间需要先求得模型上模型点在辅助坐标系里的坐标，然后通过绝对定向完成坐标变换工作。以下为模型点坐标的计算过程。

### 1. 计算左、右像点的像空间辅助坐标系坐标

$$\begin{bmatrix} u_1 \\ v_1 \\ w_1 \end{bmatrix} = \boldsymbol{R}_1 \begin{bmatrix} x_1 \\ y_1 \\ -f \end{bmatrix}, \quad \begin{bmatrix} u_2 \\ v_2 \\ w_2 \end{bmatrix} = \boldsymbol{R}_2 \begin{bmatrix} x \\ y_2 \\ -f \end{bmatrix} \tag{5-19}$$

**2. 计算左、右像点的点投影系数**

$$
\left.
\begin{aligned}
N_1 &= \frac{b_u w_2 - b_w u_2}{u_1 w_2 - u_2 w_1} \\
N_2 &= \frac{b_u w_1 - b_w u_1}{u_1 w_2 - u_2 w_1}
\end{aligned}
\right\}
\tag{5-20}
$$

对于单独像对的相对定向，

$$
b_u = b, \quad b_v = b_w = 0
$$

**3. 计算模型点在像空间辅助坐标系中的坐标 $U$、$V$、$W$**

$$
\left.
\begin{aligned}
U &= N_1 u_1 = b_u + N_2 u_2 \\
V &= N_1 v_1 = b_v + N_2 v_2 \\
W &= N_1 w_1 = b_w + N_2 w_2
\end{aligned}
\right\}
\tag{5-21}
$$

对于单独像对的相对定向，

$$
\left.
\begin{aligned}
U &= N_1 u_1 = b + N_2 u_2 \\
V &= N_1 v_1 = N_2 v_2 \\
W &= N_1 w_1 = N_2 w_2
\end{aligned}
\right\}
\tag{5-22}
$$

**4. 将模型点坐标乘以摄影比例尺分母，模型放大成约为实地大小**

$$
\left.
\begin{aligned}
U &= mN_1 u_1 = m(b_u + N_2 u_2) \\
V &= mN_1 v_1 = m(b_v + N_2 v_2) \\
W &= mN_1 w_1 = m(b_w + N_2 w_2)
\end{aligned}
\right\}
\tag{5-23}
$$

# 第五节　立体模型的绝对定向

像对相对定向仅仅是恢复了摄影时像片之间的相对位置，所建立的立体模型相对于地面的绝对位置没有恢复。要求出模型在地面测量坐标系中的绝对位置，就要把模型点在像空间辅助坐标系的坐标转化为地面测量坐标，这项作业称为模型的绝对定向。模型绝对定向是通过地面控制点进行的。

地面测量坐标系是左手直角坐标系，而摄影测量的各种坐标系为右手直角坐标系。为方便转换，一般先将按大地测量得到的地面控制点坐标转换到地面摄影测量坐标系中，再利用它们把立体模型通过旋转、平移、缩放转换到地面摄影测量坐标系中，求得整个模型的地面摄影测量坐标，最后再将立体模型转换回地面测量坐标系中。

## 一、绝对定向方程式

如果不考虑模型本身的变形，将它看成刚体（即所有点的精度是相等的），那么模型的绝对定向就是一个空间相似变换问题，即包含三个内容：

（1）模型坐标系相对于地面坐标系的旋转。

（2）模型坐标系对地面坐标的平移。

（3）确定模型缩放的比例因子。

设：$S\text{-}XYZ$ 为模型坐标系（注意：与相对定向中的区别）；

$O_T\text{-}X_TY_TZ_T$ 为地面坐标系，模型点相应地面点的地面坐标为$(X_T，Y_T，Z_T)^T$；

模型点原点在地面坐标系 $O_T\text{-}X_TY_TZ_T$ 中的坐标为$(X_0，Y_0，Z_0)^T$；

模型点在 $S\text{-}XYZ$ 中的模型坐标为$(X，Y，Z)^T$；

$\lambda$ 为模型比例尺因子；

$M$ 为由绝对方位元素角元素组成的旋转矩阵。

$$\begin{bmatrix} X_T \\ Y_T \\ Z_T \end{bmatrix} = \lambda \cdot M \begin{bmatrix} X \\ Y \\ Z \end{bmatrix} + \begin{bmatrix} X_0 \\ Y_0 \\ Z_0 \end{bmatrix} = \lambda \cdot \begin{bmatrix} a_1 & a_2 & a_3 \\ a_2 & b_2 & b_3 \\ a_3 & c_2 & c_3 \end{bmatrix} \begin{bmatrix} X \\ Y \\ Z \end{bmatrix} + \begin{bmatrix} X_0 \\ Y_0 \\ Z_0 \end{bmatrix} \tag{5-24}$$

这在数学上称为三维空间的相似变换。

用向量的符号可表示为：$X_T = \lambda \cdot MX + X_0$

上述空间相似变换中共包含 7 个参数：

$\lambda, (X_0、Y_0、Z_0)^T, M$（包含 3 个独立参数，如绝对方位元素的三个角元素），即 $X_0, Y_0, Z_0, \Phi, \Omega, K, \lambda$ 为 7 个绝对定向元素。

空间相似变换公式通常应用于以下三种情况：

（1）已知地面坐标，反求变换参数——绝对定向。

（2）已知摄影测量坐标，求地面坐标。

（3）独立模型法区域网平差的数学模型。

空间相似变换公式用于绝对定向时，一个控制点可列出三个方程，所以必须有二个平高点和一个高程点。

空间相似变换公式是变换参数的非线性函数，必须对其进行线性化。

# 二、绝对定向元素的解算

## 1. 基本原理（以下内容可参考学习）

线性化方法：真值=近似值+改正数。

空间相似变换公式写成矩阵形式：$X_T = \lambda MX + X_0$ （5-25）

给定初值：$\lambda_0$，$X_0 = \begin{bmatrix} X_0^0 \\ Y_0^0 \\ Z_0^0 \end{bmatrix}$，$M^0 X$

其改正数为：$d\lambda$，$dX_0 = \begin{bmatrix} dX_0 \\ dY_0 \\ dZ_0 \end{bmatrix}$，$dM \cdot MX$

$$\text{设} \begin{bmatrix} U \\ V \\ W \end{bmatrix} = \boldsymbol{M} \begin{bmatrix} X \\ Y \\ Z \end{bmatrix} = \begin{bmatrix} 1 & -K & -\varPhi \\ K & 1 & -\varOmega \\ \varPhi & \varOmega & 1 \end{bmatrix} \begin{bmatrix} X \\ Y \\ Z \end{bmatrix} \tag{5-26}$$

$$\begin{bmatrix} \mathrm{d}U \\ \mathrm{d}V \\ \mathrm{d}W \end{bmatrix} = \begin{bmatrix} 0 & -\mathrm{d}K & -\mathrm{d}\varPhi \\ \mathrm{d}K & 0 & -\mathrm{d}\varOmega \\ \mathrm{d}\varPhi & \mathrm{d}\varOmega & 0 \end{bmatrix} \begin{bmatrix} 1 & K & \varPhi \\ -K & 1 & \varOmega \\ -\varPhi & -\varOmega & 1 \end{bmatrix} \begin{bmatrix} U \\ V \\ W \end{bmatrix} \tag{5-27}$$

$$\begin{bmatrix} \mathrm{d}U \\ \mathrm{d}V \\ \mathrm{d}W \end{bmatrix} = \begin{bmatrix} 0 & -\mathrm{d}K & -\mathrm{d}\varPhi \\ \mathrm{d}K & 0 & -\mathrm{d}\varOmega \\ \mathrm{d}\varPhi & \mathrm{d}\varOmega & 0 \end{bmatrix} \left( E + \begin{pmatrix} 0 & K & \varPhi \\ -K & 0 & \varOmega \\ -\varPhi & -\varOmega & 0 \end{pmatrix} \right) \begin{bmatrix} U \\ V \\ W \end{bmatrix}$$

$$= \begin{bmatrix} 0 & -\mathrm{d}K & -\mathrm{d}\varPhi \\ \mathrm{d}K & 0 & -\mathrm{d}\varOmega \\ \mathrm{d}\varPhi & \mathrm{d}\varOmega & 0 \end{bmatrix} \begin{bmatrix} U \\ V \\ W \end{bmatrix} \quad (\text{舍去第二项}) = \mathrm{d}\boldsymbol{M} \cdot \boldsymbol{M} \begin{bmatrix} X \\ Y \\ Z \end{bmatrix} \tag{5-28}$$

为方便起见，取消上面的上角标"0"，所以：

$$\begin{aligned} \boldsymbol{X}_{\mathrm{T}} &= (\lambda^0 + \mathrm{d}\lambda)[\boldsymbol{M}^0 \boldsymbol{X} + \mathrm{d}(\boldsymbol{M}\boldsymbol{X})] + (\boldsymbol{X}_0^0 + \mathrm{d}\boldsymbol{X}_0) \\ &= (\lambda + \mathrm{d}\lambda)(E + \mathrm{d}\boldsymbol{M})\boldsymbol{M}\boldsymbol{X} + (\boldsymbol{X}_0 + \mathrm{d}\boldsymbol{X}_0) \\ &= \lambda \boldsymbol{M}\boldsymbol{X} + \boldsymbol{X}_0 + \mathrm{d}\lambda \boldsymbol{M}\boldsymbol{X} + \lambda \mathrm{d}\boldsymbol{M}\boldsymbol{M}\boldsymbol{X} + \mathrm{d}\lambda \mathrm{d}\boldsymbol{M}\boldsymbol{M}\boldsymbol{X} + \mathrm{d}\boldsymbol{X}_0 \\ &= \boldsymbol{X}_{\mathrm{T}}^0 + \mathrm{d}\lambda \boldsymbol{M}\boldsymbol{X} + \lambda \mathrm{d}\boldsymbol{M}\boldsymbol{M}\boldsymbol{X} + \mathrm{d}\boldsymbol{X}_0 \end{aligned} \tag{5-29}$$

令：

$$\boldsymbol{X}_{\mathrm{tr}} = \lambda \boldsymbol{M}\boldsymbol{X} = \lambda \begin{bmatrix} a_1 & a_2 & a_3 \\ b_1 & b_2 & b_3 \\ c_1 & c_2 & c_3 \end{bmatrix} \begin{bmatrix} X \\ Y \\ Z \end{bmatrix} \tag{5-30}$$

$$\delta \boldsymbol{X} = \boldsymbol{X}_{\mathrm{T}} - \boldsymbol{X}_{\mathrm{T}}^0 = \begin{bmatrix} X_{\mathrm{T}} \\ Y_{\mathrm{T}} \\ Z_{\mathrm{T}} \end{bmatrix} - \begin{bmatrix} X_{\mathrm{T}}^0 \\ Y_{\mathrm{T}}^0 \\ Z_{\mathrm{T}}^0 \end{bmatrix}, \quad \mathrm{d}\lambda' = \frac{1}{\lambda} \mathrm{d}\lambda \tag{5-31}$$

$$\delta \boldsymbol{X} = \mathrm{d}\boldsymbol{X}_0 + \mathrm{d}\lambda' \boldsymbol{X}_{\mathrm{tr}} + \mathrm{d}\boldsymbol{M} \cdot \boldsymbol{X}_{\mathrm{tr}}$$

则有：

$$\begin{bmatrix} \delta X \\ \delta Y \\ \delta Z \end{bmatrix} = \begin{bmatrix} \mathrm{d}X_0 \\ \mathrm{d}Y_0 \\ \mathrm{d}Z_0 \end{bmatrix} + \mathrm{d}\lambda' \begin{bmatrix} X_{\mathrm{tr}} \\ Y_{\mathrm{tr}} \\ Z_{\mathrm{tr}} \end{bmatrix} + \begin{bmatrix} 0 & -\mathrm{d}K & -\mathrm{d}\varPhi \\ \mathrm{d}K & 0 & -\mathrm{d}\varOmega \\ \mathrm{d}\varPhi & \mathrm{d}\varOmega & 0 \end{bmatrix} \begin{bmatrix} X_{\mathrm{tr}} \\ Y_{\mathrm{tr}} \\ Z_{\mathrm{tr}} \end{bmatrix} \tag{5-32}$$

可以写成：

$$\begin{bmatrix} 1 & 0 & 0 & X_{\mathrm{tr}} & 0 & -Z_{\mathrm{tr}} & -Y_{\mathrm{tr}} \\ 0 & 1 & 0 & Y_{\mathrm{tr}} & -Z_{\mathrm{tr}} & 0 & X_{\mathrm{tr}} \\ 0 & 0 & 1 & Z_{\mathrm{tr}} & Y_{\mathrm{tr}} & X_{\mathrm{tr}} & 0 \end{bmatrix} \begin{bmatrix} \mathrm{d}X_0 \\ \mathrm{d}Y_0 \\ \mathrm{d}Z_0 \\ \mathrm{d}\lambda' \\ \mathrm{d}\varOmega \\ \mathrm{d}\varPhi \\ \mathrm{d}K \end{bmatrix} = \begin{bmatrix} \delta X \\ \delta Y \\ \delta Z \end{bmatrix} \tag{5-33}$$

在近似垂直摄影情况下，各初值的选取：$\varPhi^0 = \varOmega^0 = K^0 = 0$。

$\lambda^0$ 的初值可由两个已知的地面控制点间的实地距离与其相应的模型点的距离的比值来确

定，即：

$$\lambda^0 = \frac{\sqrt{(X_{T1} - X_{T2})^2 + (Y_{T1} - Y_{T2})^2 + (Z_{T1} - Z_{T2})^2}}{\sqrt{(X_1 - X_2)^2 + (Y_1 - Y_2)^2 + (Z_1 - Z_2)^2}}$$ （5-34）

在使用空间相似变换进行模型连接时，需将下一个模型的比例尺归化到前一个已建好的模型上去。由于相邻模型的比例尺大体相当，此时可直接取 $\lambda^0=1$。举个例子说，我们现在是将模型比例尺归化到地面坐标系中去。假如我们将地面坐标系看作是另一个模型，那么可直接取 $\lambda^0=1$。至于 3 个平移参数的初值 $X^0$、$Y^0$、$Z^0$，一般可将模型坐标系（或摄测坐标系）先移到某一已知控制点所对应的模型点上，此时该控制点的坐标（地面坐标）提供了相当精确的初值。

注意：初值的选取很重要，初值选得精确，可以加快收敛速度，减少计算量。此外，初值选得好，原始方程还可简化成下面更简单的形式。

因为，$X_{tr} = \lambda^0 M^0 X = 1 \cdot E \cdot X = X$，代入（5-33）式，得：

$$\begin{bmatrix} 1 & 0 & 0 & X & 0 & -Z & -Y \\ 0 & 1 & 0 & Y & -Z & 0 & X \\ 0 & 0 & 1 & Z & Y & X & 0 \end{bmatrix} \begin{bmatrix} dX_0 \\ dY_0 \\ dZ_0 \\ d\lambda' \\ d\Omega \\ d\Phi \\ dK \end{bmatrix} = \begin{bmatrix} \delta X \\ \delta Y \\ \delta Z \end{bmatrix}$$ （5-35）

由线性化绝对定向方程式可以看出，给出一个平面高程控制点，便可由式（5-35）列出 3 个方程组。给出两个平高点和一个高程控制点，便可列出 7 个方程式。联立解答该 7 个方程式，便可求解 7 个绝对方位元素的近似值的改正数。但是为了保证绝对定向的质量和提供检核数据，通常要有多余的地面控制点，通常是 4 个平高控制点，分布在立体模型的 4 个角隅，然后按最小二乘原理迭代求解。控制点布设可参考图 5-6。

**图 5-6　绝对定向控制点布设**

## 2. 重心化坐标的运用

为了简化法方程的解算，我们将摄影测量坐标系的原点和地辅坐标系的原点都移到用于绝对定向的几个控制点的几何重心。如果我们认为构成模型的物质是均匀的，即地面控制点是等精度的，则重心点的模型坐标为：

$$\dot{X} = \frac{1}{n}\sum X_i, \quad \dot{Y} = \frac{1}{n}\sum Y_i, \quad \dot{Z} = \frac{1}{n}\sum Z_i \tag{5-36}$$

重心点的地辅坐标系为：

$$\dot{X} = \frac{1}{n}\sum X_{\mathrm{T}i}, \quad \dot{Y} = \frac{1}{n}\sum Y_{\mathrm{T}i}, \quad \dot{Z} = \frac{1}{n}\sum Z_{\mathrm{T}i} \tag{5-37}$$

这叫作坐标的重心化。

重心化坐标以后，模型点的模型坐标即变为重心化模型坐标，即为：

$$\begin{bmatrix} \overline{X} \\ \overline{Y} \\ \overline{Z} \end{bmatrix}_j = \begin{bmatrix} X \\ Y \\ Z \end{bmatrix}_j - \begin{bmatrix} \dot{X} \\ \dot{Y} \\ \dot{Z} \end{bmatrix} \tag{5-38}$$

控制点的重心化地辅坐标为：

$$\begin{bmatrix} \overline{X}_{\mathrm{T}} \\ \overline{Y}_{\mathrm{T}} \\ \overline{Z}_{\mathrm{T}} \end{bmatrix}_j = \begin{bmatrix} X_{\mathrm{T}} \\ Y_{\mathrm{T}} \\ Z_{\mathrm{T}} \end{bmatrix}_j - \begin{bmatrix} \dot{X}_{\mathrm{T}} \\ \dot{Y}_{\mathrm{T}} \\ \dot{Z}_{\mathrm{T}} \end{bmatrix} \tag{5-39}$$

所以在重心化情况下，不再需要改正原点。因为定向点在重心化后已合理配赋。这样只剩下4个未知数，这是坐标重心化的一个明显优点。

因为 $\qquad [\overline{X}] = [\overline{Y}] = [\overline{Z}] = 0 \ [\overline{X}_{\mathrm{T}}] = [\overline{Y}_{\mathrm{T}}] = [\overline{Z}_{\mathrm{T}}] = 0, [\delta X] = [\delta Y] = [\delta Z] = 0$

证明：
$$[\overline{X}_{\mathrm{T}}] = \sum_{i=1}^{n} \overline{X}_{\mathrm{T}i} = \sum_{i=1}^{n}\left( X_{\mathrm{T}i} - \frac{1}{n}\sum_{i=1}^{n} X_{\mathrm{T}i} \right) = \sum_{i=1}^{n} X_{\mathrm{T}i} - n \cdot \frac{1}{n}\sum_{i=1}^{n} X_{\mathrm{T}i} = 0 \tag{5-40}$$

$$[\delta X] = [\overline{X_{\mathrm{T}}}] - \lambda \boldsymbol{M}[\overline{X}] = 0$$

在这种重心化坐标下，法方程变为非常简单的形式。此时，前4个未知数可以独立地求解。

$$\left. \begin{aligned} \mathrm{d}X_0 &= 0, \ \mathrm{d}Y_0 = 0, \ \mathrm{d}Z_0 = 0 \\ \mathrm{d}\lambda' &= \frac{[\overline{X}\delta X + \overline{Y}\delta Y + \overline{Z}\delta Z]}{[\overline{X}^2 + \overline{Y}^2 + \overline{Z}^2]} \end{aligned} \right\} \tag{5-41}$$

而需要解答的只是3阶法方程，因此，空间相似变换的严密方程可写为：

$$\begin{bmatrix} X_{\mathrm{T}} \\ Y_{\mathrm{T}} \\ Z_{\mathrm{T}} \end{bmatrix} = \lambda \begin{bmatrix} a_1 & a_2 & a_3 \\ b_1 & b_2 & b_3 \\ c_1 & c_2 & c_3 \end{bmatrix} \begin{bmatrix} \overline{X} \\ \overline{Y} \\ \overline{Z} \end{bmatrix} + \begin{bmatrix} \dot{X}_{\mathrm{T}} \\ \dot{Y}_{\mathrm{T}} \\ \dot{Z}_{\mathrm{T}} \end{bmatrix} \tag{5-42}$$

### 3. 绝对定向的计算过程

第一步，读入数据。包括各个控制点的地面坐标（$X_{\mathrm{T}}$，$Y_{\mathrm{T}}$，$Z_{\mathrm{T}}$）及相应模型点的摄测坐标（即模型坐标）（$X$，$Y$，$Z$）；此外，还应读入所有加密点的模型坐标，以便在绝对定向完成后将它们变换成相对应的地面点的地面坐标。

第二步，分别计算控制点图形重心的摄影测量坐标和地面坐标。

第三步，计算所有控制点和加密点的重心化摄影测量坐标；计算所有控制点的重心化地面坐标。

第四步，确定绝对定向元素的初值。在近似垂直摄影的情况下，可取 $\Phi^0=\Omega^0=K^0=0$，在使用重心化坐标的情况下，$X_0=Y_0=Z_0\equiv0$，不必再求[即模型坐标系的原点，也就是几何重心，它在地面坐标系下的坐标，也就是过去所说的（$X_0$，$Y_0$，$Z_0$），就是地面的几何重心原点坐标，所以平移量 $X_0=Y_0=Z_0$ 恒为零]。而 $\lambda^0$ 则由两个相距最远的控制点间的实地距离与其相应模型点的距离之比来确定。

第五步，由三个角元素 $\Phi$、$\Omega$、$K$ 的近似值构成旋转矩阵 $M$。

第六步，因为在使用重心化坐标的条件下，$X_0^{\,0}=Y_0^{\,0}=Z_0^{\,0}\equiv0$，故应按下式逐点计算 $\delta_X$、$\delta_Y$ 和 $\delta_Z$：

$$\begin{bmatrix}\delta_X\\\delta_Y\\\delta_Z\end{bmatrix}_i = \begin{bmatrix}\overline{X_T}\\\overline{Y_T}\\\overline{Z_T}\end{bmatrix}_i - \lambda\begin{bmatrix}a_1&a_2&a_3\\b_1&b_2&b_3\\c_1&c_2&c_3\end{bmatrix}\begin{bmatrix}\overline{X}\\\overline{Y}\\\overline{Z}\end{bmatrix}_i \qquad (i=1,2,\cdots,n) \qquad (5\text{-}43)$$

第七步，计算 $\mathrm{d}\lambda'$，并按下式计算改正后的比例尺因子：

$$\lambda^{(k+1)}=\lambda^{(k)}\left(1+\mathrm{d}\lambda'\right)$$

第八步，组成并解答法方程，求出 $\mathrm{d}\Phi$、$\mathrm{d}\Omega$ 和 $\mathrm{d}K$。

第九步，计算改正后的绝对定向元素。

$$\Phi^{(k+1)}=\Phi^{(k)}+\mathrm{d}\Phi^{(k+1)}$$
$$\Omega^{(k+1)}=\Omega^{(k)}+\mathrm{d}\Omega^{(k+1)}$$
$$K^{(k+1)}=K^{(k)}+\mathrm{d}K^{(k+1)}$$

其中，$K$ 代表迭代次数。

第十步，重复五至九步，直到绝对定向元素的改正小于限差时为止。

第十一步，最后计算所有加密点的地面坐标：

$$\begin{bmatrix}X_T\\Y_T\\Z_T\end{bmatrix}_j = \lambda\begin{bmatrix}a_1&a_2&a_3\\b_1&b_2&b_3\\c_1&c_2&c_3\end{bmatrix}\begin{bmatrix}\overline{X}\\\overline{Y}\\\overline{Z}\end{bmatrix}_j + \begin{bmatrix}\dot{X}_T\\\dot{Y}_T\\\dot{Z}_T\end{bmatrix}$$

其中，$m$ 为立体模型中加密点的个数；$j=1,2,\cdots,m$。

# 三、地面测量坐标系与地面摄影测量坐标系间的转换

在介绍坐标系统时提到，摄影测量坐标系采用的是右手系，而地面测量坐标系采用的是左手系，这给摄影测量坐标系到地面测量坐标系的转换带来了困难。为此在摄影测量坐标系与地面摄影测量坐标系之间建立了一种过渡性的坐标系，称为地面摄影测量坐标系，具体内容参见坐标系的介绍。

在计算过程中要将地面测量坐标系转换到 $X$ 轴大致与航带平行的地面摄影测量坐标系，通过绝对定向计算得到的结果为地面摄影测量坐标系的坐标，也需要转换为地面测量坐标。具体的转换公式如下，其中假设两地面控制点为 $A$ 和 $B$：

$$\begin{bmatrix} X \\ Y \\ X \end{bmatrix} = \begin{bmatrix} a & b & 0 \\ b & -a & 0 \\ 0 & 0 & \lambda \end{bmatrix} \begin{bmatrix} X_t - X_{tA} \\ Y_t - Y_{tA} \\ Z_t \end{bmatrix} \tag{5-44}$$

式中，$X$、$Y$、$Z$ 为控制点地面参考坐标；$X_t$、$Y_t$、$Z_t$ 为控制点地面坐标；$X_{tA}$、$Y_{tA}$ 为 $A$ 点在地面坐标系中的坐标。

$$a = \frac{\Delta U_{(B-A)} \Delta X_{t(B-A)} - \Delta V_{(B-A)} \Delta Y_{t(B-A)}}{\Delta X_{t\,(B-A)}^2 + \Delta Y_{t\,(B-A)}^2}$$
$$b = \frac{\Delta U_{(B-A)} \Delta Y_{t(B-A)} - \Delta V_{(B-A)} \Delta X_{t(B-A)}}{\Delta X_{t\,(B-A)}^2 + \Delta Y_{t\,(B-A)}^2} \tag{5-45}$$

式中，$\Delta U$、$\Delta V$ 为模型点坐标差；$\Delta X$、$\Delta Y$、$\Delta X_t$、$\Delta Y_t$ 为地面参考坐标差、地面坐标差。

# 第六章　立体测图

## 学习重点：

1. 立体测图有哪几种方法？各有何特点？
2. 什么是摄影过程的几何反转？
3. 模拟法相对定向的定向点如何选择？
4. 模拟法测图中，绝对定向的目的是什么？需要几个控制点？
5. 模拟法绝对定向的作业方法和步骤
6. 数字化测图的流程

# 第一节　立体测图概述

　　利用空中摄影获取的立体像对，通过相对定向—绝对定向或空间后方交会—空间前方交会，可重建地面按比例尺缩小的立体模型。在这个模型上进行量测，可直接测绘出符合符号规定比例尺的地形图，获取地理基础信息。其产品可以是图形，也可以是数字化的产品（如数字地面模型或数字地图）。这种测绘方式，将野外测绘工作搬到室内进行，减少了天气、地形对测图的不利影响，提高了工作效率，并使测绘工作逐步向自动化、数字化方向发展。因此，航测成图方式已成为测绘地形图的主要方法。

　　航测立体测图的方法主要有三种。

### 1. 模拟法立体测图

　　这是一种经典的摄影测量制图方法。它利用两个投影器，将航摄的透明底片，装在投影器中，再用灯光照射，用与立体电影相似的原理，重建地面立体模型；在测绘承影面上，用一个量测用的测绘台进行测图。这种方法曾经是测图的重要方法。由于它是用立体型的航测仪器，模拟摄影过程的反转，所以称为模拟摄影测量。这种方法所用的仪器类型很多，20 世纪 70 年代后，由于电子技术的发展，这类仪器已被解析测图仪代替。这种仪器测绘的地形图都是线划产品，用于建立地理基础信息库时，还需将地图进行数字化，增加了工作量。因此，目前这类仪器都进行了技术改造，增加计算机与接口设备，用计算机辅助测图，提高了测图效率，并使产品具有线划与数字两种形式，可直接进入地理信息库。

### 2. 解析立体测图

　　这是 1957 年以后，随着电子技术的发展而形成的一种测图方法。所用的仪器称为解析测图仪，它由一台精密立体坐标量测仪、计算机接口设备、绘图仪、计算机等组成。像片安置在像片盘上，按相应的计算公式进行解析相对定向、解析绝对定向等，求解建立立体模型的各种元素后，存储在计算机中。测图时，软件自动计算模型对应的左、右像片上同名像点坐标，并通过伺服系统自动推动左、右像片盘和左、右测标运动，使测标切准模型点，从而满足共线方程，进行立体测图。这种方法精度高，且不受模拟法的某些限制，适用于各种摄影资料、各种比例尺测图任务，其产品首先以数字形式存储在计算机中，可直接提供数字形式的地理基础信息，目前这种方法也已经被淘汰。

### 3. 数字化测图

它是目前正在发展的一种方法。所用的仪器称为数字摄影测量系统，由像片数字化仪、计算机、输出设备及摄影测量软件系统组成。透明底片或像片经数字化以后，变成数字形式的影像，利用数字相关技术，代替人眼观察自动寻找同名像点并量测坐标；采用解析计算的方法，建立数字立体模型，由此建立数字高程模型、自动绘制等高线、制作正射影像图、提供地理基础信息等。整个过程除少量人机交互外，全部自动化。例如，我国自行研制的全数字摄影测量系统 VirtuoZo 与 JX-4 已大规模用于摄影测量生产作业。随着计算机技术、数字图像处理技术、计算机视觉技术、专家系统等的发展，在航测成图方面，数字化测图以其高效率、自动化、智能化而得到了广泛应用。

# 第二节　模拟法立体测图原理与方法

20 世纪 70 年代以前设计与制造的立体测图仪，主要是用光学机械的方式，模拟摄影过程的几何反转，用实际的投影光线或机械导杆代替摄影光线进行同名光线的交会，建立与地面完全相似的立体模型，在此立体模型上，进行地物、地貌的测绘，利用仪器上的内绘图桌，或通过机械传动装置与之相连的外接绘图桌，绘出地形原图。这类仪器，由于是模拟摄影过程，我们把它统称为模拟测图仪。这类仪器有多倍投影测图仪、DP-2、美国的 Kelsh 多倍仪、精密立体测图仪 C5、B8S、A10、AG-1、Planimat D2、Topocart 等。由于这类仪器获得的是图解式的地形原图，不是数字化的地图产品，精度与作业的适应性都不如解析测图仪。为了适应学科与技术的发展，我国已成功研制出这类仪器的各种改造方案，可将模拟测图仪改造成计算机控制的解析测图仪，或计算机辅助测图的机助测图系统。

## 一、摄影过程的几何反转

摄影测量的本质是应用测量里的交会原理，通过不同角度对同一物体交会摄影，摄影时，物体发生的光线被摄影机以像点的形式记录在相邻的影像上。在后期进行测图时，恢复摄影时两张像片的内方位元素和相对方位关系，对记录在相邻影像上的像点的信息，进行投影，即反向传播光线，实现交会。大量这样的点结合在一起就重现出一个和实地完全一致的立体模型，这个过程就是摄影过程的几何反转。在这个过程中，需要注意的是要保证摄影时摄影中心和投影时投影中心与影像的位置关系一致，即恢复内方位元素，同时要保证两张影像恢复摄影时的相对位置关系，即相对定向工作，如图 6-1 所示。

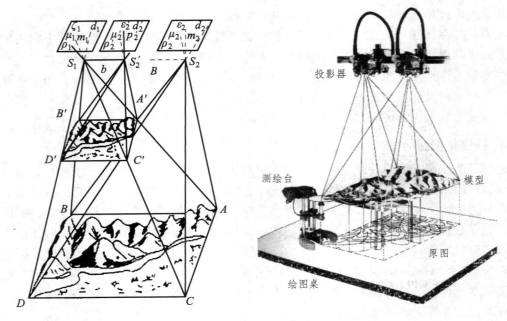

图 6-1 模拟法立体测图

## 二、模拟法测图中立体像对的相对定向

立体像对的相对定向，即恢复像对两像片摄影时的相对方位，建立和地面相似的立体模型。

将两相邻像片任意放置在投影器上，恢复内方位元素以后，光线经投影物镜投影到承影面上成像，如图 6-2 所示。这时，同名光线不相交，即与承影面的两个交点不重合，这个不重合其实就是存在左右视差 $P$ 和上下视差 $Q$。当升降测绘台时，左右视差可以消除，只存在上下视差。因此，上下视差是衡量同名光线是否相交的标志，或者说，若同名像点上存在上下视差，就说明没有恢复两张像片的相对关系，即没有完成相对定向。根据这一原则，我们可以通过运动投影器，消除同名点上的上下视差，达到相对定向的目的。在定向过程中要保证两张影像上至少 5 个以上点重合，所以定向点的选择很重要。

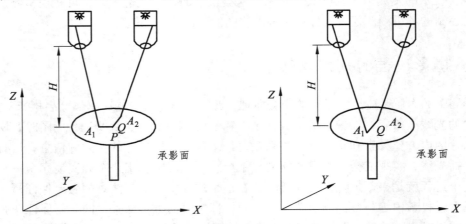

图 6-2 模拟立体测图仪原理

### 1. 相对定向方程式

当立体像对没有相对定向时，测图承影面上的各同名点存在上下视差 $Q$，如图 6-2 所示，某一对同名像点在承影面上的投影点 $A_1$、$A_2$，其 $Y$ 坐标为 $Y_1$、$Y_2$，坐标差就是同名点的上下视差 $Q$：

$$Q=Y_1-Y_2 \tag{6-1}$$

光学机械法相对定向就是通过有目的地微动投影器的相对定向螺旋，不断加入坐标改正数，即纵向坐标位移 $dY_1$、$dY_2$，使同名点的纵坐标发生变化，实现同名点的纵坐标加上改正数后的差值为零，以完成相对定向，即

$$(Y_1+dY_1)-(Y_2+dY_2)=0 \tag{6-2}$$

将式（6-1）代入式（6-2）得：

$$Q=dY_2-dY_1 \tag{6-3}$$

式（6-3）就是模拟立体测图仪相对定向的基本关系方程式。

### 2. 定向点选择

（1）定向点数量。光学机械法相对定向，是通过消除承影面上的所有同名点上下视差完成的。然而，生产中不可能也没必要做到对所有同名点消除上下视差。实际做法是通过少量点位上下视差的消除完成两张像片相对位置的恢复。为完成相对定向所选择的必需的少量点位，称为相对定向的定向点。由于相对定向方程式中有 5 个待求值，即 5 个相对定向元素，为此，至少应选择 5 个定向点，按其定向方程列出 5 个独立方程式，组成方程组方可求解。在实际作业中，为了检核，再增加一个点，共计 6 个点。

（2）定向点的位置分布。

由上述讨论可知，光学机械法相对定向是依赖 6 个定向点的上下视差消除实现的。显然，定向点的位置分布是否合理，将直接决定相对定向的精度和工作效率。为提高相对定向的精度和作业速度，选择的相对定向点的位置如图 6-3 所示，称为相对定向的标准点位。

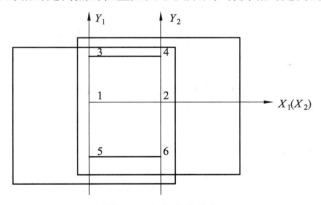

图 6-3　定向点位分布

## 三、模拟法测图中立体像对的绝对定向

立体像对的相对定向完成后，也就建立起了与地面相似的立体模型。但这个模型的比例

尺和空间位置均是任意的，为了用立体模型进行量测，获取正射投影的地形图，必须将该模型纳入地面测量坐标系中，并归化为测图比例尺。这一过程称为立体模型的绝对定向。

模型的绝对定向从解析的角度分析，就是利用一定数量的地面控制点反求 7 个绝对定向元素。而在模拟立体测图仪上完成这一工作时，则是通过已相对定向好的模型的平移、旋转和缩放，使模型上的控制点与按大地坐标展绘的相应控制点的图底对应起来即告完成。其作业方法和步骤如下：

### 1. 准备底图

在立体像对重叠范围的 4 角各有 1 个平高控制点（实际只需 3 个，多余 1 个作检核用），其地面测量坐标已由野外实测或解析空中三角测量方法测定。将控制点根据其平面坐标按测图比例尺展绘在图纸上，制成图底，如图 6-4 所示。

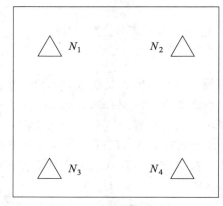

图 6-4　底图控制点分布

### 2. 确定模型比例尺

（1）模型平移。

首先将图底置于仪器的绘图桌面上，比较模型上某一控制点在绘图桌面上的正射点 $N_1'$ 与图底上的 $N_1$ 的位置，若不重合，则通过移动图底使其重合。这相当于求解模型绝对定向元素 $X_s$、$Y_s$。

（2）模型旋转。

在第（1）步的基础上，比较对角线上另一模型控制点的正射投影 $N_4'$ 与图底上相应点 $N_4$ 的位置差异，若 $N_1N_4'$ 连线与 $N_1N_4$ 连线不重合，则以 $N_1$ 为圆心旋转图底使其重合。这相当于求解模型绕竖轴 $z$ 的旋角 $K$。

（3）模型比例尺的归化。

在前两步的基础上，比较图底上两控制点（$N_1$ 和 $N_4$）间的长度，两者若不相等，说明模型比例尺与测图比例尺不一致。此时沿投影基线方向移动其中一个投影器，改变模型基线的长度（即改变模型比例尺），直到两模型点的投影正好与图底上相应点重合。这相当于求解模型比例尺归化系数。

### 3. 模型置平

（1）航向置平。

取仪器 $X$ 轴方向两控制点 $N_1$ 和 $N_2$ 中任一点如 $N_1$ 为起始点，求出 $N_2$ 对于 $N_1$ 的实地高差

$\Delta H = H_2 - H_1$，并化算为按测图比例尺计量的数值 $\Delta h_{2-1} = h_2 - h_1$。然后通过浮游测标立体量测出模型上相应点之间的高差 $\Delta h'_{2-1} = h'_2 - h'_1$，比较 $\Delta h_{2-1}$ 与 $\Delta h'_{2-1}$ 两者是否相符，若不符则说明模型在仪器 $X$ 轴方向有倾斜，此时把模型作为一个整体绕 $Y$ 轴旋转一个 $\Phi$ 角，注意当仪器无公共 $\Phi$ 螺旋时，可用 $\varphi_1$ 和 $\varphi_2$ 螺旋使每张像片绕 $y$ 轴同步旋转，并配合 $b_z$ 消除重复出现的上、下视差，使得 $\Delta h'_{2-1} = \Delta h_{2-1}$。这相当于解求模型绕 $Y$ 轴的旋转角 $\Phi$。

（2）旁向置平。

按与航向置平相仿的办法，比较 $\Delta h_{3-1}$ 与 $\Delta h'_{3-1}$ 两者是否相符，若不相符则说明模型在仪器 $Y$ 轴方向有倾斜，同样把模型作为一个整体绕仪器 $X$ 轴旋转 $\Omega$ 角，使得 $\Delta h'_{3-1} = \Delta h_{3-1}$。这相当于解求模型绕 $X$ 轴的旋角 $\Omega$。

在上述模型置平时，当用模型上起始点的高程量测读数代表该点的实际高程时，即解求了绝对定向元素 $Z_s$。定向时用 $N_4$ 作为检查点。至此模型绝对定向的 7 个元素，全部得到解求。

要指出的是：上述光学机械法绝对定向各步骤带有近似性，需重复进行反复趋近，直至合乎限差要求为止。

## 四、地物与地貌的测绘

像对经相对定向和绝对定向，建立了一个按比例尺缩小的与地面完全相似的立体模型。此时可在立体观察下，由仪器的量测系统对模型进行测量，取得地形原图。在量测中，始终要把握立体浮游测标应紧贴待测的立体模型表面这一要领。

测绘地物和地貌之前，应自己研究作业规范与技术设计书，全面观察整个立体，了解地形地貌，并考虑如何更好地反映地面的地貌和地物特征，将图底固定在绘图桌面上，然后先测地物，再绘地貌。

### 1. 地物的测绘

地物的测绘就是将地形图上需要表示的地物、注记内容绘制的图底上。其基本方法是通过 $X$、$Y$、$Z$ 三维运动，使浮游测标与模型表面保持严格相切，并准确地沿地物轮廓线移动，此时代表浮游测标在图底上正射投影的描笔，即可描绘出该地物在图底上的正射投影图形。测绘地物时要参照调绘像片，将调绘像片上所有注记内容标注在图底的相应位置上。地物的取舍根据不同比例尺的要求而定。测绘地物的顺序通常是：居民地、道路网、水系、土壤植被、地类界等。

### 2. 高程注记点的测绘

根据用图的需要，规范规定在图幅内每 $100 \text{ cm}^2$ 需测注 15 个左右的高程注记点。点位应选在易于判读且具有方位意义的地方，如山头、谷底、鞍部、地形变换处及道路交叉、水系交叉处等。同时要求点位分布均匀，每个高程注记点要量测两次，差值在容许范围内取中数。测绘时，要用浮游测标立体切准模型上所选点位，在图底上标出其平面位置，将量测的高程注记于点旁。

### 3. 地貌的测绘

地貌是地形图的重要内容之一，因此在测绘地貌时总的要求是位置准确、走向明显、形态逼真地反映地貌特征。为了保证地形图清晰易读，应根据不同情况适当取舍。

测绘地貌的主要工作是勾绘等高线。等高线描绘的方式是根据预先计算好的各等高线高程的读数表，把要测绘等高线的高程读数安置在仪器的高程分划尺上，在立体观察下，始终保持测标与立体模型表面相切，移动浮游测标即可在图底上绘出该高程截面的等高线。描绘等高线时，应先勾绘地性线，然后绘制计曲线和首曲线，必要时还要加绘间曲线和助曲线，并将高程均匀地标注在计曲线上。原则上要求计曲线和首曲线都应实测，但对于计曲线间隔小的等倾斜地区，也可只实测计曲线然后内插首曲线，间隔过小时甚至不插绘首曲线。

对不以等高线表示的地貌，如断崖、陡壁、冲沟等，在测绘等高线之前，应在仪器上绘出轮廓和方向，并测注比高，待清绘时再画其相应的地貌符号。

### 4. 检查接边

在地形图测绘时，应做好相邻像对、相邻航线及相邻图幅间的接边工作。依测图规范规定，如接边误差在限差之内，可平均配赋误差自然接好；如接边误差超限，应查明原因妥善处理。每个像对或一幅图测绘结束后，都应进行细致的自我检查。自我检查的内容包括如下几方面：高程注记点位置和数量是否满足规范要求；高程注记点的高程与等高线有无矛盾；山头、鞍部、曲线是否有遗漏；曲线精度是否合乎要求；地形地貌有无变形；等高线与水系的关系是否合理；地物、地貌要素是否测绘齐全、正确等。

最后可进行航测原图的清绘、整饰，交付原图。

## 五、模拟测图仪简介

### 1. 模拟测图仪的类型

（1）按投影方式分类。

光学投影类立体测图仪——测图中像点、投影中心与模型点三点为一直线，由实际的投影光线组成。这类仪器有威尔特厂生产的 B8S、AG1、A10，德国欧波同厂的 D 型、E 型、F 型，以及德国蔡司厂的 Topocart B（托普卡特 B）等。

（2）按交会方式分类。

直接交会——将立体像对的左右像片，分别安放在左右两个投影器内，并恢复内方位元素。经过像对的相对定向、模型的绝对定向后，同名光线不仅对对相交，而且变为地面测量坐标系中可测量的立体模型，即完全实现摄影过程的几何反转。多倍投影仪、DP-1、B8S 都属于这类交会。

间接交会——从几何关系上形成"三角形加平行四边形"的交会形式。

三角形加四边形交会方式，只要求保持其移动的交会光线，在移动时保持与原光线组成平行四边形，则立体交会不会破坏。测绘中，移动整个基线架，读出模型点的三维坐标 $X$、$Y$、$Z$，基线架就是一个量测台。

### 2. 模拟测图仪的主要结构

模拟测图仪的总体结构，一般可分为投影系统、观测系统、绘图系统与外围设备四大部分。

1）投影系统。

较早的立体测图仪，投影器只能放 18×18 cm² 的像对。较新的测图仪，则可放 23×23 cm² 的两张像片。

2）观测系统。

它由观察系统与量测系统组成，包括对建立的立体模型进行观察与量测的光学系统与机械部件。观察系统最简单的是多倍仪上的互补色红绿眼睛。量测系统中最简单的是一个可移动、升降的测绘台，用于测绘平面位置与高程。立体观测中，两测标融为一个空间测标，用来与立体模型相切，从手轮与高程测绘台上读出该点的 $X$、$Y$、$Z$。

3）绘图系统。

绘图系统是根据立体量测的结果进行绘图的部件。观测中，用 $X$、$Y$ 手轮与 $Z$ 脚轮，使测标与立体相切，$X$、$Y$ 运动用接杆相连，并可选定齿轮更换来变动比例尺。这样，当用测标立体切准某一高程时，$X$、$Y$ 手轮操动基线架，沿立体相切时，则绘图桌上即可绘出等高线。

4）外围设备。

20 世纪 70 年代，为了扩大测图仪的功能，有的直接加正射投影装置，直接印晒正射影像，有的加计算机与电子绘图桌，变为机助测图系统。

### 3. 几种模拟立体测图仪简介

模拟立体测图仪的种类很多，这里只介绍我国常用的几种具有代表性的模拟测图仪的结构、特点与作业方法。

1）多倍投影测图仪。

多倍投影测图仪是光学投影类的直接交会的模拟测图仪，有德国蔡司与国产的两种。它装有 3 个、6 个、9 个甚至更多的投影仪。多个投影仪用于建立航带模型，进行模拟法空中三角测量，加密测图控制点。

由于多倍仪投影主距与像幅相应缩小，大大损失了测图精度，因此，一般只用于测制中、小比例尺地形图。多倍仪由仪器桌、座架、投影器、测绘台、观察用的红绿眼镜和附件组成。附件包括缩小仪、杠杆缩放仪、跨水准器、电源控制箱。

多倍仪的作业过程：

（1）相对定向，建立立体模型。

（2）绝对定向，把模型纳入地面测量坐标系中。

（3）描绘地物、地貌，进行测图。

2）Aviogra Photogram metry B8S 型立体测图仪。

瑞士威尔特厂生产的 B8S 型立体测图仪和国产的 HCT-2 型立体测图仪属于同一类型，它们都是机械投影类的直接交会的模拟测图仪。测图中由于它用原始尺寸的摄影资料，因此精度比多倍仪投影大大提高，可用于测绘大、中比例尺地形图，成图比例尺可比摄影比例尺放大 3 ~ 5 倍。其基本结构包括如下几部分：

（1）交会系统。

（2）投影系统。

（3）观测系统：由双筒式光学系统与测绘台组成。测绘部分是一个测绘台，放在大理石桌面上，由测绘人员用手移动。测绘台下有平行四边形与基座相连，所以只能升降、平移，不能转动。

（4）绘图系统：由外接图板与线性缩放仪组成，线性缩放仪与测绘台相连，安置缩放仪的比例尺缩放齿轮，能使模型比例尺缩放成成图比例尺。

3）Autogra Photogram metry A10 立体测图仪。

A10 立体测图仪是瑞士威尔特生产的一级精度仪器，比 B8S 高一个等级，可用于测大、中比例尺地形图。其成图比例尺能比摄影比例尺放大 5 倍测图，属机械投影类的间接交会模拟测图仪，适用于主距为 85～305 mm 的所有摄影资料。像幅为 23 cm×23 cm，除可测航摄像片外，还可处理地面摄影资料。它有专门的绘图桌，并可与电子绘图桌和 EK-22 坐标记录装置相连，备有地球曲率与大气折光改正装置。其基本结构包括：

（1）交会方式：它是按蔡司平行四边形原理设计的间接交会仪器。

（2）投影系统：由像片框架与机械导杆组成。

（3）观测系统：由双筒光学系统与基线组成，观察系统与 B8S 相仿，放大率为 8 倍。

（4）绘图系统：有专门的绘图桌，有 13 组更换齿轮，用于使模型比例尺转化为成图比例尺，它与观测系统相连。

4）Topocart B 型立体测图仪。

原东德蔡司厂生产的托普卡 B 型立体测图仪，是一种机械投影类间接交会的模拟测图仪。其主要特点是：结构采用平面型，仪器紧凑，是一种平面型立体测图仪；测图精度与 B8S 相仿；属地形测图仪精度，可测大、中比例尺地形图，并可处理地面摄影资料。

（1）结构特点：它是平面型立体测图仪，因此空间导杆要平放。

（2）交会方式：它是按蔡司平行四边形原理进行间接交会的仪器，由于是平面型结构，所以基线架分为上下两层。

（3）投影系统：由像片框与导杆组成，由于投影系统分为两个平面，$Y$ 方向导杆折转 90°，像片就可平放。

（4）观测系统：由观察系统与基线架组成。

（5）绘图系统：有一外接绘图桌，可更换比例尺齿轮，使模型比例尺转变为测图比例尺，它与 A10 的绘图桌类似。

# 第三节　解析法立体测图原理与方法

## 一、解析法立体测图概述

### 1. 解析测图仪的组成

解析测图仪是由一台精密立体坐标量测仪、电子计算机、数控绘图桌、相应的接口设备和伺服系统、软件系统以联机方式组成的。电子计算机是它的核心。它用数学方式解算立体像对上像点坐标与相应模型点的三维坐标，通过数学模型，建立像点、投影中心、物点三点共线，完成点位、断面、地物与等高线的量测任务。成果记录在磁带上，是一种数字化产品，通过数字绘图桌绘出图解式地形原图。

### 2. 解析测图仪的优点

与各种模拟测图仪比较，解析测图仪有如下明显的优点：

1）精度高。

由于解析测图仪光机部分构造简单，机械运动少，易于做成稳定的结构。偶然误差的影响可通过平差配赋。仪器的最小读数为 1 ~ 2 μm。

2）功能强。

采用数字解算，可以方便地进行数字模型、纵横断面和等高线量测，并输出数字的或图解的成果，是获取地理基础信息的主要方法。另外数字解法不受摄影方式、摄影主距和外方位元素等方面的限制，故除常规摄影的测图外，还可处理交向摄影、全景摄影、非量测相机的像片及遥感图像资料。

3）效率高。

通过计算机控制，在定向过程中可自动驱动到标准点位观测，或对已测过的像对恢复像对的方位。在观测过程中能及时发现观测粗差，减少空中三角测量的返工。另外，可以进行人机对话，输入简单的命令就可以完成一连串烦琐冗长的操作，大大缩短测图辅助性操作的时间，提高总生产率。

4）具有机助绘图功能。

测图时，作业员只需在仪器上观测，成果记录和绘成地形图等工作则由计算机控制和发挥软件的功能来自动完成，使测图过程半自动化。

5）便于实现测图自动化。

如果在解析测图仪的基础上，增加影像相关设备，代替人眼的立体观测，就形成了在线方式的自动化测图系统。

6）便于建立地图数据库。

在解析测图仪上所取得的量测成果如点位、等高线等的量测，不仅可以通过电子绘图桌以图解的方式输出，而且可以以数字形式存储起来。另外，通过断面扫描还可专门采集数字高程模型的数据点以及制作正射影像的数据。这些数据经过相应的计算机软件处理，即可用于建立地图数据库。

## 二、解析测图仪的结构

解析测图仪也可认为由两大部分组成，即硬件与软件，图 6-5 所示为解析仪结构。

### 1. 解析测图仪的硬件

解析测图仪的硬件是指光、机、电各部分结构的实体，主要包括精密立体坐标量测仪、接口设备、电子计算机等。

1）精密立体坐标量测仪。用于解析测图仪中的精密立体坐标量测仪与常用的几种精密立体坐标量测仪基本相同，不同之处有如下几点：

（1）机械结构的要求偏重于稳定、简单。

（2）增设了 DOVE 旋像棱镜与 ZOOM 变倍系统。

（3）增高了与电子计算机的接口设备。

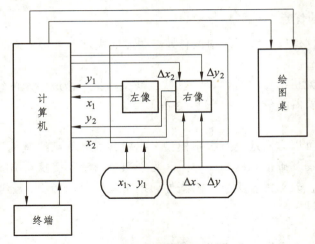

图 6-5　解析测图仪结构

2）接口设备。解析测图仪接口设备的功能，是用于坐标量测仪、绘图桌、计算机及操作台之间沟通信息。

3）计算机。解析测图仪也可以认为是一个联机的数据采集处理系统，电子计算机（包括微处理机）是它的核心，它担负着全部数据的计算与管理，决定了解析测图仪的潜力与限制，并在相当程度上影响着仪器的价格。解析测图仪的数据处理通常包括：实时输入/输出（模/数与数/模转换）、接口（计算机与量测机件之间的通信）、由实时程序执行的坐标变换（即数字投影）和由应用程序执行的其他摄影测量运算。

4）数控绘图桌。用解析测图仪进行数字测图时，可将数据采集与绘图分开进行，即数据采集后要经过编辑加工才输入数据库。当需要绘图时，再从库中取出相应的数据。

### 2. 解析测图仪的软件

解析测图仪的软件是解析测图仪重要的组成部分，它能具体实现各种功能，是解析测图仪的灵魂，只有通过软件才能使计算机控制与驱动仪器完成各种实时的应用任务，在很大程度上，软件决定着解析测图仪的性能。

解析测图仪的软件有计算机操作系统和摄影测量系统两大部分。

1）计算机操作系统。这是由厂家提供的软件，与一般计算机组成中的操作系统概念一致，解析测图仪的实时程序与应用程序由它负责管理和支持。

2）摄影测量系统。它包括实时程序和应用程序。

（1）实时程序的计算速度应大于 30 周/s，即从极高的频率实现重复计算。在各类解析测图仪上，通常可达到 30～100 周/s。实时程序由厂家编写，一般用机器码语言，由时钟控制，用户一般难以修改。

（2）应用程序是用来完成用户各种要求的摄影测量作业任务的软件，这部分一般用高级语言编写，由作业员操作。

目前各种解析测图仪均包括下列基本应用软件：

a.解析内定向；b.解析相对定向；c.解析绝对定向；d.一步定向（单模型光束法严密解求）；e.模型的存储与恢复；f.点观测；g.采集数字地面模型数据；h.面积、体积和矢量计算。i.空中三角测量；j.机助测图。

## 三、解析测图仪的工作原理

解析测图仪是用计算机进行解算的，但输入坐标的方式有两种：一是输入物方坐标，用计算机解算相应的像点坐标，并驱使像片盘达到像点的位置；二是用坐标仪输入像点坐标，计算机求出相应物点的坐标。实践证明，输入物方坐标更加灵活实用，所以大多数解析测图仪都属于这一类。

像片放在像片盘上后，由观测者在键盘上把摄影机主距、物镜畸变差、大气折光差、地球曲率等必要的数据输入，并输入像片 4 个框标的理论值。单像观测每个像片的 4 个框标，计算机即可进行内定向，确定像主点位置，进行像片坐标与仪器架坐标之间的换算，以及底片变形参数的计算。解析相对定向中，立体观测 6 个或更多标准点位的定向点坐标，用平差方法解算出相对定向元素。输入控制点坐标后，观测控制点的像点坐标，即可进行解析绝对定向，从而求出航摄像片的 6 个外方位元素。有了内、外方位元素后，作业员操纵手轮和脚轮，输入模型坐标 $X$、$Y$、$Z$，计算机即按照共线方程计算像点坐标 $x$，$y$。由伺服系统控制两像片架运动，使测标对准相应的像点，立体观测中，测标应与该点相切。与此同时，计算机进行模型坐标与地面坐标的换算，顾及地球曲率与大气折光改正后，换算成绘图桌坐标，由伺服系统驱动描图笔进行测图。它采用的是一种数字导杆方式。

当用脚轮安置 $Z$ 到某一等高线高程时，转动手轮 $X$、$Y$，两张像片就由计算机控制伺服系统，使像实时移动。当测标与模型表面相切的地方运动时，绘图桌上就可绘出相应的等高线，它与模拟测图仪上测图时的情况一致。

## 四、解析测图仪简介

目前，国外主要的解析测图仪有蔡司厂的 planieornpC-100 系列、瑞士威尔特厂的 BC 系列、美国 BendixUS 系列等。国产解析测图仪主要有中国测绘研究院 JX-1、JX-3 等，武汉测绘科技大学的 DPG，西安测绘研究所的 APS 系列等。图 6-6 为 APS 解析测图仪，图 6-7 为 BC2 解析测图仪。

由于现在摄影测量都是采用全数字摄影测量系统进行作业，解析测图仪已经被市场淘汰。

图 6-6　APS 解析测图仪

图 6-7　BC2 解析测图仪

# 第四节　数字化测图

## 一、VirtuoZo 系统简介

全数字摄影测量系统 VirtuoZo 是一个全软件化设计、功能齐全和高度自动化的全数字摄影测量系统。VirtuoZo 可基于航空影像生产从 1：50 000 到 1：500 各种比例尺的 4D 产品（DEM、DOM、DLG 和 DRG）。如图 6-8 所示为 VirtuoZo 系统生产流程。

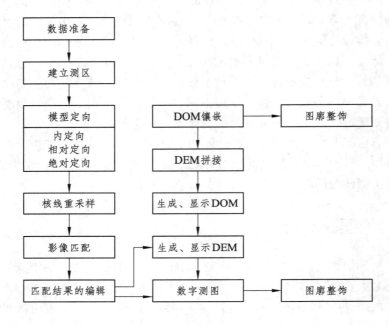

**图 6-8　VirtuoZo 系统生产流程**

## 二、VirtuoZo 系统数字测图实验

这里以 VirtuoZo 系统为平台，对数字化测图的流程做分析，通过课堂实验，了解数字化测图的工作流程。

### 1. 创建测区

单击主界面中的"文件"，选择"打开测区"，系统弹出"打开测区"对话框，输入测区名（以"班级学号" 4 位数字命名，现以"0101"为例），如图 6-9 所示，点击"打开"则弹出"设置测区"对话框，如图 6-10 所示。按要求输入参数后，点击"保存"，创建自己的测区文件。以后每次作业时，先单击 VirtuoZo NT 主菜单的"文件"下的"打开测区"，然后选择、打开自己的测图文件（如 0101.blk），在自己的测区下作业。

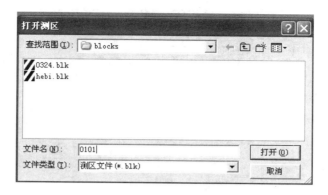

图 6-9　新建测区

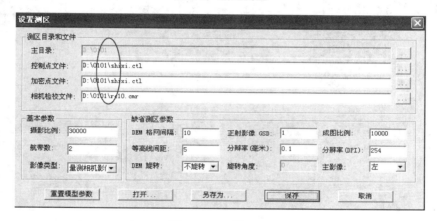

图 6-10　设置测区

按如下要求输入测区参数：

（1）主目录：输入包含测图资料文件夹的测区路径和测区名，即自己的文件夹，如 0324。

（2）控制点文件：输入控制点文件名，或点击右边的查找按钮 ... （后同）选择已建立的当前测区的控制点文件。

（3）加密点文件：输入与上行相同。

（4）相机检校文件：输入相机检校文件。

（5）基本参数：摄影比例为摄影比例尺分母"30 000"；航带数为"2"；影像类型为"量测相机影像"；DEM 格网间隔为"10"m，等高线间距为"5"m；正射影像 GSD（地面分辨率）与成图比例一致，输入"1"m；正射影像的输出分辨率与 DPI 一致，输入 0.1 mm。

注意：请确保"测区目录和文件"都位于自己的文件夹中。

### 2. 录入相机参数

在 VirtuoZo NT 主菜单中，单击"设置"，选择"相机参数"，弹出"相机文件列表"对话框，如图 6-11 所示，选中相机文件名"rc10.cmr"，点击"修改参数"，弹出"相机检校参数"对话框，如图 6-12 所示。检查像主点坐标、焦距是否正确，根据相机参数略图，输入对应的点号与坐标，可双击框标参数的编辑框进行输入或修改。如果相机文件存在，则可点击左下角的"输入"，查找相机文件并输入。参数输入完毕后，点击"确定"，再点击"关闭"。

图 6-11　相机文件列表

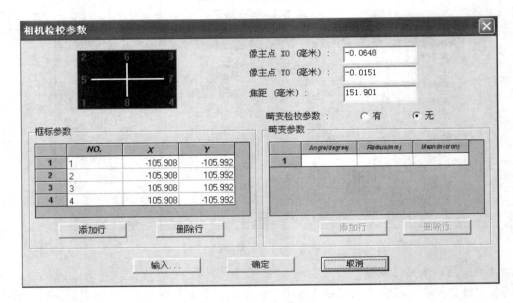

图 6-12　相机检校参数

### 3. 原始影像格式转换

在 VirtuoZo NT 主菜单中，单击"文件"，选择"引入子菜单中的影像文件"，弹出"输入影像"对话框，点击右下角的"增加"按钮，将 images 文件夹下需要处理的原始影像加载进来。由于飞机是循环飞行拍摄航片的，第二条航带的影像的相机需要旋转：选中第二条航带的 3 张像片，单击"选项"按钮，在"转换选项"对话框中选择旋转相机后面的"是"，点击"确定"后可看到影像前有一个红色的旋转 OK 标志。然后在像素大小中输入"0.1"mm，如图 6-13 所示。

参数设置完成后，点击"处理"按钮进行格式转换，并自动生成相应的影像参数文件"<影像名>.spt"。转后的*.vz 文件存放在测区目录下的 images 文件夹中。点击"退出"。

### 4. 录入控制点数据

在 VirtuoZo NT 主菜单中，单击"设置"菜单，选择"地面控制点"，弹出"控制点数据"对话框，如图 6-14 所示，可双击编辑框进行输入或修改，如果控制点文件存在，也可点击"输入"按钮，选择控制点文件输入。点击"确定"退出。

图 6-13 输入影像

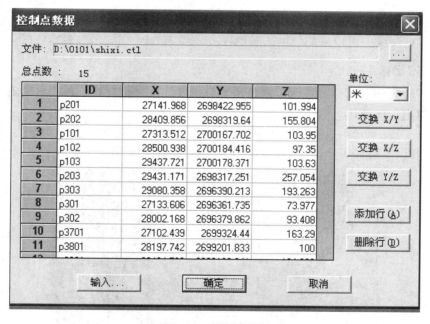

图 6-14 控制点数据

## 5. 创建立体模型

第一次创建模型时，在 VirtuoZo NT 主界面中，单击"文件"菜单，选择"打开模型"，弹出"打开或创建一个模型"对话框，按航片编号输入模型名称，如"37-38"，表示左片为 37、右片为 38。点击"打开"，进入"设置模型参数"界面，如图 6-15 所示。只需引入格式为".vz"的左右影像名即可。点击"保存"退出。

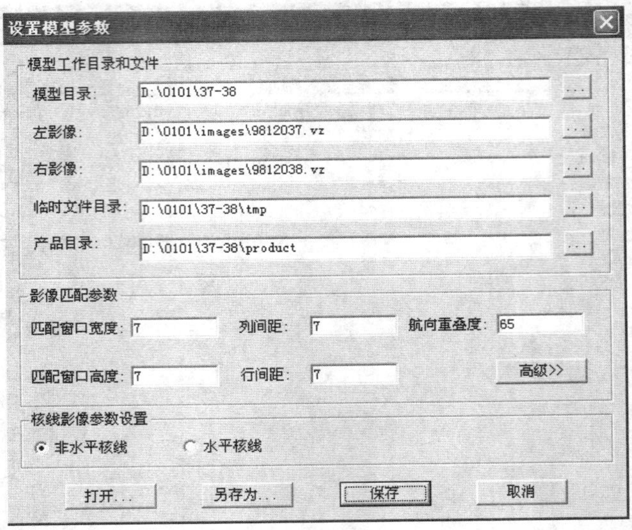

图 6-15　设置模型参数

当模型创建后，可以点击 VirtuoZo NT 主界面中的"设置"，选择"模型参数"来修改模型参数。当下次需要对该模型进行处理时，只需点击 VirtuoZo NT 主界面中的"文件"，选择"打开模型"，在对话框中选择已存在的模型文件，打开即可。这时在 VirtuoZo NT 主界面的底部显示了已经打开的测区和模型。

按照同样的步骤，可以创建测区的其他模型，如 38-39、30-29、29-28。

### 6. 自动内定向

先打开需要定向的模型，进入定向模块，系统先建立框标模板，然后分别进行左右影像定向，最后退出定向模块。

当模型打开后，在 VirtuoZo NT 主界面中，单击"处理"菜单，选择"模型定向"子菜单中的"内定向"，系统读入左影像，屏幕显示建立框标模板界面，如图 6-16 所示。

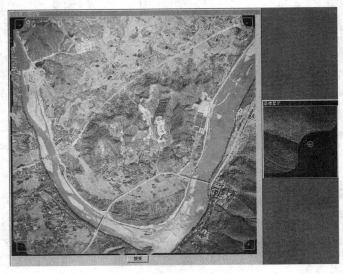

图 6-16　建立内定向模板

左边的"内定向/近似值"窗口中显示了当前模型的左影像，右边的"基准窗口"显示了某框标的放大影像。若影像的四角的每个框标都有小白框围住，则框标近似定位成功，否则需要人工干预：移动鼠标光标到框标中心，单击左键，使小白框为主框标，选择"接受"进入左影像内定向界面，如图 6-17 所示。

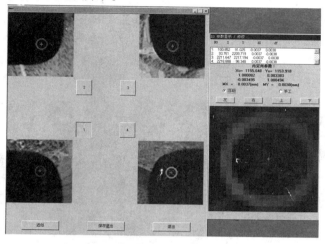

图 6-17　内定向

界面显示了框标自动定位后的状况。单击左窗口中间的每个按钮面板数字，在右边的放大窗口中显示了对应的框标影像，观察十字丝是否对准框标中心，若不满意可进行调整。

框标调整有自动和人工两种方式。先选择自动方式，用鼠标在左窗口的当前框标中心点附近单击，十字丝自动精确对准框标中心。若自动方式失败，则选择人工方式：移动鼠标在左窗口中的当前框标中心点附近单击鼠标左键，再分别选择上、下、左、右按钮，微调小十字丝，使之精确对准框标中心。当精度达到要求时，单击"保存"退出，程序读入右影像，进入右影像内定向界面，然后按同样的方法进行右影像定向。

对于已做过内定向的模型，当选择"内定向"菜单时，系统会弹出上次内定向结果，并询问是否重新内定向，如图 6-18 所示。若对此结果满意则单击"否"，不满意则单击"是"，重新内定向。

图 6-18　内定向重新量测

### 7. 自动相对定向

首先进入相对定向界面，接着自动相对定向，然后检查和调整定向点。

在 VirtuoZo NT 主界面中，单击"处理"菜单，选择"定向"中的"相对定向"，系统读入当前模型的左右影像数据，显示相对定向界面，右击"影像"，在弹出的菜单中分别选择"全局显示"和"自动相对定向"，程序开始自动搜索同名点，进行相对定向。相对定向结果显示在"定向结果"窗口中。"定向结果"窗口中显示了同名点点号和上下视差（单位为 mm），"定向结果"窗口底部显示了相对定向的中误差（RMS）和定向点总数。如果某点的上下视差过大，可进行微调或删除，如图 6-19 所示。

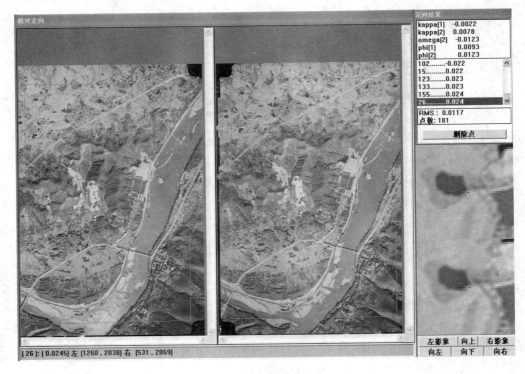

图 6-19　相对定向

删除点：选中要删除的点（高亮显示），单击"删除点"按钮。

微调点：选中要微调的点，选择界面下方的"左影像"或"右影像"，对照同名点放大窗口，参照中误差，分别点击"向左""向右""向上""向下"按钮进行微调，使左右十字丝切准同一影像点。

当精度达到要求后，选择右键菜单中的"保存"。

### 8. 绝对定向

在相对定向完成后可不退出定向界面，继续量测控制点，进行模型的绝对定向计算，并进行检查与调整。

在相对定向界面中，参照测区目录中的控制点点位影像，按控制点的真实地面位置量测地面控制点，并输入控制点点号。首先移动鼠标光标到控制点点位，单击左键弹出该点位的放大影像窗口，再将光标对准放大窗口的点位单击，程序自动匹配到右窗口的同名点，并弹出该点位的右影像放大窗口及微调窗口，如图 6-20 所示。在微调窗口中，可分别选择左影像或右影像，然后点击"向上""向下""向左""向右"按钮，精确调整点位，并输入当前控制点点号，单击"确定"，该控制点量测完毕，以蓝十字丝显示。

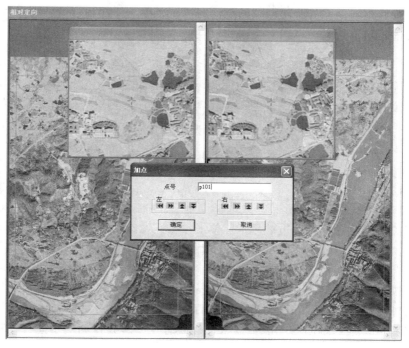

图 6-20 量测绝对定向点

按以上步骤量测不在同一直线上的 3 个点后，单击鼠标右键，选择预测控制点，就可以进行预测了。预测的控制点以蓝色小圈显示，以表示待测控制点的近似位置。然后继续量测蓝圈所示的待测控制点。

当量测完当前模型的所有控制点后，就可以进行绝对定向计算了。单击鼠标右键，选择"绝对定向"下的"普通"方式，系统开始绝对定向计算，弹出"调准控制"窗口和"定向结果"窗口，如图 6-21 所示。"定向结果"窗口显示了各控制点平面和高程的残差以及绝对定向中误差。

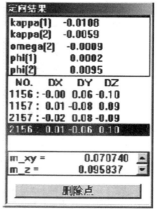

图 6-21 绝对定向的调准控制和定向结果

"定向结果"窗口显示了点号、平面和高程的残差以及中误差。若绝对定向点不满足精度要求，则可进行微调。单击选中需要微调的绝对定向点，在"调准控制"对话框中先查看大地坐标是否输错，如有，则删除再重新量测；然后选择合适的步距，进行微调，微调时应参照同名点点位查看定向误差。所需调整的点均完成后，单击"控制点微调窗口"中的"确定"按钮，程序返回相对定向界面，绝对定向完成。

### 9. 生成核线影像

绝对定向完成后，可不退出定向模块，返回相对定向界面，继续生成核线影像。完成相对定向后可生成非水平核线影像，非水平核线影像基于模型相对定向结果，遵循核线原理对左右原始影像沿核线方向保持 $X$ 不变，在 $Y$ 方向进行核线重采样。要生成水平核线影像，必须先完成模型的绝对定向。水平核线重采样使用了绝对定向结果，将核线置平。一个测区应使用同一种核线方式。在生成核线影像前，需要确定核线影像的范围。

在相对定向界面中，右击鼠标，选择"全局显示"，界面显示模型的全局影像，再弹出右键菜单，选择"自定义最大作业区"，或选择"定义作业区"，按住鼠标左键拖动，选择核线范围。定义好的核线范围用绿色边框显示。单击"鼠标右键"，选择生成核线影像中的非水平核线，程序依次对左右影像进行核线重采样，生成模型的核线影像。单击鼠标右键，选择"保存"和"退出"。

至此，该模型的内定向、相对定向、绝对定向及核线影像生成均完成。同样，可以对其他模型进行处理。当每个模型的核线影像生成后，可进行影像匹配。

注意：只有进行绝对定向后才能生成水平核线影像，若只作相对定向，则只能生成非水平核线影像。

### 10. 数字化测图

进入 IGS 测图模块后，新建或打开矢量文件（ \*\*\*.xyz），装置立体模型或正射影像后就可以提取矢量信息了。这时，激活立体模型或正射影像，选择相应的地物符号，并切换到符号化地物绘制状态，用测标切准地物进行地物点的采集。地物量测完成后，还可以进行地物的编辑。

1）在 VirtuoZo NT 主界面中，单击"测图"，选择 IGS 数字化测图，进入测图模块。

2）在 IGS 主界面中，单击"文件"，选择"新建 Xyz 文件"，在弹出的对话框中设置测图文件名后，弹出"地图参数"对话框，如图 6-22 所示。

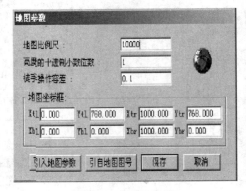

**图 6-22　地图参数**

设置地图比例尺（分母）：10 000；其他（高程的十进制小数位数、徒手操作容差、地图坐标框）按默认值。单击"保存"后，系统创建一个新的测图文件，弹出一个矢量图像窗口，并用红色框标识其图廓范围，如图 6-23 所示。

如果测图文件存在，可直接打开。

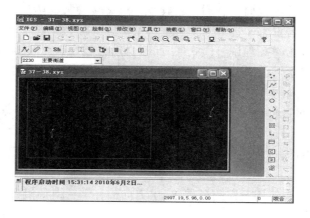

**图 6-23　新建矢量窗口**

3）装载立体模型。

打开测图文件后才能装载立体模型或正射影像。在 IGS 主界面中，单击"装载"，选择一个立体模型（***.mdl），系统弹出影像窗口，显示立体影像。

激活 IGS 主界面中立体模型或正射影像中的文件，选择"设置模型边界"，点击"保存"，用模型的边界来定义测图文件的范围。

4）设置作业环境。

（1）当前工作窗口：用户可以进行操作的窗口，这里有影像窗口和矢量图形窗口，在窗口顶部的标题栏单击。使标题栏显示为蓝色，该窗口即为当前窗口。

（2）影像与矢量图形的移动与缩放。

（3）选项设置：在 IGS 主界面中单击"工具"，选择"选项"，在出现的对话框中进行相关设置。

咬合选项卡：将当前测标值连到一个已知点上称为咬合。在咬合状态下，当前测标的坐标值与所咬合到的坐标值相同。用户可单击状态栏上的"咬合"按钮，打开或关闭该功能。

（4）矢量成叠加：按下工具栏图标 View，可将测量的矢量层显示在立体影像上。

（5）层控制：在 IGS 测图中，不同的地物分属于不同的层，每一层都有一个特征码。单击工具栏图标　打开层控制对话框，就可以对层进行操作了。层锁定后，不能对该层地物进行编辑，只能显示和新增该类地物；层冻结后，不能对层作任何操作，包括显示、新增和编辑；层打开后可以显示，关闭后，该层隐藏；还可以设置层颜色和删除层。

（6）模式设置：当前窗口为立体模型时才会出现"模式"主菜单。在"模式"主菜单中可进行如下设置：

①显示立体影像：可在左右影像分屏显示和立体显示之间切换。

②人工调整测标：在数据采集时可调整测标获取地面高程。测标有两个，分别位于左右影像上，系统提供了两种方式调整测标：自动调整和人工调整。

a. 自动调整：在去掉人工调整条件下，按下工具栏图标 **A**，测标在地物上自动解算高程，此时测标可随地面起伏自动调整，实时切准地面。

b. 人工调整：在非自动调整模型中（图标 **A** 没按下时），在影像窗口中，按住鼠标中间左右移动鼠标，或按住键盘上的 Shift 键，左右移动鼠标，或使用键盘上的 PageUp、PageDown 键，都可调整测标使之切准地面。若用手轮脚盘，还可转动脚盘调整测标。

人工调整模式中，若没有勾选"人工调整"菜单，测标为"视差调整模式"。若勾选"人工调整"菜单，则测标为"高程调整模式"，此时自动调整按钮无效。

（7）鼠标与手轮脚盘功能。

在 IGS 测图时，鼠标与手轮脚盘由系统自动切换，不需人工干预。

① 鼠标左键：在测量过程中用于确认点位。单击鼠标左键，即记录了某点的坐标。

② 鼠标中键：在量测过程中，用于调整测标的高程（或测标的左右视差）。

③ 鼠标右键：在量测过程中，用于结束当前操作。在量测状态下，单击右键可在量测和编辑两种状态下切换。

④ 手轮脚盘：两个手轮用于控制影像 $X$、$Y$ 方向的移动，脚盘相当于鼠标中间。可在"设备设置"中设置移动步距。

⑤ 脚踏开关：左右开关分别相当于鼠标左右键。

5）地物量测。

量测工作主要包括地物量测、地物编辑和文字注记。在数字测图系统中，地物量测就是对目标进行数据采集，获取目标三维坐标 $X$、$Y$、$Z$，并将之保存在测图文件 ***.xyz 中。地物量测时，先输入或选择地物特征码，进入量测状态，根据需要选择线型或辅助测图功能，根据需要启动或关闭地物咬合功能，对地物进行量测。

（1）输入地物特征码：若用户熟记了特征码，可直接在 IGS 主界面状态栏的特征码显示框中输入待测地物的特征码；也可单击工具栏图标 **Sh**，在弹出的对话框中选择地物特征码。

（2）进入量测状态：可按下工具栏图标 **✐**，进入量测状态；也可单击鼠标右键，在编辑状态和量测状态之间切换。

（3）选择线型：选择了一种地物特征码后，系统会自动为该特征码所对应符号设置相应的线型，表现为"绘制"工具栏相应的线型图标被按下，同时该符号可以采用的线型图标被激活。量测前，用户可选择任意一种线型开始量测，在量测过程中，还可以通过工具栏切换来改变线型，以便用各种线型来表示一个地物。

（4）选择辅助测图功能：为更加方便地量测地物，系统提供的辅助测图功能有"矩形""自动闭合""自动对角化与补点""自动高程注记"。可通过"绘制"菜单或绘制工具栏图标来启动或关闭辅助测图功能。

（5）基本量测方法：在影像窗口中，立体观察量测地物，用鼠标或手轮脚盘切准地物后，单击左键或踩左脚踏开关记录当前点。跟踪地物量测到最后一个点时，单击鼠标右键或踩右脚踏开关结束量测。测图过程中，可随时选择其他线型或测图辅助功能，可按 Esc 键取消当前测图命令，如果量错了某点，可按键盘上的 BackSpace 键删除该点，将前一点作为当前点。

（6）不同线型的量测：

① 单点：按下鼠标左键或踩下左脚踏开关记录单点。

② 单线：

a. 折线：单击鼠标左键或踩下左脚踏开关记录所有节点，单击鼠标右键结束。当折线符号一侧有短齿线（图 6-24）等附加线划时，一般附加线划沿量测前进方向绘于折线右侧。

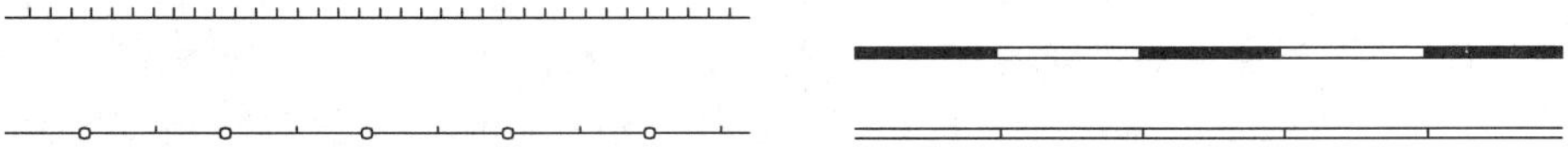

图 6-24　折线有齿线

b. 曲线：单击鼠标左键记录所有曲率变化点，单击鼠标右键结束。

③ 平行线：

a. 对于具有固定宽度的地物，量测完地物一侧的基线（单线）后，单击右键，系统根据该符号的固有宽度，自动完成另一侧的量测。

b. 有时需要人工量测地物的平行宽度，即先量测地物的一侧基线（单线），然后在地物另一侧任意量测一点，即可确定平行线宽度，系统根据此宽度自动绘出平行线。

④ 底线（图 6-25）：对于有底线的地物（如斜坡），需要量测底线来确定地物范围。首先量测基线，然后量测底线，底线一般绘于基线前进方向的左侧。在量测底线前，可选隐藏线型量测，底线将不会显示处理。

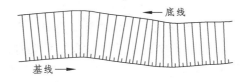

图 6-25　底线

⑤ 圆和圆弧：量测圆形地物时，单击圆图标，在圆上量测三点，单击鼠标右键结束。量测圆弧时，单击圆弧图标，然后按顺序量测圆弧的起点、圆弧上一点和圆弧的终点，单击鼠标右键结束。

⑥ 高程锁定量测：有些地物的量测需要在同一高程面上进行（如等高线），这时可用高程锁定功能。单击状态栏上的坐标显示文本框，系统弹出"设置曲线坐标"对话框，在"Z"文本框中输入一高程值，确定后，再按下状态栏上的锁定按钮，就可以量测地物了。注意：只有选中"模型"菜单中的"人工调整"才能启动高程锁定功能。

6）地物量测举例。

（1）道路量测：单击图标 Sh，在弹出的对话框中选择道路的特征码，单击量测图标 进入量测状态，根据实际情况选择线型，如曲线或手画线，进行道路量测。

① 单线道路的量测：沿着道路中线量测完后，单击鼠标右键结束。

② 双线道路的半自动量测：沿道路的一边量测完后，单击鼠标右键结束，在弹出的对话框提示中输入道路宽度，或直接将测标移动到道路的另一边，单击鼠标左键，系统自动计算路宽，并在路的另一边显示出平行线。

（2）房屋量测：单击图标 Sh，选择房屋特征码，进入量测状态，选择线型和辅助测图功能，开始量测房屋。

① 平顶直角房屋的量测：鼠标切准房屋某顶点，单击鼠标左键采集第一点，沿着房屋采集第二、第三顶点，单击右键结束，程序自动作直角化和闭合。

② 人字型房屋的量测：切准房屋顶点，采集第一点，沿着屋脊方向采集第二顶点，沿着垂直屋脊方向采集第三点，右击鼠标结束，程序自动匹配房屋其他角点及屋脊线上的点。

③ 有天井的特殊房屋量测：关闭自动闭合功能，沿房屋的外边缘采集顶点，最后回到第一个顶点处单击鼠标左键，用鼠标选择工具栏图标▨隐藏线型，然后移动到房屋内边缘，采集第一个点，选择折线，沿内边缘采集所有点，回到第一个内边缘点，单击鼠标左键，最后结束。

④ 共墙但高度不同的房屋的量测：先量测完较高房屋，在"工具"的"选项"菜单中选择"二维咬合"和"最近"选项，然后量测较矮房屋。当测标移动到共墙的顶点处时，若计算机发出蜂鸣声，则表示咬合成功，否则需要重新量测该点。

⑤ 带屋檐的房屋的量测：先量测房顶的外边缘，进入编辑状态，选择该房屋，单击菜单栏的修改，选择屋檐改正，在弹出的对话框中选择需要修正的房屋边，输入修改值，确定后，当前房屋的房檐被修正。

（3）高程点的采集。

选择高程点特征码，进入量测状态，切准地貌后，每隔一定距离采集一次高程点。

（4）等高线采集量测。

① 大比例尺的等高线采集：大比例尺的等高线精度要求较高，且一个模型内的等高线数量较少，等高线的测绘可直接在立体测图中全手工采集。采集时，先选择等高线特征码，激活立体模型显示窗，选择"模式"菜单中的"人工调整"，单击"修改"菜单中的"高程步距"，输入相应的高程步距，单击 IGS 主界面状态栏的坐标显示文本框，在对话框中输入等高线高程值，按下状态栏的锁定按钮，进入量测状态，切准模型点开始跟踪等高线，右键或右踏结束采集。要量测另一条等高线时，可按下键盘上的"Ctrl"＋"↑"或"Ctrl"＋"↓"，再开始量测。

② 中小比例尺的等高线采集：对于山形地区的立体模型数据，一般匹配效果较好，可使用自动生成等高线功能，直接生成等高线矢量文件，然后在 IGS 测图中引入，进行少量的等高线修测即可。对于城区地貌或混合地貌的模型数据，可先进行编辑，生成较高精度的 DEM，然后引入并修测即可。

③ 等高线高程注记：等高线上的高程一般注记在计曲线上，注记的方向和位置均有规定标准，且要求等高线在注记处自动断开。先激活矢量窗口，单击"视图"，选择等高线注记设置，在弹出的对话框中作相关设置。按下载入 DEM 图标▥，在弹出的对话框中选择与该模型对应的 DEM 文件，激活矢量窗口，进入编辑状态，选择需要注记的等高线，按下半自动添加等高线注记图标▧，在需要添加等高线注记的地方单击，系统自动添加等高线注记，并隐藏与注记重叠的等高线影像（须在"等高线注记设置"对话框中选中"隐藏压盖段"），且该处的等高线注记字头的朝向自动朝向高处。

注意：要求学生采集一个模型的高程点（30 m 一个）、等高线、道路和房屋。

7）地物编辑。

地物编辑是对已量测的地物进行修测或修改的操作。首先进入编辑状态，选择需要编辑的地物或其节点，选择所需的编辑命令进行修测或修改。

（1）进入编辑状态。

有两种方法可进入编辑状态：单击工具栏图标 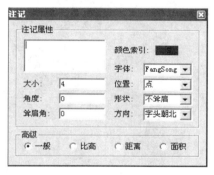 进入编辑状态；或者单击鼠标右键，在量测状态和编辑状态之间切换。

（2）选择地物或其节点。

单击某地物，该地物被选中后，地物上的所有节点都将显示为蓝色小方框。选中某地物后，在其某个节点上单击，该点被选中，该点的小方框变为红色。可用鼠标左键拉框，选择多个地物。在没有选择节点的地方单击鼠标右键，可取消当前选择的地物。

（3）编辑命令的使用。

所有编辑命令都是针对当前地物或节点的，在使用编辑命令前，需要选择地物或节点。可以使用编辑工具条图标，或"修改"菜单，或右键菜单来调用编辑命令。

① 对当前地物的编辑：移动地物、删除地物、打断地物、地物反向、地物闭合、地物直角化、屋檐改正、改变特征码等。

② 对当前点的编辑：移动当前点、删除当前点、插入点等。

8）文字注记。

文字注记的设置与输出必须在注记状态下进行，按下主工具条上的图标 **T** 进入注记状态，系统弹出"注记"对话框，如图 6-26 所示，用户在其中输入相应的内容和参数，然后在影像或图像工作窗口内单击，即可在当前位置插入所定义的文本注记。

图 6-26　注记

（1）注记参数。

① 注记属性：注记的字符串，包括汉字、英文字母、数字等。

② 大小：注记字符串的字高，单位为 mm。

③ 角度：注记与正北方向的夹角，单位为（°）。

④ 颜色索引：定义注记的颜色，共 16 种。

⑤ 位置：定义注记的分布方式。

a. 点：单点方式，只需确定一个点和一个角度，系统即沿给定的方向和点位添加注记。

b. 多点：多点方式，该方式下需要给每个字符定义一个点位，字头只能朝向正北。

c. 线：直线方式，只需定义两个点位，注记沿这两个点所定义的直线方向分布，字间距由两点间线段的长度决定，每个字的朝向则是根据直线的角度确定。

d. 曲线：任意线方式，该方式利用若干点位来确定一个样条曲线，注记沿曲线分布，每个字的朝向由该点的切线来确定。

⑥ 形状：对于河流、山脉等不规则地物的注记，需要定义字体的变形情况，包括"不耸肩""左耸""右耸""上耸""下耸"5种。

⑦ 方向：定义注记文字的朝向，包括"字头朝北""平行方式""垂直方式"。

（2）注记的编辑。

在编辑状态下，选中需要编辑的注记，方可对该注记进行编辑。

① 修改注记参数：在"注记对话框"中修改注记参数。

② 编辑注记位置：注记控制点可用"插入""删除""重测"等编辑命令对注记点进行修改。

# 第七章　数字摄影测量基础

**学习重点：**

1. 数字摄影测量的概念
2. 数字影像采样、量化、重采样
3. 数字影像内定向
4. 影像匹配的概念及匹配的方法
5. 核线的生成方法

## 第一节　数字摄影测量概述

数字摄影测量的发展起源于摄影测量自动化的实践，即利用相关技术，实现真正的自动化测图。当代的数字摄影测量是传统摄影测量与计算机视觉相结合的产物，它研究的重点是从数字摄影自动提取所摄对象的空间信息。基于数字摄影测量理论建立的数字摄影测量工作站和数字摄影测量系统，现已取代传统摄影测量所使用的模拟测图仪与解析测图仪。

最早涉及摄影测量自动化的专利可追溯到 1930 年，但并未付诸实施。在 20 世纪 60 年代，第一台解析测图仪 AP-1 问世不久，美国也研制了全数字化测图系统 DAMC。1996 年 7 月，在维也纳 17 届国际摄影测量与遥感大会上，人们展示了十几套数字摄影测量工作站，这表明数字摄影测量工作站已进入了使用阶段。现在，数字摄影测量得到了迅速发展，数字摄影测量工作站得到了越来越广泛的使用，它的品种也越来越多，如国内由原武汉测绘科技大学王之卓教授于 1978 年提出了发展全数字自动化测图系统的设想与方案，并于 1985 年完成了全数字自动化测图系统 WUDAMS（后发展为全数字自动化测图系统 Virtuozo），也采用数字方式实现了摄影测量自动化。再如北京四维信息技术有限公司的 JX-4A 等，国外 Helava 的 DPW 等。

对数字摄影测量的定义，目前世界上有两种观点：

一种认为，数字摄影测量是基于数字影像与摄影测量的基本原理，应用计算机技术、数字摄影处理、影像匹配、模式识别等多种学科的理论与方法，提出所摄对象用数学方式表达的几何与物理信息的摄影测量学的分支学科。这种定义在美国等国家称为软拷贝摄影测量（Softcopy Photogrammerty）。中国著名摄影测量学者王之卓教授称之为全数字摄影测量（All Digital Photogrammerty 或 Full Digital Photogrammerty）。这种定义为，在数字摄影测量中，不仅其产品是数字的，所处理的原始资料也是数字摄影或数字化的影像。

另一种数字摄影测量的定义则只强调其中间数据记录及最后产品是数字形式的，即数字摄影测量是基于摄影测量的基本原理，从摄影测量与遥感所获取的数据中，采用数字摄影影像或数字化影像，在计算机中进行各种数值、图形和影像处理，以研究目标的几何特性和物理特性，从而获得各种形式的数字化产品，如数字地形图、数字高程模型、数字正射影像、景观图。

数字摄影测量系统由计算机视觉（其核心是影像匹配与识别）代替人的立体量测与识别，完成影像几何信息与物理信息的自动提取。为了让计算机能够完成这一任务，必须使用数字影像。若处理的原始资料是光学影像（即像片），则需要利用影像数字化仪对其进行数字化。

模拟、解析摄影测量是在人眼的立体观察下，对准同名像点进行量测，目视判别属性；而数字摄影测量是自动识别同名像点，自动量测，自动提取与识别属性。

数字摄影测量是利用数字灰度信号（数字影像），采用数字相关技术量测同名像点，在此基础上通过解析计算，进行相对定向和绝对定向，建立数字立体模型，从而建立数字地面模型、绘制等高线、制作正射影像图以及为地理信息系统提供基础信息等，是摄影测量自动化的必然产物。

### 1. 发展历程

（1）1950 年由美国工程兵研究发展实验室与 Gauschand omb 光学仪器公司合作研制了第一台自动测图仪，利用电子相关技术实现自动量测。

（2）20 世纪 60 年代初开始利用数字相关技术，80 年代数字相关占统治地位。

（3）1988 年，数字摄影测量系统处于概念阶段。

（4）1992 年，数字摄影测量系统步入生产阶段。

（5）目前，已成为主流的摄影测量作业方法（半自动化）。

### 2. 数字摄影测量特点

（1）自动量测。

（2）处理的数据量大，依赖于计算机的发展。

（3）速度快。

（4）精度高：子像素级相当于 2 μm（立体坐标量测仪 1 ~ 20 μm）。

（5）影像解译：自动提取与识别（物理属性）。

（6）自动化程度高：自动化（内定向、相对定向、DEM、DOM）。

（7）地物：全部人工交互；道路、房屋：半自动。

# 第二节　数字影像基本知识

## 一、数字影像获取

数字影像是对于现实事物离散化的一个描述方式，是一种栅格数据形式。数字影像的采样是对实际连续函数模型离散化的量测过程，每隔一个间隔获取一个点的灰度值，这样获取的一个点称为样点，也就是像素。这样的一个间隔称为一个采样间隔，间隔的大小称为像素大小，一般采样以矩形为主，也可使用六边形、三角形等。如图 7-1 所示为数字图像采样。

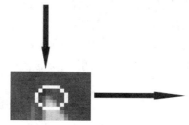

| 69 | 78 | 72 | 76 | 85 | 73 | 73 | 70 | 71 | 65 | 67 |
|----|----|----|----|----|----|----|----|----|----|----|
| 74 | 86 | 85 | 255 | 255 | 255 | 255 | 255 | 70 | 67 | 68 |
| 71 | 72 | 255 | 41 | 63 | 76 | 96 | 82 | 255 | 68 | 65 |
| 87 | 255 | 53 | 47 | 74 | 79 | 81 | 80 | 76 | 255 | 72 |
| 86 | 255 | 74 | 99 | 141 | 118 | 78 | 69 | 69 | 255 | 77 |
| 89 | 255 | 65 | 113 | 192 | 186 | 141 | 79 | 77 | 255 | 77 |
| 105 | 100 | 255 | 122 | 217 | 231 | 196 | 95 | 255 | 77 | 67 |
| 124 | 91 | 74 | 255 | 255 | 255 | 255 | 255 | 92 | 71 | 86 |
| 126 | 96 | 85 | 151 | 219 | 216 | 216 | 204 | 142 | 85 | 73 |

图 7-1　数字图像采样

## 二、影像灰度及量化

如图 7-1 所示，数字影像表示的最小单位为栅格，每个栅格用影像的灰度代表其属性。灰度就是光学密度，影像的灰度值反映了像片的透光能力。用下式表示其光学密度。用 $T$ 表示光线的透过率，$O$ 表示阻光率，$F_0$ 表示投射在底片上的光通量，$F$ 表示透过底片的光通量。则有如下公式：

$$\left.\begin{aligned} T &= \frac{F}{F_0} \\ O &= \frac{F_0}{F} \end{aligned}\right\} \tag{7-1}$$

人眼对明暗程度的感觉是按阻光率的对数关系变化的，若灰度用 $D$ 表示，则有：

$$D = \lg O = \lg \frac{1}{T} \tag{7-2}$$

灰度值如果用实数表示，则一幅数字影像的存储空间将非常大、为解决这一问题，实际应用时需要进行量化处理。

量化：将各点的灰度值转换为整数，将透明底片有可能出现的最大灰度变化范围进行等分，分为若干灰度等级，一般都取为 $2^m$。$m$ 取 8 时得到 256 个灰度级，其级数是介于 0 到 255 之间的一个整数，0 为黑，255 为白，每个像元素的灰度值占 8 bit，即一个字节。

## 三、数字影像的表示

一个数字影像可用一个函数表示其内容，可表示为一个灰度关于坐标的函数，如 $g(x, y)$，

其中 $x$、$y$ 表示栅格所在坐标，$g$ 代表灰度值，当 $x$、$y$ 取不同的行列值时得到不同的灰度。

# 第三节　数字影像内定向及影像重采样

## 一、数字影像内定向

像片内定向就是恢复像片的内方位元素，建立和摄影光束相似的投影光束。实际操作中是根据量测的像片四角框标坐标和相应的摄影机检定值，恢复像片与摄影机的相关位置，即确定像点在像框标坐标系中的坐标。对于胶片相机所获得的影像，内定向还可以消除像片因扫描、压平等因素导致的变形。内定向通常的方法是利用像片周边已有的一系列框标点（通常有 4 个或 8 个，它们的像片坐标是事先经过严格校正过的），构成一个仿射变换的模型（像点变换矩阵），把像素纠正到框标坐标系中。

数字影像内定向即内定向自动化。为了从数字影像中提取几何信息，必须建立数字影像中的像元素与所摄物体表面相应的点之间的数学关系。由于经典的摄影测量学已经有一套严密的像点坐标与对应物点坐标的关系式，因而只需要建立像素坐标系（传感器坐标系）与像平面坐标系的关系，就可利用原有的摄影测量理论，这一过程即数字影像的内定向。

数字影像是以"扫描坐标系 $O\text{-}I\text{-}J$"为准的，即像素的位置是由它所在的行号 $I$ 和列号 $J$ 来确定的，它与像片本身的像坐标系 $o\text{-}x\text{-}y$ 是不一致的。一般来说，数字化时影像的扫描方向应该大致平行于像片的 $x$ 轴，这对于以后的处理（特别是核线排列）是十分有利的。因此扫描坐标系的 $I$ 轴和像坐标系的 $x$ 轴应大致平行，如图 7-2 所示。数字影像的变形主要是在影像数字化过程中产生的，而且主要是仿射变形。因此，扫描坐标系和像片坐标系之间的关系可以用下述关系式来表示：

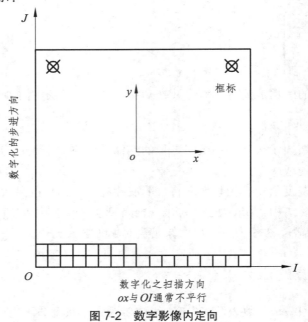

图 7-2　数字影像内定向

$$\left. \begin{aligned} x &= (m_0 + m_1 I + m_2 J) \cdot \varDelta \\ y &= (n_0 + n_1 I + n_2 J) \cdot \varDelta \end{aligned} \right\} \tag{7-3}$$

其中，$\varDelta$ 是采样间隔（或称为像素的大小和扫描分辨率，如 $25\varDelta\mu$）。因此，内定向的本质可以归结为确定上述方程中的 6 个仿射变换系数。为了求解这些参数，必须观测 4（或 8）个框标的扫描坐标和已知框标的像片坐标，进行平差计算。

数字影像内定向的目的：确定扫描坐标系和像片坐标系之间的关系。

## 二、数字影像重采样

数字影像只记录采样点的灰度级值，当所求像点不落在原始像片上像元素的中心（非采样点）时，要获取非采样点的灰度值，就要在原采样的基础上再一次采样，即重采样（resampling）（内插），如图 7-3 所示。数字影像重采样的方法有很多，这里简要介绍记几种常用方法。

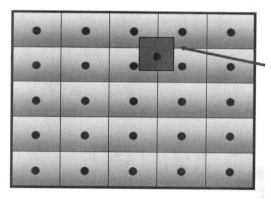

图 7-3　影像重采样

### 1. 最近相邻插值算法

最近相邻插值算法（Nearest Neighbour Interpolation）是一种速度快但精度低的图像像素模拟方法。该方法缺少的像素通过直接使用与之最接近的原有像素的颜色生成，也就是说照搬旁边的像素，这样做的结果是产生了明显可见的锯齿。如图 7-4 所示，中间点的像素灰度直接取右上角点的灰度值。

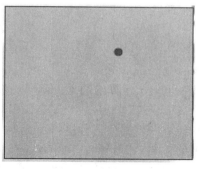

图 7-4　最近相邻插值算法

最近相邻插值算法的优点是计算量很小，算法也简单，因此运算速度较快。但它仅使用离待测采样点最近的像素的灰度值作为该采样点的灰度值，而没考虑其他相邻像素点的影响，因而重新采样后灰度值有明显的不连续性，图像质量损失较大，会产生明显的马赛克和锯齿现象。

### 2. 两次线性插值算法

两次线性插值算法（Bilinear Interpolation）是一种通过平均周围像素颜色值来添加像素的方法。该方法可生成中等品质的图像。两次线性插值算法输出的图像的每个像素都是原图中 4 个像素（2×2）运算的结果，由于它是从原图 4 个像素中运算的，因此这种算法很大程度上消除了锯齿现象，而且效果也比较好。如图 7-5 所示，$P$ 点灰度由周围 4 个点灰度按比例内插得到。

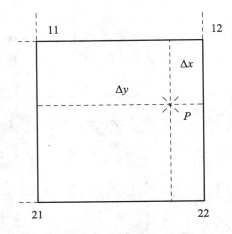

**图 7-5　两次线性插值算法**

两次线性插值算法是一种较好的材质影像插补的处理方式，会先找出最接近像素的 4 个图素，然后在它们之间作差补效果，最后产生的结果才会被贴到像素的位置上，这样不会看到"马赛克"现象。这种处理方式较适用于有一定景深的静态影像，不过无法提供最佳品质。两次线性插值算法效果要好于最近相邻插值算法，只是计算量稍大一些，算法复杂些，程序运行时间也稍长些，但缩放后图像质量高，基本克服了最近相邻插值算法灰度值不连续的特点，因为它考虑了待测采样点周围 4 个直接邻点对该采样点的相关性影响。但是，此方法仅考虑待测样点周围 4 个直接邻点灰度值的影响，而未考虑到各邻点间灰度值变化率的影响，因此具有低通滤波器的性质，从而导致缩放后图像的高频分量受到损失，图像边缘在一定程度上变得较为模糊。

### 3. 两次立方插值算法

两次立方插值算法（Bicubic Interpolation）是两次线性插值算法的改进算法，它输出图像的每个像素都是原图 16 个像素（4×4）运算的结果。该算法效果较好，运算速度也不慢。

两次立方插值算法计算量最大，算法也是最为复杂的。在几何运算中，两次线性插值算法的平滑作用可能会使图像的细节产生退化，在进行放大处理时，这种影响更为明显。在其他应用中，两次线性插值算法的斜率不连续性会产生不希望的结果。两次立方插值算法不仅考虑到周围四个直接相邻像素点灰度值的影响，还考虑到它们灰度值变化率的影响，因此克服了前两种方法的不足之处，能够产生比两次线性插值更为平滑的边缘，计算精度很高，处理后的图像像质损失最少，效果是最佳的。

　　总之，在进行图像缩放处理时，应根据实际情况对几种算法作出选择，既要考虑时间方面的可行性，又要对变换后的图像质量进行考虑，这样才能达到较为理想的结果。

# 第四节　数字影像相关技术

　　在模拟和解析摄影测量阶段，人工确定同名像点，首先在左片上找到一个特征点，然后在右片上，根据周围地物的几何及物理特征，确定右片上和左片上目标一致的点，即为同名点，然后用坐标量测仪进行坐标量测。而全数字化摄影测量的核心问题是如何在两幅（或多幅）影像之间自动识别同名像点（影像相关）。随着计算机的发展，人们提出利用计算机处理数字影像，用数字影像匹配技术代替最初的模拟电子相关器进行同名点的识别。

　　数字影像相关：利用计算机对数字影像进行数值计算的方式完成影像的相关（影像匹配）。

## 一、影像匹配

　　匹配点确定的基础是匹配测度，基于不同的理论可以定义各种不同的匹配测度，因而形成了各种影像匹配方法。常用的影像匹配方法有相关系数法、协方差法、差平方和法、差绝对值法、最小二乘相关等。

### 1. 相关系数法

　　相关系数法是以左片目标点为中心选取 $n \times n$ 个像素的灰度阵列作为目标区，估计出右片上同名点可能出现的范围，建立一个 $l \times m$ 个像素的灰度阵列作为搜索区，如图 7-6 所示。依次在搜索区内取出 $n \times n$ 个像素的灰度阵列，计算其与目标区的相似性测度相关系数，可求出 $(l-n+1) \times (m-n+1)$ 个相关系数。结果是目标区相对于搜索区不断移动一个整像素，当相关系数最大时，对应窗口的中心点即是目标点的同名像点。

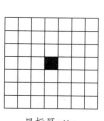

目标区 $n \times n$

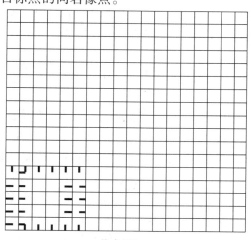

搜索区 $l \times m$

**图 7-6　影像匹配窗口**

相关系数法的特点：搜索的结果均以整像素为单位；相关系数是标准化协方差函数，目标影像的灰度与搜索影像的灰度之间存在线性畸变时，仍能较好地评价它们之间的相似性程度；目标区和搜索区都是一个二维的影像窗口，是二维相关。

### 2. 协方差法

协方差法与相关系数法的思路一致，不同之处在于所使用的匹配测度不一样。如下为计算协方差的公式：

$$\sigma_{gg'}(k,h) = \frac{1}{n^2}\sum_{i=1}^{n}\sum_{j=1}^{n}g_{ij}g'_{i+k,j+h} - \overline{gg'_{kh}} \qquad (7\text{-}4)$$

其中：

$$\left.\begin{aligned}\overline{g} &= \frac{1}{n^2}\sum_{i=1}^{n}\sum_{j=1}^{n}g_{ij}\\ \overline{gg'_{kh}} &= \frac{1}{n^2}\sum_{i=1}^{n}\sum_{j=1}^{n}g'_{i+k,j+h}\end{aligned}\right\} \qquad (7\text{-}5)$$

依次在搜索区内取出 $n \times n$ 个像素的灰度阵列，计算其与目标区的相似性测度相关系数，可求出 $(l-n+1) \times (m-n+1)$ 个协方差值，当协方差值为最大时，对应的相关窗口的中点就是待定点的同名像点。

### 3. 最小二乘影像匹配

上述影像匹配的方法精度都不是很高，因为在摄影成像的过程当中，影像存在辐射变形和几何变形。

辐射畸变（产生的原因）：照明及被摄物体辐射面的方向；摄影处理条件的差异；影像数字化过程中产生的误差等。

几何畸变：产生了影像灰度分布之间的差异（相对移位、图形变化）；摄影方位不同所产生的影像畸变；由于地形坡度所产生的影像畸变等。

由于存在辐射变形的影响，影像匹配精度达不到子像素级的精度。

在相关运算中引入变形参数，补偿两相关窗口之间由于辐射畸变和几何畸变引入的变换参数并将此参数作为待定值，一同纳入到最小二乘解算中，使匹配可达到 1/10 甚至 1/100 像素的高精度（子像素精度），称为最小二乘影像匹配。

## 二、同名核线的确定及核线相关

通过上述分析的内容可知，影像在匹配的过程中，目标区及搜索区都是二维窗口，无论哪种匹配方法，计算量都比较大，需要计算 $(l-n+1) \times (m-n+1)$ 个相关系数，属于二维相关。通过核线进行影像匹配，可以大大减少计算的工作量，提高匹配的精度。

核线的性质：通过摄影基线与地面所作的平面称为核面，核面与影像面的交线称为核线，同名像点必定在同名核线上。沿同名核线进行相关计算称为一维相关。沿同名核线进行相关计算，可以加快搜索速度，也会增加匹配的可靠性。

确定同名核线可以利用核线固有的几何关系，分别确定左片、右片的核线（直线）方程（找到核线上的一些点），即可确定同名核线，常用的方法有基于共面条件的核线解析关系和基于数字影像的几何纠正的核线解析关系，如图 7-7 所示。

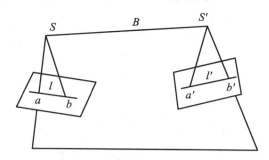

图 7-7　基于共面条件的核线关系

### 1. 基于共面条件的核线关系

这个方法从核线的定义出发，直接在倾斜像片上获得同名核线。假定在左片目标区选定一个像点 $a(x_a, y_a)$，确定过 $a$ 点的核线 $l$ 和右片搜索区内的同名核线 $l'$。要确定 $l$，需要确定其上另一点 $b(x_b, y_b)$；要确定 $l'$，需要确定两个点 $a'(x'_a, y'_a)$ 和 $b'(x'_b, y'_b)$，$x'_a$、$a'$ 和 $a'$、$b$ 和 $b'$ 不要求是同名点。由于同一核线上的点均位于同一核面内，设 $b$ 为过 $a$ 点核线 $l$ 上任一点，则满足三线 $SS'$、$Sa$、$Sb$ 共面条件，用公式表示为：

共面方程　　$B \cdot (S_1 a \times S_1 b) = 0$ 　　　　　　　　　　　　　（7-6）

转换为：　　$\begin{vmatrix} B & 0 & 0 \\ X_a & Y_a & Z_a \\ X_b & Y_b & Z_b \end{vmatrix} = B \begin{vmatrix} Y_a & Z_a \\ Y_b & Z_b \end{vmatrix} = 0$ 　　　　　　（7-7）

像点空间坐标转换为像空间辅助坐标：

$$\begin{bmatrix} X \\ Y \\ Z \end{bmatrix}_{a,b} = \begin{bmatrix} a_1 & a_2 & a_3 \\ b_1 & b_2 & b_3 \\ c_1 & c_2 & c_3 \end{bmatrix} \begin{bmatrix} x \\ y \\ -f \end{bmatrix}_{a,b}$$ 　　　　　（7-8）

将式（7-8）代入式（7-7）得：

$$\frac{Y_a}{Z_a} = \frac{Y_b}{Z_b} = \frac{b_1 x_b + b_2 y_b - b_3 f}{c_1 x_b + c_2 y_b - c_3 f}$$ 　　　　　（7-9）

整理后得：　$y_b = \frac{Y_a c_1 - Z_a b_1}{Z_a b_2 - Y_a c_2} x_b + \frac{Z_a b_3 - Y_a c_3}{Z_a b_2 - Y_a c_2} f$ 　　　　　（7-10）

任意给定一个 $x_b$，求得相应的 $y_b$，同理可得到 $a'b'$，即可沿核线进行重采样。数字影像是按扫描行列排列的灰度序列，重采样可获取核线的灰度序列（形成核线影像）。

### 2. 基于数字影像几何纠正的核线关系

在水平像片上，同一核线上的像点其坐标值 $v$ 为常数，以 $v=c$ 代入，若以等间隔取一系列的 $u$ 值如 $\Delta$，$2\Delta$，$\cdots k\Delta$，$(k+1)\Delta \cdots$，即得一系列的像点坐标 $(x_1, y_1)$，$(x_2, y_2)$，$(x_3, y_3)$，这些点都在左方倾斜像片 $P$ 的核线上。

$$\text{共线方程} \quad \left. \begin{array}{l} x = -f \dfrac{a_1 u + b_1 v - c_1 f}{a_3 u + b_3 v - c_3 f} \\[3mm] y = -f \dfrac{a_2 u + b_2 v - c_2 f}{a_3 u + b_3 v - c_3 f} \end{array} \right\} \qquad (7\text{-}11)$$

$$\text{代入常数 } v{=}c \text{ 得} \quad \left. \begin{array}{l} x = \dfrac{d_1 u + d_2}{d_3 u + 1} \\[3mm] y = \dfrac{e_1 u + e_2}{e_3 u + 1} \end{array} \right\} \qquad (7\text{-}12)$$

同样在右片上，由于在"水平"像片上，右片的同名核线的 $v$ 坐标相等，以 $v'=v=c$ 代入右片共线方程得：

$$\text{共线方程} \quad \left. \begin{array}{l} x' = -f \dfrac{a_1' u' + b_1' v' - c_1' f}{a_3' u' + b_3' v' - c_3' f} \\[3mm] y' = -f \dfrac{a_2' u' + b_2' v' - c_2' f}{a_3' u' + b_3' v' - c_3' f} \end{array} \right\}$$

$$\text{代入常数 } v{=}c \text{ 得} \quad \left. \begin{array}{l} x' = \dfrac{d_1' u' + d_2'}{d_3' u' + 1} \\[3mm] y' = \dfrac{e_1' u' + e_2'}{e_3' u' + 1} \end{array} \right\} \qquad (7\text{-}13)$$

在公式（7-12）、式（7-13）中分别给定一个 $u$ 值即得一系列的像点坐标 $(x_1, y_1)$，$(x_2, y_2)$，$(x_3, y_3)$，通过像点坐标即可组成核线方程式。

### 3. 核线相关

核线的性质是同名像点必然位于同名核线上，沿核线可（一维）进行相关计算。沿同名核线进行相关计算会加快搜索速度和增加影像匹配的可靠性。在左核线上建立目标区，目标的长度为 n 个像素，在右片上沿同名核线建立搜索区，其长度为 $m$ 个像素，计算共 $m{-}n{+}1$ 个相关系数。

注意事项：相似性测度一般是统计量，应有较多的样本进行估计（窗口中的像素数不应太少），若目标区长，灰度信号重心与几何重心不重合，则会产生相关误差。在实际应用中，目标区、搜索区都取二维窗口，搜索过程只在核线上进行，既可提高匹配速度，也可满足较多样本的条件，如图 7-8 所示。

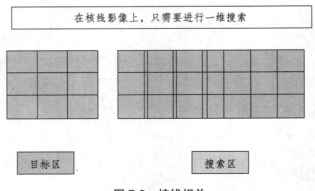

图 7-8　核线相关

# 第八章　数字高程模型

## 学习重点：

1. 数字高程模型、数字地面模型的概念及区别
2. 数字高程模型的表达方式
3. 规则网模型及不规则三角网模型各自的优缺点
4. 数字高程模型编辑的实验

## 第一节　数字高程模型概述

### 一、数字高程模型的定义

数字高程模型简称 DEM（Digital Elevation Models），是国家基础空间数据的重要组成部分，它表示地表区域上地形的三维向量的有限序列，即地表单元上高程的集合，数学表达为：$z=f(x, y)$。

数字地面模型简称 DTM：当 $z$ 为其他二维表面上连续变化的地理特征，如地面温度、降雨、地球磁力、重力、土地利用、土壤类型等，此时的 DEM 成为 DTM（Digital Terrain Models）。

数字高程模型（Digital Elevation Model，DEM）：研究地面起伏。

数字地面模型（Digital Terrain Model，DTM）：含有地面起伏和属性（如坡度、坡向等）两个含义，是 DEM 的进一步分析。

### 二、DEM 的表示方法

#### 1. 数学方法

（1）使用三维函数模拟复杂曲面。

（2）将一个完整曲面分解成方格网或面积上大体相等的不规则格网，每个格网中有一个点的观测值，即为格网值。

#### 2. 图形法

1）等高线模式。

等高线通常被存储成一个有序的坐标点序列，可以认为是一条带有高程值属性的简单多边形或多边形弧段。由于等高线模型只是表达了区域的部分高程值，往往需要一种插值方法

来计算落在等高线以外的其他点的高程，又因为这些点落在两条等高线包围的区域内，所以，通常只要使用外包的两条等高线的高程进行插值（图8-1）。

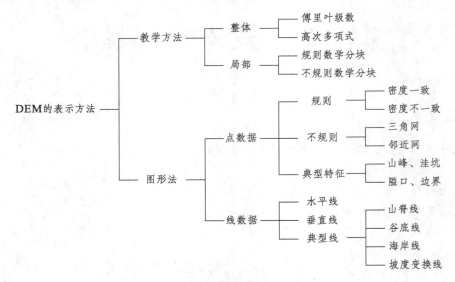

图 8-1　数字高程模型的表示方法

2）点模式表示。

将区域划分成网格，记录每个网格的高程。这种 DEM 的特点是计算机处理以栅格为基础的矩阵很方便，使高程矩阵成为最常见的 DEM；缺点是在平坦地区出现大量数据冗余，若不改变格网大小，就不能适应不同的地形条件，在视线计算中过分依赖格网轴线。

（1）GRID 模式（图 8-2）：规则格网法是把 DEM 表示成高程矩阵，此时，DEM 来源于直接规则矩形格网采样点或由不规则离散数据点内插产生。

规则格网法特点是：结构简单，计算机对矩阵的处理比较方便，高程矩阵已成为 DEM 最通用的形式。高程矩阵特别有利于各种应用。

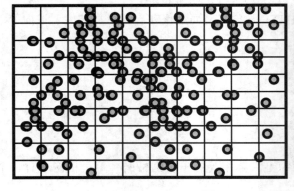

图 8-2　GRID 模式表示方法

GRID 模式的缺点：

■　地形简单的地区存在大量冗余数据；

■　如不改变格网大小，则无法适用于起伏程度不同的地区；

■　对于某些特殊计算如视线计算时，格网的轴线方向被夸大；

■　由于栅格过于粗略，不能精确表示地形的关键特征，如山峰、洼坑、山脊等。

（2）不规则三角网（TIN，Triangulated Irregular Network）：不规则三角网（TIN）表示法克服了高程矩阵中冗余数据的问题，而且能更加有效地用于各类以 DTM 为基础的计算，但其结构复杂。TIN 表示法利用所有采样点取得的离散数据，按照优化组合的原则，把这些离散点（各三角形的顶点）连接成相互连续的三角面（在连接时，尽可能地确保每个三角形都是锐角三角形或是三边的长度近似相等——Delaunay）。

TIN 可根据地形的复杂程度来确定采样点的密度和位置，能充分表示地形特征点和线，从而减少了地形较平坦地区的数据冗余。

TIN 的存储方式如图 8-3、图 8-4：图 8-3（a）所示为三角形号和边号的拓扑结构表，图 8-3（b）为三角网点线面关系图；图 8-4（a）为点、线、面的拓扑结构表；图 8-4（b）为节点坐标。

| 三角形号 | 边号 | | |
|---|---|---|---|
| I | （1） | （2） | （3） |
| II | （2） | （4） | （5） |
| III | （4） | （6） | （7） |
| IV | （7） | （8） | （9） |
| V | （5） | （11） | （12） |
| VI | （9） | （10） | （11） |
| VII | （12） | （13） | （14） |
| VIII | （3） | （14） | （15） |

（a）

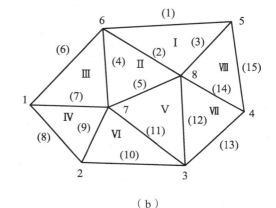

（b）

图 8-3　TIN 的存储方式

| 边号 | 起点 | 终点 | 左面 | 右面 |
|---|---|---|---|---|
| （1） | 6 | 5 | 1 | −1 |
| （2） | 6 | 8 | 1 | 2 |
| （3） | 5 | 8 | 8 | 1 |
| （4） | 6 | 7 | 2 | 3 |
| （5） | 7 | 8 | 2 | 5 |
| （6） | 6 | 1 | 3 | −1 |
| （7） | 1 | 7 | 3 | 4 |
| （8） | 2 | 1 | −1 | 4 |
| （9） | 2 | 7 | 4 | 6 |
| （10） | 2 | 3 | 6 | −1 |
| （11） | 3 | 7 | 6 | 5 |
| （12） | 3 | 8 | 5 | 7 |
| （13） | 3 | 4 | 7 | −1 |
| （14） | 4 | 8 | 7 | 8 |
| （15） | 4 | 5 | 8 | −1 |

| No | X | Y | Z |
|---|---|---|---|
| 1 | 90.0 | 10.0 | 43.5 |
| 2 | 50.7 | 10.0 | 67.3 |
| 3 | 67.2 | 23.9 | 62.6 |
| ⋮ | ⋮ | ⋮ | ⋮ |
| 10 | 10.0 | 90.0 | 81.0 |

（a）　　　　　　　　　　　　　　　（b）

图 8-4　TIN 的存储方式

TIN 模型的表现形式如图 8-5 所示。

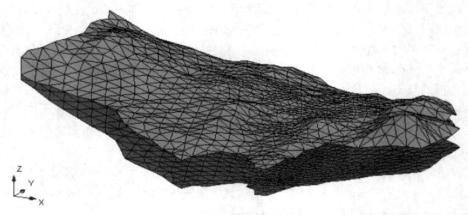

图 8-5　TIN 的表现方式

### 3. 规则三角网 TIN 和正方形格网 GRID 的比较

TIN 和 GRID 都是应用最为广泛的连续表面数字表示的数据结构。正如前面所说的，TIN 具有许多明显的优点和缺点。其最主要的优点就是可变的分辨率，即当表面粗糙或变化剧烈时，TIN 能包含大量的数据点，而当表面相对单一时，在同样大小的区域 TIN 只需要最少的数据点。另外，TIN 还具有考虑重要表面数据点的能力。当然，正是这些优点导致其数据存储与操作都比较复杂。GRID 的优点是结构十分简单、数据存储量很小、各种分析与计算非常方便有效等。通过用 TIN 和 GRID 制作 DEM 得知：

（1）用等高线、特征线、特征点数据中点构成 TIN 并生成正方形格网，在两者数据相同的情况下，TIN 具有较高的精度。

（2）根据 DEM 产生的地形晕渲图与正射影像的比较，可以看出 TIN 的图像与正射影像更吻合。

（3）根据 DEM 反生成的等高线，也可以看出采用 TIN 制作的 DEM 反生成的等高线与原等高线套合比较好。

（4）当用于建立 DEM 表面的采用数据点减少时，GRID 的质量明显比 TIN 降低得快。而随着采样点或数据密度的增加，两者之间的性能差别越来越不明显。

## 三、建立 DEM 的目的

（1）作为国家地理信息的基础数据。

（2）土木工程、景观建筑和矿山工程规划与设计。

（3）为军事目的而进行的三维显示。

（4）景观设计与城市规划。

（5）流水线分析、可视性分析。

（6）交通路线的规划与大坝选址。

（7）不同地表的统计分析与比较。

（8）生成坡度图、坡向图、剖面图、辅助地貌分析、估计侵蚀和径流等。

（9）作为背景叠加各种专题信息如土壤、土地利用及植被覆盖数据等，以进行显示与分析。

（10）与 GIS 联合进行空间分析。

（11）虚拟现实（Virtual Reality）。

此外，从 DEM 还能派生出以下主要产品：平面等高线图、立体等高线图、等坡度图、晕渲图、通视图、纵横断面图、三维立体透视图、三维立体彩色图等。

## 四、DEM 数据的获取

在实际应用中主要可以通过如下方法获取 DEM：

### 1. 地面测量

该方法利用自动记录的测距经纬仪（常用电子速测经纬仪或全站仪）的野外实测获得 DEM。这种速测经纬仪一般都有微处理器，可以自动记录和显示有关数据，还能进行多种测站上的计算工作。其记录的数据可以通过串行通信，输入计算机中进行处理。

### 2. 现有地图数字化

该方法是利用数字化仪对已有地图上的信息（如等高线）进行数字化的方法。目前，常用的数字化仪有手扶跟踪数字化仪和扫描数字化仪。

### 3. 空间传感器

该方法利用全球定位系统 GPS，结合雷达和激光测高仪等进行数据采集。早在 2000 年，美国"奋进"号航天飞机在结束了 9 d 的绕地飞行后，采用星载成像雷达和合成孔径雷达等高新技术，采集了地球上人类所能正常活动地区（约占地表总面积的 80%）的地面高程信息，经处理可制成数字高程模型和三维地形图。此次计划所取得的测绘成果，覆盖面大、精度高、有统一的基准，不但在民用方面应用广泛，而且在导弹发射、战场管理、后勤规划等军事活动中具有重要价值，因此引起了各国军界和传媒的广泛关注。

### 4. 数字摄影测量方法

这是 DEM 数据采集最常用、最有效的方法之一。它利用附有的自动记录装置（接口）的立体测图仪或立体坐标仪、解析测图仪及数字摄影系统，进行人工、半自动或全自动的量测来获取数据。

### 5. LIDAR +CCD 相机

LIDAR 也叫机载激光雷达，是一种安装在飞机上的机载激光探测和测距系统，是由 GPS（全球卫星定位系统）、INS（惯性导航系统）和激光测距三大技术集成的应用系统，如加拿大 OPTECH 公司生产的 ALTM3100 系统和德国 IGI 公司生产的 LiteMapper5600 系统。ALTM3100 和 LiteMapper5600 机载激光扫描遥感系统同时还集成了 CCD 相机，它与激光探测和测距系统协同作业，同步记录探测点位的影像信息，因此它可直接获取一个地区高精度的数字高程模型（DEM）、数字地表模型（DTM）、数字正射影像图（DOM）。由于这种方法可以直接获取高精度的正射影像数据，免去了影像处理的环节，它的成果可以广泛应用于城市测绘、规划、林业、交通、电力、灾害等部门。

## 五、DEM 的应用

DEM 的应用非常广泛，主要包含以下方面：

（1）三维景观，如图 8-6 所示。

图 8-6　某城市三维景观模型

（2）数码城市和虚拟现实。

（3）DEM 在工程上的应用：利用 DEM 进行土石方计算、坡度计算、坡向角计算、等高线绘制、剖面分析、可视化分析等。

# 第二节　VirtuoZo 获取数字高程模型实验

根据模型定向数据和 DLG 数据，通过影像立体匹配结果编辑和 DEM 编辑生产合格的 DEM 产品。

## 一、进入编辑界面

通过第六章数字化测图实习建立的实例模型进行 DEM 的获取，在 VirtuoZo NT 主菜单中，选择菜单处理→匹配结果编辑项，进入匹配结果编辑界面，如图 8-7 所示。屏幕显示立体影像。

图 8-7　匹配编辑界面（立体显示）

匹配编辑界面被划分为三个窗口：

- 全局视图：显示左核线影像全貌。
- 作业编辑放大窗。
- 编辑功能窗：显示各编辑功能键。

## 二、选择显示方式检查匹配结果

将光标移至编辑功能键窗口，选择相应的显示按钮，通过下列各按钮来检查立体影像的匹配结果。

（1）选择影像按钮为开状态，打开立体影像。

（2）选择等直线按钮为开状态，打开等视差曲线，检查不可靠的线。

（3）选择匹配点按钮为开，即打开格网匹配点，其中绿点为好、黄点为较好、红点为差点。

（4）在全局视图窗中，将光标移到黄色框上，按住鼠标左键，拖动黄色框至要显示的区域。

## 三、调用编辑主菜单调整其参数

当显示比例、视差曲线间距等参数需要调整时，调用编辑主菜单调整其参数。在"作业编辑放大窗"，单击鼠标右键，屏幕弹出编辑主菜单，如图8-8所示。

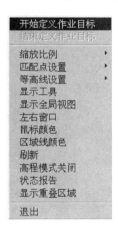

- ▶ 选择缩放比例行，调整编辑窗口影像显示的比例。

- ▶ 选择匹配点设置行，调整匹配点显示的大小和颜色。

- ▶ 选择等高线设置行，调整等视差线的显示颜色和间距等。

**图 8-8　编辑主菜单**

可经常在主菜单中选择高程模式关闭开关，通过来回切换检查匹配结果。

高程模式关闭（无"✓"）时，屏幕左上方显示当前光标点的 $xyz$ 坐标；

高程模式关闭（有"✓"）时，屏幕左上方显示当前光标点的视差值。

## 四、编辑范围的选择

### 1. 选择矩形区域

光标移至"作业编辑放大窗"内，按住鼠标左键拖出一个矩形区域，松开左键，矩形区域中的点变成白色点，即当前区域被选中。

**2. 选择多边形区域**

① 在"作业编辑放大窗"中，按鼠标右键弹出编辑主菜单，选择菜单，开始定义作业目标项。

② 再用鼠标左键逐个点出多边形节点（圈出所要编辑或处理的区域）。

③ 在编辑主菜单，选择结束定义作业目标项，闭合多边形区域，区域中匹配点变成白色，即当前区域被选中。

注意：当你的区域超出"作业编辑放大窗"时，将光标移至显示小窗口，移动黄色矩形，继续选择你所需要的区域，直至沿着要选择的区域边界选中所有的多边形节点，再闭合多边形。

# 五、对选中区域编辑运算

## 1. 平滑算法

选择编辑区域后，选择平滑档次（轻、中、重）；
再单击平滑算法按钮，即对当前编辑区域进行平滑运算。

## 2. 拟合算法

选择编辑区域后，选择表面类型（曲面、平面）；
再单击拟合算法按钮，即对当前编辑区域进行拟合运算。

## 3. 匹配点内插

选择编辑区域后，选择上/下或左/右项；
单击匹配点内插项，被选区域边缘高程值对内部的点进行上下或左右插值运算。

## 4. 量测点内插

选择多边形区域，单击量测点内插项，被量测的区域边缘高程值对内部的点进行插值运算。

# 六、编辑用法举例

## 1. 对河流编辑

因影像中的河流纹理不清晰，常有很多错误的匹配点，用多边形方法沿着河边和水平面边缘圈出一个区域，选择拟合算法（平面）按钮。

另一种编辑方法为：在编辑主菜单中，选择高程模式关闭时，屏幕左上方显示当前光标点的 $xyz$ 坐标。在河流处移动光标，可检查河流及河流四周的高程，寻找一合理高程值，选择定值平面按钮，在屏幕提示框输入已知水平面高程值，确认后即可按该高程值拟合为水平面。

## 2. 房屋和建筑物

等高线常常像小山包一样覆盖在建筑物上，圈出这个区域，可用两种方法对其进行编辑：
① 采用平面拟合算法（平面）消除它；
② 先采用插值算法，再用平滑算法即可。

### 3. 单独的树或一小族树

由于匹配点在树表面上，不在地面上，使树表面覆盖了等高线，看上去像一个小山包。用选择矩形区域的方法，圈出这个区域，用平滑方式或平面拟合方式处理，将其"小山包"消除掉。

## 七、编辑结果及应用

在立体编辑工作完成后，一定要注意保存编辑结果再退出编辑程序，或在退出时要保存。这时系统自动覆盖原<模型名>.plf 文件，其结果用于建立 DEM/DTM。

在 VirtuoZo NT 主菜单中，选择产品→生成 DEM 项，建立当前模型的数字地面模型。

注意：当模型的 DEM 生成后，应通过系统显示模块进行 DEM 检查，对于 DEM 中不对处，要再调用"匹配结果的编辑"模块进行检查并修改。

## 八、DEM 生成

在系统主菜单中，选择产品→生成 DEM→生成 DEM（M）项，屏幕显示计算提示界面，计算完毕后，即建立了当前模型的 DEM。

产生的结果文件为：

〈立体像对名〉.dtm ——各匹配点的地面坐标文件；

〈立体像对名〉.dem ——矩形格网点的坐标文件。

结果文件***.dem 存放于〈测区目录名〉/〈立体模型目录名〉/Product（产品）/...中。

## 九、显示单模型 DEM（检查 DEM）

单模型透视景观：建立数字地面模型后，在系统主菜单中，选择显示→立体显示→透示显示项，进入显示界面，屏幕显示当前模型的数字地面模型（图8-9）。

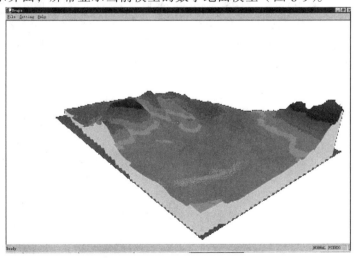

**图 8-9 透视显示界面**

将光标置于影像中，按住鼠标左键移动鼠标可对当前图像作旋转，纵向移动绕 $X$ 轴旋转，横向移动绕 $Y$ 轴旋转。

将光标置于影像中，按住鼠标右键移动鼠标可对当前图像推远或拉近，纵向向上移动推远图像，纵向向下移动拉近图像，横向移动绕 $Z$ 轴旋转图像。

通过缩放、旋转等显示功能，从不同角度观看地面立体模型。还可选择菜单设置中的各项，来加强对 DEM 的显示，观察地面立体模型的对错（如河流、DEM 边缘等）。

## 十、注意事项及说明

影像匹配是数字摄影测量系统的关键技术，是沿核线一维影像匹配、确定同名点，其过程是全自动化的。

匹配窗口及间隔在模型参数中设置。窗口设置得大，则数据量小，但损失地形细貌；窗口设置得小，则数据量大，但能较好地表示地貌。因此对平坦地区，窗口可设置大些。

匹配后的编辑是影像匹配的后处理工作，是一个交互式的人工干预过程。目前，在影像匹配中，尚有一些区域（如水面、人工建筑、森林等）计算机难以识别，将出现不可靠匹配点（没有匹配在地面上），这将影响数字高程模型 DEM 的精度。因此，对这些区域进行人工干预是必要的。

一般需要编辑的情况有以下几种：

（1）由于影像中常有大片纹理不清晰的影像，如河流、沙漠、雪山等地方出现大片匹配不好的点，则需要进行编辑。

（2）由于影像的不连续、被遮盖及阴影等原因，使得匹配点没切准地面，则需要进行编辑。

（3）由于城市的人工建筑物、山区的树林等，使得匹配点不是地面上的点，而是物体表面上的点，则需要进行编辑。

（4）大面积平地、沟渠及比较破碎的地貌需要进行编辑。

DEM 的建立是根据影像匹配的视差数据、定向元素及用于建立 DEM 的参数等，将匹配后的视差格网投影于地面坐标系，生成不规则的格网。然后，进行插值等计算处理，建立规则（矩形）格网的数字高程模型（即 DEM）。其过程是全自动化的。

DEM 格网间隔设置在 DEM 参数窗中进行。在 VirtuoZo NT 主菜单中，选择设置→DEM 参数项，进入 DEM 参数对话窗。

# 第九章　像片纠正与正射影像图制作

**学习重点：**

1. 数字正射影像图的概念
2. 像片纠正的概念
3. 像片纠正的分类
4. 像片纠正的方法
5. 数字微分纠正的方法
6. 反解法纠正的步骤
7. DOM 产品生产的流程

## 第一节　像片纠正

### 一、像片纠正的概念

　　将航空摄影正射影像或航天遥感正射影像与重要的地形要素符号及注记叠置，并按相应的地图分幅标准分幅，以数字形式表达的地图称为数字正射影像图，简称 DOM。

　　数字正射影像图（DOM）是利用数字高程模型（DEM）对经扫描处理的数字化航空像片或高空采集的卫星影像数据，逐像元进行投影差改正、镶嵌，按国家基本比例尺地形图图幅范围剪裁生成的数字正射影数据集。对于航空像片，利用全数字摄影系统，恢复航摄时的摄影姿态，建立立体模型，在系统中对 DEM 进行检测、编辑和生成，最后制作出精度较高的 DOM。

　　如图 9-1 所示，航空摄影过程中，像片有倾斜，由地面物点 $ABCDF$ 汇聚于投影中心 $S$ 的投影光线与像片平面的交点 $abcdf$ 构成了像片的影像，航片是地面物点在像片平面的中心投影。如果像片水平，将地面物点沿铅垂线方向投影在任一水平面上，投影点 $a_0b_0c_0d_0f_0$ 即为物点的正射投影，这些正射投影点经一定比例尺缩小后，就能得到像片平面图的影像。但当地面物点都位于同一水平面，航摄机对水平地面摄取水平像片，此时，如图 9-2 所示，地物点在像片上的中心投影 $abcdf$ 其形状与相应的正射投影 $a_0b_0c_0d_0f_0$ 完全相似。

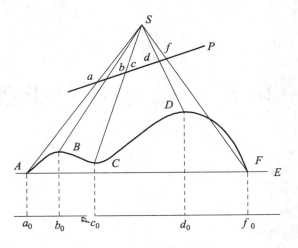

图 9-1　航空摄影是中心投影

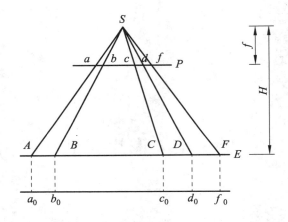

图 9-2　像片和地面水平的情况下投影

通过以上图形的分析可以了解到与像片平面图相比较，航摄航片存在着：

（1）由于像片倾斜引起的像点的位移。

（2）由于地面起伏引起的像点位移。

（3）摄站点之间由于航高差引起的各张像片间的比例尺与成图比例尺不一致。

由此可知：在地形没有起伏，像片没有倾斜的情况下，航摄像片可以看作是像片平面图。为了消除像片与像片平面图的差异，需要将竖直摄影的像片消除像片倾斜引起的像点位移和限制或消除地形起伏引起的投影差，并将影像归化为成图比例尺，这项工作称为像片纠正。

## 二、像片纠正的原理

像片纠正的实质是将像片的中心投影变换为成图比例尺的正射投影，实现这一变换的关键是要建立或确定像点与相应图点的对应关系。这种关系可以按投影变换用中心投影方法建立，也可以按数字解析方法用函数式确定。

### 1. 投影变换纠正

1）平坦地区。

水平地面摄取的水平像片其影像是地面的正射投影，当对水平地面摄取倾斜像片时，如果在像片上能消除像片倾斜引起的像点位移，那么该影像就是地面的正射投影。但真正水平地面极少，当高差相差不大，因地形起伏产生的投影差在图上不超过航测规范规定的 0.4 mm 时，则可视为平坦地区。

平坦地区制作像片平面图，此时，像片纠正只要消除像片倾斜引起的像点位移，即将倾斜像片纠正为水平像片并缩放到成图比例尺即可，这项工作在实现像片摄影过程几何反转后可以完成。如图 9-3 所示，像片、摄影中心、地面，当恢复像片的内外方位元素后，将像片装入原摄影机，就实现了像片摄影过程的几何反转。因此，在投影高度为摄影中心的位置（成图比例尺）水平放置图板，像点在图板上的投影即相应比例尺的正射投影，这种用恢复像片内外方位元素来实现像片纠正的方法，由于恢复了摄影光束的形状，故称为相似光束纠正，也称第 I 类型纠正。

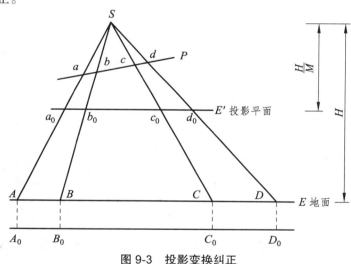

图 9-3　投影变换纠正

按照相似光束纠正，每次都要选用一定焦距的投影物镜，因此制作像片平面图使用的纠正仪都采用变换光束纠正的方案，用一个物镜，可以纠正各种摄影主距的像片。它是在相似光束纠正的基础上，运用透视旋转定律，实现变换光束纠正，变换光束纠正又称为第 II 类型纠正。

2）丘陵地区。

丘陵地区当地形起伏产生的投影差超过容许值时，可以分带纠正，将像幅所摄地面按高程分为若干层。每层按平坦地区进行像片纠正，经过逐层纠正缩放每一层的投影比例，使各层投影比例尺统一为成图比例尺，再将各层的纠正影像拼接镶嵌起来，就取得整张纠正像片。

### 2. 数学解析纠正

像点与其相应地面点固有的函数关系表示了像点与其相应正射投影点的对应关系，即共线方程。共线方程体现了中心投影三点共线的条件是投影变换的函数式。按照共线方程，在已知像片内、外方位元素和地面点的高程后就建立了像点与图点的对应关系。

# 三、像片纠正的分类

像片纠正按其原理和方法，可分为：

## 1. 常规像片纠正方法

常规像片纠正方法是用投影变换来解决平坦地区和起伏较小的丘陵地区的像片纠正。使用的方法有光学机械法纠正、光学图解纠正（投影转绘）和图解纠正。这种方法已经淘汰，这里不再详细介绍。

## 2. 微分纠正方法

微分纠正方法又称正射投影技术，它是以图底的缝隙即线元素（或面元素）为纠正单元，适用于起伏地区与山地制作正射影像图，又分为直接式（中心投影式）微分纠正与间接式（函数式）微分纠正。

## 3. 数字纠正方法

数字纠正方法是以像素为纠正单元，用计算机通过数字图像变换完成像片纠正。纠正时首先要建立像素与图点间的坐标对应关系，然后进行灰度值的摄影测量内插获得正射影像图上各点的灰度值。

# 四、数字微分纠正

根据有关的参数与数字地面模型，利用相应的构像方程式，或按一定的数学模型用控制点解算，从原始非正射投影的数字影像获取正射影像，这种过程是将影像化为很多微小的区域逐一进行纠正，且使用的是数字方式处理，故叫作数字微分纠正。

在数字影像上，由于像片倾斜和地形起伏，像片上各个栅格对应的灰度都发生了变化，像片纠正的实质是要解决位置和灰度的问题，保证由于像片倾斜和地形起伏位移引起的灰度变换到正确的位置上。解决这个问题就要确定原始图像与纠正后图像之间的几何关系（数学中的映射范畴）。常用的方法有正解法和反解法。

## 1. 正解法

以原始像片的像素的每一小格为纠正单元，通过共线条件方程，直接获取其在像片平面图上位置的方法称为直接法数字微分纠正，如图9-4所示。利用的方程式为共线方程：

$$\left.\begin{array}{l} X - X_s = (Z - Z_s)\dfrac{a_1 x + a_2 y - a_3 f}{c_1 x + c_2 y - c_3 f} \\[2mm] Y - Y_s = (Z - Z_s)\dfrac{b_1 x + b_2 y - b_3 f}{c_1 x + c_2 y - c_3 f} \end{array}\right\} \qquad (9\text{-}1)$$

该方法实现像片纠正的过程包括：

（1）获取原始像片的数字影像。

（2）通过共线方程求像片上像素对应的地面坐标（$X$，$Y$，$Z$）。

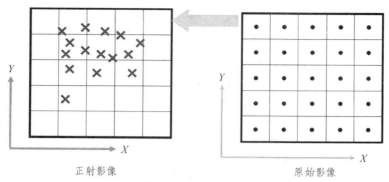

**图 9-4 正解法数字微分纠正**

（3）按比例尺求出地面坐标点对应的正射影像上的像素坐标。

（4）灰度值的摄影测量内插。求出正射像片各像素即格网的每一小格影像的灰度值。

（5）正射像片上按位置逐点赋予灰度值，即能获得纠正的数字影像。

直接法的特点：纠正图像上所得的点非规则排列，有的像元可能"空白"（无像点），有的可能重复（多个像点），难以实现灰度内插并获得规则排列的纠正数字影像。

## 2. 反解法（间接法）

间接法数字纠正是以正射像片的像素为纠正单元，解算其在原始影像上对应的像素，然后赋予正射影像的方法，如图 9-5 所示。

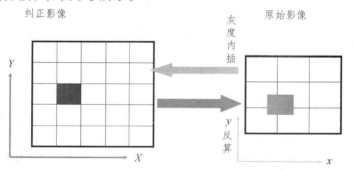

**图 9-5 反解法数字微分纠正**

其作业过程如下：

（1）计算地面点坐标：正射影像任一点 $P$ 的坐标由正射影像左下角地面坐标 $(X_0, Y_0)$ 与正射影像比例尺分母 $M$ 计算 $P$ 点对应的地面坐标 $(X, Y)$，如图 9-6 所示。

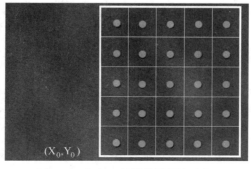

**图 9-6 空白正射影像地面点坐标**

（2）利用共线方程在内外方位元素已知的情况下计算地面点对应的原始像点坐标：

$$
\left.
\begin{aligned}
x &= -f\frac{a_1(X_A - X_S) + b_1(Y_A - Y_S) + c_1(Z_A - Z_S)}{a_3(X_A - X_S) + b_3(Y_A - Y_S) + c_3(Z_A - Z_S)} \\
y &= -f\frac{a_2(X_A - X_S) + b_2(Y_A - Y_S) + c_2(Z_A - Z_S)}{a_3(X_A - X_S) + b_3(Y_A - Y_S) + c_3(Z_A - Z_S)}
\end{aligned}
\right\}
$$
（9-2）

地面 $P$ 的（$X$，$Y$）坐标通过第一步已经求出来了，$Z$ 是 $P$ 点的高程，由 DEM 内插求得，通过共线方程，计算出地面点对应的像点坐标。

（3）像点坐标转换成像素坐标：因为我们现在得到的坐标是像点在像平面坐标系中的坐标，而数字影像坐标是像素坐标，根据仿射变换方程式将像点坐标转换成其对应的像片平面上的像素坐标。式中的参数可根据框标解算出来。

$$
\left.
\begin{aligned}
x &= h_0 + h_1\bar{x} + h_2\bar{y} \\
y &= k_0 + k_1\bar{x} + k_2\bar{y}
\end{aligned}
\right\}
$$
（9-3）

（4）灰度内插：算出的像点坐标不一定落在像元素中心，进行灰度内插一般用双线性内插），求出像点的灰度值。

（5）灰度赋值：将像点灰度值赋给纠正后像元素 $P$。

间接法特点：纠正图像上所得的点规则排列，在规则排列的灰度量测值中进行灰度内插，适合于制作正射影像图。

# 第二节　数字正射影像（DOM）制作实验

## 一、生成单模型正射影像

当 DEM 建立后，可进行正射影像的制作。

在系统主菜单中，选择产品→生成正射影像项，自动制作当前模型的正射影像，屏幕显示计算提示界面，计算完毕后，自动生成当前模型的正射影像。此为单影像处理方式，即逐个模型进行。正射影像结果文件为：

〈立体模型名〉.orl——左影像的正射影像文件；

〈立体模型名〉.orl——右影像的正射影像文件。

以上两种文件都存放于〈测区目录名〉/〈立体模型目录名〉/Product（产品）/...中。

## 二、显示单模型正射影像（检查影像）

正射影像生成后，应显示其影像，检查正射影像是否正确或完整。在系统主菜单中，选择显示→正射影像项，屏幕显示当前模型的正射影像。将光标移至影像中，按鼠标右键弹出菜单，供选择不同的比例，可对影像进行缩放。

注意：显示正射影像时，可拉动上下左右滚动条，检查正射影像的每个部位的影像有无变形。

## 三、修补正射影像选取

在 VirtuoZo 主界面中，单击镶嵌→正射影像修补菜单项，系统导入当前模型的数据，并弹出选择参考影像对话框，如图 9-7 所示。

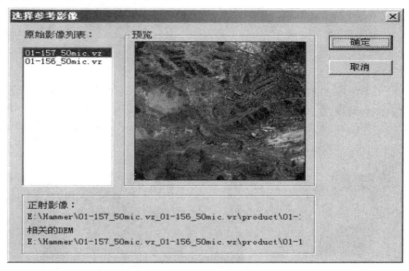

**图 9-7　参考影像对话框**

在左边的原始影像列表中单击用于修复当前正射影像的参考影像。

若直接双击可执行程序 OrthoFix.exe，启动正射影像修补模块，需要手工新建修补工程文件或者打开一个已经存在的修补工程文件.ofp，单击文件→新建工程/打开工程菜单项，在系统弹出的工程设置对话框中指定当前修补工程中要进行修补的正射影像，作为参考的影像和 DEM。

当仅存在要修补的正射影像和原始影像，而没有相应的 DEM 时，仍可以新建修补工程文件。在工程设置对话框中填入相应的正射影像和用于修复的原始影像文件（DEM 文件可选，没有相应的 DEM 文件时，此栏可以不填）。单击"确定"按钮，系统会弹出如图 9-8 所示的消息框。

**图 9-8　信息提示窗口**

此时再次单击"确定"按钮，即可进入修复界面进行修复，但需要用户自己选择对应点。

当参考影像是原始影像时，在进行正射影像修补前，请将相机文件置于 Images 目录下，否则系统将无法预测参考影像的范围，可能会出现影像定位错误。

当参考影像是正射影像或者是有地理编码的影像时，系统无须相机文件即可预测参考影像范围。

若预测的参考影像点位落在参考影像外，则此时加点设置修补线时，系统会弹出如图 9-9

所示的对话框，询问是否搜索可用影像。

图 9-9　信息提示窗口

单击"取消"按钮取消加点操作；单击"否"按钮，参考影像窗口中将显示工程设置中指定的参考影像的全局视图，用户需手工寻找修补影像的范围。单击"是"按钮，用户可以指定要进行搜索的目录，系统将自动在该目录中搜索所有的参考影像，并在找到可用影像的同时弹出如图 9-10 所示的对话框。

图 9-10　信息提示窗口

## 四、正射影像修补

选中相应的参考影像并确认后，即进入如图 9-11 所示的界面。

图 9-11　正射影像修补窗口

（1）单击编辑→工程设置菜单项，系统弹出工程设置对话框，显示当前修补工程中要进行修补的正射影像、作为参考的影像和 DEM，如图 9-12 所示。用户可单击各个文本框后的浏览按钮修改当前的设置。

图 9-12　工程设置窗口

（2）单击显示→属性菜单项，系统弹出显示设置对话框，用户可在此设置修补线的颜色、线宽以及使用键盘方向键移动影像的速度，如图 9-13 所示。若参考影像与正射影像存在一定的夹角，用户可在旋转角文本框中设置相应的转角，调整参考影像的显示角度，使得参考影像与正射影像的方位一致，以方便用户寻找同名点，定义修复区域。选中预测参考影像范围复选框，系统会自动预测正射影像和参考影像的重叠区，并在正射影像上用绿色的边框加以显示。

图 9-13　显示设置窗口

（3）移动正射影像到需要修复的地方，按下显示线图标（注意：此时请确保拖动图标未被按下。用户也可以使用空格键来切换到编辑修补线状态），在正射影像中单击，以选中修复区域的起点，系统同时弹出与该点对应的参考影像窗口，如图 9-14 所示。

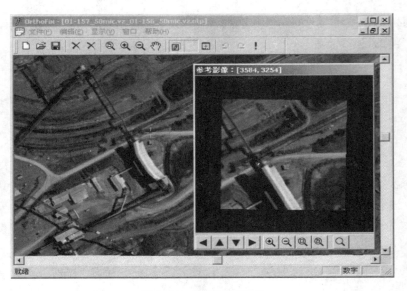

**图 9-14 参考影像窗口**

用户可以通过单击参考影像窗口对话框上的左、右、上、下四个按钮在参考影像上对点位进行微调，也可以直接在影像窗口上单击做大幅度的点位调整，还可选择放大、缩小按钮来调整参考影像显示的比例。增加修补点时，参考影像窗口的标题栏会显示出当前点位的参考影像坐标。

（4）在正射影像上单击，依次选取修复区域轮廓上的其他点位。最后单击鼠标右键，系统将自动闭合当前修复区域，如图 9-15 所示。

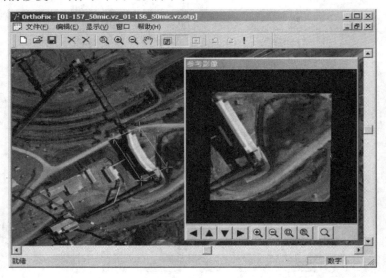

**图 9-15 选取正射影像修补区域窗口**

（5）用户也可以在参考影像上选点，然后再在正射影像上调整相关点位。

在正射影像上单击选定一点，激活工具栏上的从参考影像上选点图标。按下该图标，然后在参考影像窗口中单击，系统将显示其在正射影像上的对应点位。继续在参考影像窗口中单击以定义修补线，系统会在正射影像窗口实时更新这些点位。

说明：这种选点方法作为正常选点的辅助手段，只能在修补区闭合前使用。

（6）单击修补图标，则系统自动用参考影像上相应的影像替换正射影像上所需修复的影像区域，达到修复的效果，如图9-16所示。

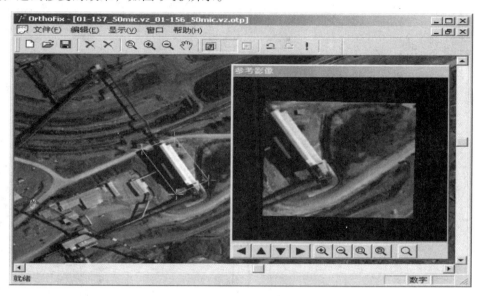

**图 9-16    正射影像修补替换窗口**

说明：此时系统并未保存对正射影像所作的修改。

（7）重复上述步骤修复其他的区域。

（8）单击编辑→更新正射影像菜单项，系统将修补后的数据保存到正射影像中。更新后的正射影像不可再恢复。

## 五、注意事项及说明

（1）数字正射影像的制作是基于 DEM 的数据，采用反解法进行数字纠正而制作。其过程也是全自动化的。

（2）正射影像分辨率设置在正射影像参数窗中进行。在 VirtuoZo NT 主菜单中，选择设置→正射影像参数项，进入正射影像参数对话窗。

# 第三节   数字正射影像（DOM）产品生成

## 一、正射影像的拼接

在实际生产中需要将不同图幅的 DOM 拼接为一副影像。流程如下：

### 1. 拼接线的选择（图 9-17）

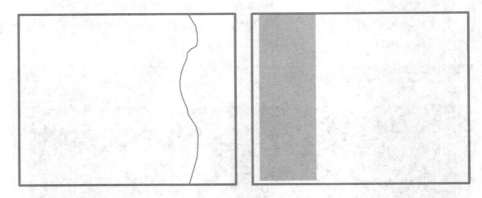

图 9-17　拼接线

### 2. 沿拼接线裁剪（图 9-18）

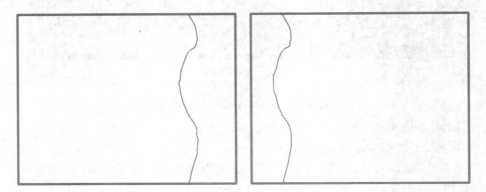

图 9-18　拼接线裁剪

### 3. 沿拼接线拼接（图 9-19）

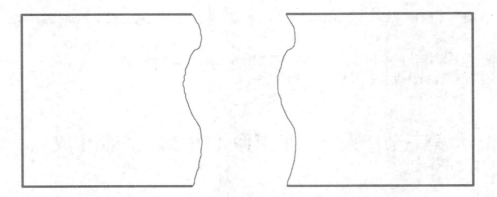

图 9-19　沿拼接线拼接

要求：拼接线两边无几何错位。拼接后的成果见图 9-20。

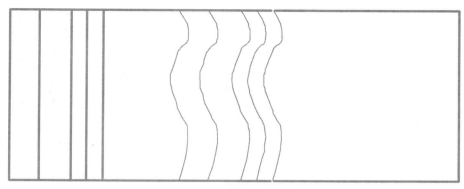

图 9-20　拼接后成果

## 二、色调调整

用匀光技术消除同一幅图内多个影像之间和同一影像内部的色调差别，使得拼接后的影像色调均匀一致。

## 三、拼接图像上拼接缝的消除（羽化处理技术）

羽化处理结果及羽化处理原理见图 9-21、图 9-22。

图 9-21　羽化处理结果

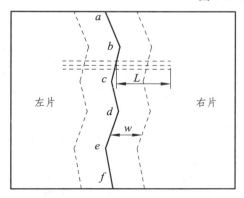
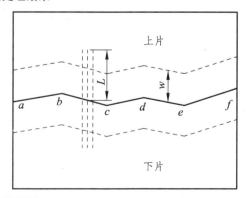

图 9-22　羽化处理原理

## 四、相关信息的叠置与图外整饰

### 1. 相关信息的叠置

部分等高线、重要但影像难以识别的地物的符号、必要的文字和数字注记。

### 2. 图外整饰数字正射影像图的制作

（1）自动计算图廓坐标。

（2）自动绘制内外图廓。

（3）自动绘制方里网注记的增加、删除、移动。

（4）注记与影像的分层与叠置。

如图 9-23 所示为最终得到的 DOM 产品成果。

图 9-23    DOM 产品

# 第十章　解析空中三角测量基础

**学习重点：**

1. 解析空中三角测量的概念
2. 解析空中三角测量的分类
3. 航带法解析空中三角测量的具体流程
4. 区域网平差的方法
5. 光束法解析空中三角测量的原理
6. GPS/IMU 辅助空中三角测量系统的特点

## 第一节　解析空中三角测量概述

应用航摄像片测绘地形图必须有一定数量的地面控制点坐标，这些控制点若采用常规的大地测量方法，需要在困难的野外作业，在环境和复杂的地形条件下，耗费相当的人力、物力和时间。解析空间三角测量的产生，极大地改变了这种状况。它仅需要少量必要的野外地面控制点，在室内量测出一批测图所需要的像点坐标，通过解析的方法，求出它们相应地面点的地面坐标，供测图或其他使用。这些由像点解求的地面控制点，也称为加密点。

解析空中三角测量通常按采用的平差模型可分为航带法解析空中三角测量、独立模型法解析空中三角测量和光束法解析空中三角测量。按加密区域分为单航带法、独立模型法和区域网法。单航带解析空中三角测量以一条航带构成的区域为加密单元进行解算。区域网法按整体平差时所取用的平差单元不同，主要区别如下：

（1）航带法区域网平差：以航带作为整体平差的基本单元。

（2）独立模型法区域网平差：以单元模型为平差单元。

（3）光线束法区域网平差：以每张像片的相似投影光束为平差单元，从而求出每张像片的外方位元素及各个加密点的地面坐标。

由于物理因素（摄影材料变形、摄影物理畸形、大气折光、地球曲率等）的影响，使像点偏离了三点共线的理论位置。像对立体测图时系统误差对成图精度影响不显著，一般不予考虑。但在解析空中三角测量中，由于误差的传递积累，对加密点的点位精度影响显著，要预先改正。在参与区域网平差之前，每张像片的像点坐标都应进行由于摄影材料片变形、摄影物镜畸变差、大气折光和地球曲率所引起的像点误差改正。

# 第二节　航带法解析空中三角测量

单航带航带法解析空中三角测量是常用三种解析加密方法的基础。它是利用一条航带内各立体模型的内在几何关系，建立自由航带网模型，然后根据控制点条件，按最小二乘法原理进行平差，并清除航带模型的系统变形，从而求得各加密点的地面坐标。单航带航带法解析空中三角测量是以连续法相对定向构成立体模型为特点的加密方法。

单航带航带法解析空中三角测量的主要解算过程为：

## 一、像点坐标量测与系统误差改正

量测像点坐标，像点坐标系位误差改正按相应公式进行，主要有摄影机物镜畸变差、摄影处理、大气折光、底片压平以及地球弯曲等因素的影响。

## 二、连续法相对定向建立单个模型

其特点是选定的像空间辅助坐标系与航带第一张像片的像空间坐标系相重合。这样建立起的航带内各单个模型的像空间辅助坐标系，其特点是各坐标轴向都保持彼此平行，模型比例尺各不相同，坐标原点也不一致。以第一张像片为左片，第二张像片为右片，计算第二张像片相对于第一张像片的相对定向元素，然后以第二张像片为左片，第三张像片为右片，求第三张像片相对于第二张像片的相对定向元素（全航带统一以第一张像片的像空间坐标系为辅助坐标系，此时第二张像片在航带里的定向元素已经计算出来了）。如此往复，计算全航带像片相对于像空间辅助坐标系的定向元素。

## 三、航带内各立体模型利用公共点进行连接，建立起统一的航带网模型

航带内各单个模型建立之后，以相邻两模型重叠范围内三个连接点的高度应相等为条件，从航带的左端至右端的方向，逐个模型归化比例尺，统一坐标原点，使航带内各模型连接成一个统一的自由航带网模型。

相邻模型间的比例尺的不同，必然反映在模型之间公共连接点的相对高程不等，故可用在考虑航高差之后的公共连接点在前后两模型中的高程应相等来求解比例尺归化系数，将后一模型乘以模型归化系数 $k$，即可将其比例尺化为与前一模型相同，这样就统一了模型的比例尺。在相对定向中，选定标准点位作为定向点，如图 10-1 所示，图中①②表示模型编号，1、2、3、4、5、6 代表标准定向点位。模型①中的 2、4、6 点就是②模型中的 1、3、5 点，即两模型中的公共连接点。取①模型中 2 点为例来求取模型比例尺归化因子系数 $k$，如图 10-2 所示。如果两模型的比例尺一致，则模型①中 $M_1$ 点应与模型②中的 $M_2$ 点重合。

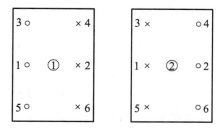

图 10-1　模型公共点

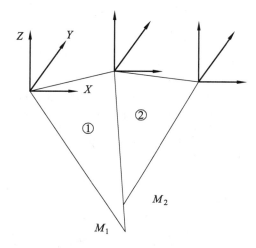

图 10-2　模型比例尺归化

图 10-2 为比例尺不一致的情况，两模型同名点的 $Z$ 坐标之比，定义为比例归化系数 $k$，即：

$$k = \frac{S_1 M_1}{S_2 M_2} = \frac{(N'w_2)模型_1}{(N'w_1)模型_2} = \frac{(N'w_1)模型_1 - b_w}{(Nw_1)模型_2} \qquad (10-1)$$

为了使模型连接好，作业中常取相对应的 3 个点的归化系数，然后取平均得后模型的归化系数，这样后一模型中各模型点坐标及其基线分量都乘以归化系数 $k$，就得到与前一模型比例尺相同的模型点坐标。这时，各模型的比例尺虽然一致了，但各模型的像空间辅助坐标系并未统一，即各模型上模型点坐标的原点不一致。

## 四、模型点摄影测量坐标的计算

为了将各模型上模型点坐标纳入到统一的辅助坐标系中，各模型需要进行由各自像空间辅助坐标系到全航带统一辅助坐标系的转换计算。第二个模型及以后各模型的摄站点在全航带上的统一坐标值为：

$$\left. \begin{aligned} U_{S2} &= U_{S1} + kMb_u \\ V_{S2} &= V_{S1} + kVb_v \\ W_{S2} &= W_{S1} + kMb_w \end{aligned} \right\} \qquad (10-2)$$

第二个模型及以后各模型中的模型点在全航带统一的坐标为：

$$U = U_{S1} + kMNu_1$$
$$V = V_{S1} + \frac{1}{2}(kMNv_1 + kMN'v_2 + kMb_v)$$
$$W = W_{S1} + kMNw_1$$

（10-3）

式中，$U$、$V$、$W$ 为模型点坐标，$U_{S1}$、$V_{S1}$、$W_{S1}$ 为本像对左摄站的坐标值，均由前一像对模型来求得；$u_1$、$v_1$、$w_1$ 为左像点的像空间辅助坐标，$v_2$ 为右像点的像空间辅助坐标；$N$、$N'$ 为本像对左、右投影射线的点投影系数。

完成上述计算后，可得模型点在统一的辅助坐标系中的坐标值。航带内所有模型完成上述计算，则建成自由航带网。

## 五、航带网的概率绝对定向

建立的航带网模型是摄影测量坐标系，还需要根据地面控制点，把摄影测量坐标变换为地面摄影测量坐标。即将整个航带网按控制点的摄影测量坐标和地面摄影测量坐标，进行空间相似变换，完成航带网模型的绝对定向，使整个航带网的摄影测量坐标纳入到地面摄影测量坐标系中（参考第五章第五节立体模型绝对定向）。

## 六、航带网的非线性变形改正

航带法区域网平差的任务是在全区域整体解算各条航带模型的非线性改正式的系数，然后利用所求的各条航带模型改正数，求出待定点坐标，进而得到各加密点的地面坐标。在航带模型构建过程中，由于误差积累会产生非线性变形。通常采用一个多项式曲面来代替复杂的变形曲面，使曲面经过航带模型已知控制点时，所求得坐标变形值与实际变形值相等或其差的平方和最小。

一般采用的多项式有两种：一种是对 $X$、$Y$、$Z$ 坐标分列的二次和三次多项式；另一种是平面坐标改正采用三次或两次正行变换多项式，而高程采用一般多项式。二次和三次多项式改正公式为：

$$\Delta X = a_0 + a_1\overline{X} + a_2\overline{Y} + a_3\overline{X}^2 + a_4\overline{XY} + a_5\overline{X}^3 + a_6\overline{X}^2\overline{Y}$$
$$\Delta Y = b_0 + b_1\overline{X} + b_2\overline{Y} + b_3\overline{X}^2 + b_4\overline{XY} + b_5\overline{X}^3 + b_6\overline{X}^2\overline{Y}$$
$$\Delta Z = c_0 + c_1\overline{X} + c_2\overline{Y} + c_3\overline{X}^2 + c_4\overline{XY} + c_5\overline{X}^3 + c_6\overline{X}^2\overline{Y}$$

（10-4）

式中，$\Delta X$、$\Delta Y$、$\Delta Z$ 为航带模型经概略绝对定向后模型点的非线性变形坐标改正值；$\overline{X}$、$\overline{Y}$ 为航带模型经概略绝对定向后模型点重心化概略坐标；$a_i$、$b_i$、$c_i$ 为非线性变形多项式的系数。

平面坐标的正行变换改正公式为：

$$\Delta X = A_1 + A_3\overline{X} - A_4\overline{Y} + A_5\overline{X}^2 - 2A_6\overline{XY} + A_7\overline{X}^3 - 3A_8\overline{X}^2\overline{Y}$$
$$\Delta Y = A_2 + A_4\overline{X} + A_3\overline{Y} + A_6\overline{X}^2 + 2A_5\overline{XY} + A_8\overline{X}^3 + 3A_7\overline{X}^2\overline{Y}$$

（10-5）

对式（10-4）、式（10-5）而言，去掉三次项，即得二次项变换公式。

航带模型的非线性改正视实际布设控制点情况确定采用二次项公式还是三次项公式。对航带解析空中三角测量若采用三次多项式作非线性变形改正，则每个式中包含 7 个参数，共计 21 个参数，解算至少需要 7 个平高控制点。

假设采用二次多项式进行航带模型的非线性改正，则控制点的误差方程式为：

$$\left.\begin{aligned}
-u_X &= a_0 + a_1\overline{X} + a_2\overline{Y} + a_3\overline{X}^2 + a_4\overline{XY} - l_X \\
-v_Y &= b_0 + b_1\overline{X} + b_2\overline{Y} + b_3\overline{X}^2 + b_4\overline{XY} - l_Y \\
-w_Z &= c_0 + c_1\overline{X} + c_2\overline{Y} + c_3\overline{X}^2 + c_4\overline{XY} - l_Z
\end{aligned}\right\} \tag{10-6}$$

其中

$$\left.\begin{aligned}
l_X &= X - X_G - \overline{X} \\
l_Y &= Y - Y_G - \overline{Y} \\
l_Z &= Z - Z_G - \overline{Z}
\end{aligned}\right\} \tag{10-7}$$

利用控制点建立误差方程式，建立相应的法方程，求解非线性变形改正式系数 $a_i$、$b_i$、$c_i$，然后利用式（10-4）解求航带模型经概略绝对定向后模型点非线性变形坐标改正值，进而求得模型点的地面参考坐标。最后经过绝对定向方程式的逆变换得到最终的地面点坐标。

# 第三节　独立模型法解析空中三角测量

独立模型法区域网空中三角测量是以构成的每一个单元模型为一个独立单元，参加全区域的整体平差计算，实际上每个单元都被视为一个整体，只作平移、缩放和旋转，最终达到整个区域内各单元模型处于最或是位置。

## 一、单元模型的建立

建立单元模型就是为了获取包括地面点、摄影测量加密点和摄影站点等模型点在内的坐标。单元模型可以由一个像对构成，也可以由若干个相邻像对构成。建立单元模型一般采用单独像对法，根据单独像对相对定向误差方程式建立法方程，求解像对的相对定向独立参数。单独像对相对定向完成，亦即求得了左、右像片的旋转矩阵的独立参数，可将像点的像空间坐标化算为像空间辅助坐标系中的坐标，并计算其模型点坐标。

## 二、区域网的建立

相对定向完成后，由于每个单元模型的像空间辅助坐标系的轴系方向不一致，导致同一地面模型点在相邻单元模型中的坐标值不相同。现在要将各单元模型归化到同一个坐标系中，即建立区域网。

在单元模型归化至统一坐标系的过程中，利用相邻两单元模型间的公共点坐标值应相等的条件，通过后一模型单元相对于前一模型作旋转、缩放和平移的空间相似变换，把后一单元模型归化到前一模型的坐标系中，依次类推，进行到最后一个单元模型为止，如图 10-3 所示。经空间相似变换的单元模型，依然保持模型的原来形状和独立性。

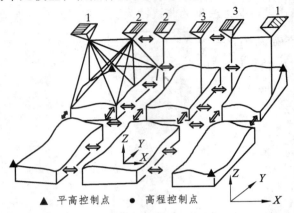

▲ 平高控制点　　● 高程控制点

图 10-3　独立模型构建区域网

## 三、全区域单元模型的整体平差

区域网整体平差依然将区域内的单元模型视为整体作为平差单元，按照在整个区域内相邻模型公共点在各单元模型上的坐标相同，以及地面控制点的模型计算坐标和实测坐标相同的原则，依据最小二乘原理，进行旋转、缩放和平移的空间相似变换，确定出每个单元模型在区域中的最或是位置。区域网的建立与整体平差，实际上可用相同的数学模型一次解算完成。

# 第四节　光线束法解析空中三角测量

## 一、光线束法解析空中三角测量简介

光束法空中三角测量以一个摄影光束（即一张像片）作为平差计算基本单元，是较为严密的控制点加密法，它以共线条件方程为理论基础。

## 二、平差作业过程

光线束法是以摄影时地面点、摄影站点和像点 3 点共线为基本条件，以每张像片所组成的一束光线作为平差的基本单元，以光线共线条件方程作为平差的基础方程。通过各光束在空中的旋转和平移，使模型之间公共点的光线实现最佳交会，并使整个区域很好地纳入到已知控制点的地面坐标系中，如图 10-4 所示。光线束法区域网平差就是在全区域网平差之前，每张像片的像点坐标都应进行由于底片变形、摄影物镜畸变差、大气折光和地球曲率所引起的像点误差改正。

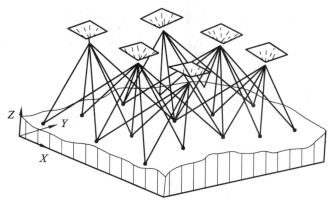

图 10-4　光线束法解析空中三角测量

### 1. 光线束区域网平差的概算

光线束区域网平差概算的目的就是获取像片的外方位元素和加密点地面坐标系的近似值，其方法以下面方法为主。

1）利用航带法的加密成果：具体做法首先是按航带法加密计算一次，得到全测区每个像对所需测图控制点地面摄影测量学坐标。然后直接用航带法求出各地面点坐标进行空间后方交会，求出像片的外方位元素。这些值作为光束法平差时未知数的初始值，对计算非常有利。

2）利用旧地图：工作量大，又烦琐，故很少用它。

3）用空间后方交会和前方交会交替进行的方法。

（1）对于单条航带而言，假定航带左边第一张像片水平、地面水平，摄站点坐标为（0，0，$H$），则可计算次像片的 6 个标准像点的相应地面位置。

（2）将第一片和第二片组成像对，利用前方交会算出 6 个标准点相对起始面高差，然后修正第一片上的标准点坐标值；利用空间后方交会求得第二片相对第一片的外方位元素；利用第一、二片两片的外方位元素求得立体像对的地面点近似值，推算出第三片主点的近似坐标。

（3）第三片可利用像主点坐标和三度重叠内的点，进行空间后方交会求出第三片的外方位元素；用第二、第三片外方位元素进行前方交会，求得第二个模型中各点的地面近似坐标。以后各片用与第三片同样的方法求得航带中各像片的外方位元素和各点地面坐标近似值。

（4）利用第一条航带两端控制点进行绝对定向，相邻航带利用航带控制点和相邻公共点对本航带各像片进行空间后方交会，求得各片方位元素，作为本带各片外方位元素的概略值。然后进行各像对的前方交会求得地面点的概略值。依此类推，将全区域各航带上点的地面近似坐标值统一在同一坐标系内。

### 2. 光线束区域网平差的误差方程式和法方程式

1）误差方程式的建立。

每一个像点都符合共线方程，可列出两个方程式

$$\left.\begin{aligned} x = -f\frac{a_1(X_A - X_S) + b_1(Y_A - Y_S) + c_1(Z_A - Z_S)}{a_3(X_A - X_S) + b_3(Y_A - Y_S) + c_3(Z_A - Z_S)} \\ y = -f\frac{a_2(X_A - X_S) + b_2(Y_A - Y_S) + c_2(Z_A - Z_S)}{a_3(X_A - X_S) + b_3(Y_A - Y_S) + c_3(Z_A - Z_S)} \end{aligned}\right\}\text{共线方程} \qquad (10\text{-}8)$$

将共线方程线性化，此时对 $X$、$Y$、$Z$ 也要偏微分，其误差方程为：

$$v_x = a_{11}\Delta X_S + a_{12}\Delta Y_S + a_{13}\Delta Z_S + a_{14}\Delta\varphi + a_{15}\Delta\omega + a_{16}\Delta\kappa - a_{11}\Delta X - a_{12}\Delta Y - a_{13}\Delta Z - l_x \quad （10\text{-}9）$$

$$\left.\begin{array}{l} U_{S2} = U_{S1} + kMb_u \\ V_{S2} = V_{S1} + kVb_v \\ W_{S2} = W_{S1} + kMb_w \end{array}\right\}$$

$$\left.\begin{array}{l} U = U_{S1} + kMNu_1 \\ V = V_{S1} + \dfrac{1}{2}(kMNv_1 + kMN'v_2 + kMb_v) \\ W = W_{S1} + kMNw_1 \end{array}\right\}$$

若像片外方位元素改正值 $\Delta\varphi$、$\Delta\omega$、$\Delta\kappa$、$\Delta X_S$、$\Delta Y_S$、$\Delta Z_S$ 用列向量 $X$ 表示，待定点坐标改正值 $\Delta X$、$\Delta Y$、$\Delta Z$ 用列向量 $t$ 表示，则某一像点的误差方程式的矩阵表达为：

$$V = \begin{bmatrix} B & C \end{bmatrix}\begin{bmatrix} X \\ t \end{bmatrix} - L \quad （10\text{-}10）$$

2）区域网平差的法方程式。

误差方程式按最小二乘法组成法方程式为：

$$\begin{bmatrix} B^{\mathrm{T}} & B^{\mathrm{T}}C^{\mathrm{T}} \\ C^{\mathrm{T}} & C^{\mathrm{T}}C \end{bmatrix}\begin{bmatrix} X \\ t \end{bmatrix} - \begin{bmatrix} B^{\mathrm{T}}C \\ C^{\mathrm{T}}L \end{bmatrix} = 0 \quad （10\text{-}11）$$

通常在解算法方程时先消去 $t$，利用循环分解法解算 $X$ 值，然后加上近似值，得到改点的地面坐标。光束法区域网平差，理论严密，易引入各种辅助数据（如由 GPS 获得摄影中心坐标数据）、各种约束条件进行严密平差，是目前应用最为广泛的区域网平差方法。航带法区域网平差常用于精度要求不高的情况和获取光束法区域网平差值的初值。

# 三、GPS 辅助空中三角测量

## 1. GPS 全球定位系统

GPS 全球定位系统是美国研制的卫星导航和定位系统，由卫星、地面控制和用户接收机三个部分组成。卫星部分由 18 颗工作卫星和 3 颗备用卫星组成，工作卫星均匀分布在 6 个相对于赤道的倾角为 55°的近圆轨道上，轨道间的夹角为 60°，平均高度为 20 200 km。在地球上任何一点，均可连续地同步观测到至少 4 颗 GPS 卫星，从而保障了全球、全天候的连续三维定位。

GPS 定位技术主要包括静态定位和动态定位。静态定位是指确定地球表面某些静止点的三维空间坐标；动态定位则是确定运动物体的轨迹，它在摄影测量中已得到越来越广泛的应用。

GPS 辅助空中三角测量就是利用 GPS 动态定位原理，采用 GPS 接收机与地面基准站的 GPS 接收机同时、快速、连续地记录相同的 GPS 信号，通过相对定位技术的离线数据处理后，获得航摄飞行中摄站点相对于该地面基准点的三维坐标，并将它作为辅助数据应用于光线束法区域网平差中，可以节省大量地面控制点的个数。

### 2. POS 辅助空中三角测量

POS（Position and Orientation System）机载定位定向系统，是基于全球定位系统（GPS）和惯性测量装置（IMU）的可直接测定影像外方位元素的现代导航定位系统，可用于在无地面控制或仅有少量地面控制点情况下的航空遥感对地定位和影像获取，如图 10-5 所示。

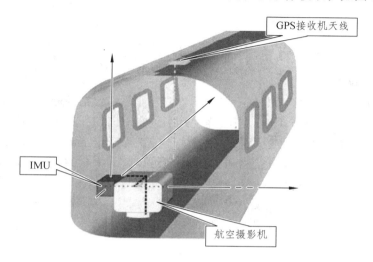

图 10-5  POS 定位定向系统

1）POS 机载定位定向系统组成：

（1）一个 IMU。

（2）一个 GPS 接收机。

（3）一个计算机系统（PCS）。

（4）一个后处理软件 POSPacTM。

2）POS 机载定位定向系统特点：

（1）可进一步减少对地面控制点的要求，但仍然需要 GCP 点，原因是：

① 检校目的；

② 为检测和消除 GPS 的周跳；

③ 可靠性目的；

④ 基准转换目的。

（2）对航摄布网的要求可进一步放宽。

（3）对连接点的布设要求也可放宽。

（4）因姿态角测定精度较低，空三仍有必要。

3）在解析空中三角测量中使用 POS 有如下功能：

（1）高精度的外方位元素初值可提高定向结果的精度、可靠性。

（2）有助于航摄仪检校。

（3）减少对连接点的要求。

（4）空中三角测量不需要作交叉飞行。

## 四、空中三角测量的现状和发展趋势

（1）区域周边地面控制点+空中三角测量。

（2）少量地面控制点+ GPS 辅助空中三角测量。

（3）完全不要地面控制点+ POS 辅助空中三角测量；或只要 GPS + INS，而不要空三。

# 第五节　解析空中三角测量实验

　　摄影测量可分为外业工作和内业工作两部分。外业工作包括控制点测量与地物的调绘，内业工作包括空中三角测量、纠正、测图等。其中，空中三角测量是摄影测量的重要环节。解析空中三角测量的基本目的，就是利用少量实测控制点确定全部影像的方位，加密出测图所需的控制点，也称为加密点。通过空中三角测量可以节约大量的外业控制工作。解析空中三角测量提供的平差结果是后续的一系列摄影测量处理与应用的基础。数字摄影测量系统的诞生，使解析空中三角测量实现了自动化、智能化，大大提高了作业效率。

　　解析空中三角测量包括以下主要的工作过程：

## 一、原始资料的处理

　　解析空中三角测量必备的资料为影像资料、相机检校文件、控制点文件等。对原始资料的准备处理包括：检查影像是否清晰，特别是框标是否清晰；查看相机和控制点的资料；制作控制点略图，检查控制点分布状况，根据控制点分布划分测区，制订接边方案等。

### 1. 认真检查分析航摄资料

　　首先重点检查测区内航摄资料的完整性，是否缺失，像片比例尺是否一致，像片的片号是否重复或漏掉，扫描像片的格式是否正确，像片的形状是否变形等情况。这里提到的每一个环节都是十分重要的，对于加密作业密度和速度都有很大影响。如果发现错误，必须对影像进行预处理或者重新扫描。

### 2. 旋转相机

　　航空摄影时，一般相邻航线的航拍飞机的飞行方向是相反的，因此相机方向也是相反的。理想状态的条件下，像主点的坐标位于坐标原点，即 $x=0$，$y=0$，相机即使不进行旋转也不影响精度。而实际航摄影像像主点坐标与像坐标系原点是不重合的，这时根据航线相机方向，对影像参数文件进行修改，使相机方向与实际方向一致。

　　这里提供两种常用的方法：一是在像格式转换时选"旋相机"项，二是在"影像列表"把需要旋转的相机影像选为"旋转相机"，其中第二种方法较为常用。

### 3. 影像的处理

　　使用 VirtuoZo 系统作业时，构成立体像对的影像分辨率必须相同，不然是无法进行影像配准的。如果出现分辨率不同的情况，必须重新扫描；当不能对其扫描时，我们可以使用 Photoshop 软件，采用影像分辨率转换的方法解决，但只能是高分辨率向低分辨率的转换。操作方法如下：

第一步，使用 Photoshop 软件打开影像，调整图像大小。第二步，对影像"分辨率"框的单位和大小进行修改。第三步，修改"像素大小"，使它的高度、宽度与其目标值一致。

### 4. 格式转换

由于 VirtuoZo 系统目前只支持 RGB 方式存储的 24 位彩色影像和以灰度存储的 8 位黑白影像，以其他方式存储的影像就会出现彩色反转现象。所以我们最好采用 Photoshop 软件等图像处理软件将它转换为系统可识别的图像格式，再转换为 VZ 格式。

从作业经验总结，做空中三角测量加密之前，尽量不要用图像处理软件对影像的亮度、对比度、反差进行调整，因为这样会引起影像灰度值的变化，让影像上的地面地物产生微小的变化，会影响加密精度，甚至丢失部分信息。

## 二、自动空中三角测量

### 1. 设置测区基本参数

如图 10-6 所示，单击 AAT/PATB 主菜单中的 File 下的 New Block，可以创建新测区。新测区的参数设置界面如图 10-7 所示。

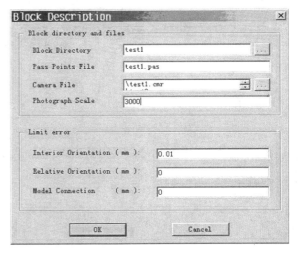

图 10-7　测区参数设置

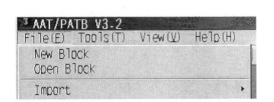

图 10-6　创建新测区

### 2. 建立相机文件

VirtuoZo AAT 系统支持在一个测区中使用多个相机的情况。建立相机文件或修改相机参数，可以在主界面下单击 Setup 下的 Setup Camera 菜单项，如图 10-8 所示。

### 3. 输入外业控制点

如图 10-9 所示，单击菜单项 Setup 下的 Control Points，用于输入外业控制点。

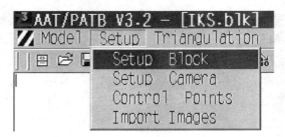

图 10-8　建立相机文件

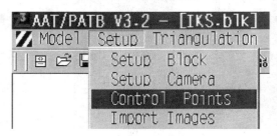

图 10-9　控制点加载

### 4. 建立测区影像列表

在主界面中单击 Triangulation 下的 Images List 菜单项，系统将弹出如图 10-10 所示的对话框，本对话框提供建立和修改测区内航带和影像信息的功能。

图 10-10　建立测区影像列表

### 5. 内定向

单击 AAT 主界面上的菜单项 Triangulation 下的 Interior Orientation，启动内定向模块，自动完成内定向。

### 6. 量测航线间偏移点

在 AAT 主菜单中，单击 Triangulation 下的 Strip Offset 菜单项，系统将出现如图 10-11 所示的界面。在此界面手工添加偏移点，一般在所有两两相邻航带间的首尾要各加一对偏移点，当加密的航带比较长时，建议在航带中间也加一些点，这样有助于程序自动在航带间转刺连接点。偏移点选取的原则：应是四度重叠点，点不能太靠近影像的边缘，如果存在交叉航带，则航带的组间也应该加偏移点，并且要保证所加的偏移点不能少于 3 对，且尽量不要在一条直线上。

图 10-11　航线间偏移点量测

### 7. 连接点自动提取

在系统主菜单下，单击 Triangulation 下 Tie-point Extraction 下的 Make all 菜单项（图 10-12），系统会激活全自动空三连接点自动提取模块，它包括自动相对定向、自动选点、自动转点和自动量测。

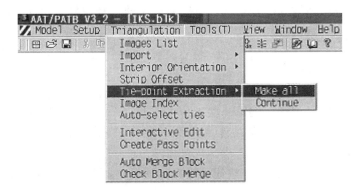

图 10-12　空三连接点自动提取模块

### 8. 自动挑点

在主界面下单击菜单项 Triangulation 下的 Auto Select Ties 开始自动挑点。

在连接点布局对话框中，下部的数字按钮，代表在影像三度重叠区内的标准点位数。在 Points number 编辑框中输入每一点位中的点数。从图 10-13 中可以看到，当该模块选择 5 个点位，点位点数为 3 时，每张航片上将会有大约 15 个点，系统缺省值即为此布局，用户可根据实际情况来选择。挑点完成后，查询发现点位有不足情况，可手动添加或对生成的连接点进行编辑。

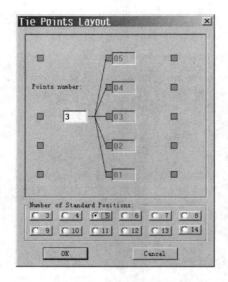

图 10-13　连接点布局

### 9. 交互式编辑

经自动提取和转测连接点后，还需加入控制点参与平差解算，利用交互式编辑点位模块，进行必要的检查和编辑连接点的工作，之后进行连接点的粗差检测，剔除粗差，平差计算，直到满足要求。

（1）加入外业控制点。

根据外业布控的图片，手工式加入 3～4 个控制点（尽量不要靠得太近，均匀分布在测区中），调用 PATB 解算，然后预测其他控制点的点位。一一对照外业布控的图片后，将其他控制点添加到影像上。

（2）平差解算。

调用 PATB 进行平差解算。

（3）交互式编辑。

根据 PATB 的输出 pri 报告，编辑一些被作为粗差剔除的点，一般这样的点的残差后面用一个"*"表示，编辑所有的粗差点，然后调用 PATB 解算和交互式编辑，直到无粗差点。

（4）生成加密点文件。

点击主界面中的"创建加密点"按钮，程序自动创建加密文件。

# 第十一章　摄影测量外业工作

**学习重点:**

1. 像片判读特征
2. 像片判读的方法
3. 调绘的方法及作业步骤
4. 像片控制点选点要求
5. 像片控制点布点方案
6. 像片控制点施测过程
7. 像片控制点刺点要求
8. 像片控制点正反面整饰要求

## 第一节　摄影测量外业工作概述

航摄像片以影像的表现形式提供了丰富的地面信息,根据像片影像所显示的各种规律,借助相应的仪器设备及有关资料,采用一定的方法对像片影像进行分析判断,从而确认影像所表示的地面物体的属性、特征,为测制地形图或为其他专业部门提供必要的地形要素,这一作业过程称为像片判读或像片解译。

像片判读所指的像片不仅是航摄像片,也可以是航天像片、地面摄影像片或其他特殊摄影像片;不仅是黑白像片,也可以是彩色像片、多光谱像片、红外像片、微波像片等。像片判读技术不但应用于地形测量,而且更广泛地应用于环境保护、土地详查、林业资源调查、地质调查、铁路选线、军事侦察等众多专业部门,在国民经济和国防建设中具有十分重要的作用。

根据判读的目的不同,像片判读可分为地形判读和专业判读。地形判读主要是指航空摄影测量在测制地形图过程中所进行的判读,其判读目的是通过像片影像获取地形测图所需的各类地形要素。专业判读则是为解决某部门专业需要所进行的带有选择性的判读,其判读目的是通过像片影像获取本专业所需要的各类要素。

根据判读方法的不同,像片判读又可分为目视判读和电子计算机判读。目视判读是指判读人员主要依靠自身的知识和经验以及所掌握的其他资料和观察设备,在室内或者与实地对照来识别影像的过程。电子计算机判读又称为电子计算机模式识别。模式识别是借助计算机,根据识别对象的某些特征,对识别对象进行自动分类和判定。

目视判读又可进一步分为野外判读和室内判读。野外判读就是把像片带到所摄地区,主要根据实地地物地貌的分布情况和各种特征,与像片影像对照来进行识别的方法。在很长时间内，航测成图中像片调绘工作都是采用这种方式。它的优点是判读方法简单，易于掌握，判读效果稳定可靠；缺点是野外工作量大，效率低。在目前条件下，野外判读在生产中仍占有十分重要的地位。室内判读则是主要根据物体在像片上的成像规律和可供判读的各种影像特征，以及可能收集到的各种信息资料，采用平面、立体观察和影像放大、图像处理等技术，并与野外调绘的"样片"比较，使用推理分析等方法，完全脱离实地所进行的判读。显然，室内判读的主要优点是能充分利用影像信息，发挥已有的各种图件资料、仪器设备的作用，减少野外工作量，改善工作环境，提高工作效率。无疑，室内判读是目视判读的发展方向。但室内判读对判读人员自身素质要求较高，目前判读的准确率不高。因此，室内判读必须和野外判读结合起来，这就是所谓的室内外综合判读法。显然，电子计算机判读也是室内判读。

航摄像片调绘是以像片判读为基础，把航摄像片上的影像所代表的地物识别和辨认出来，并按照规定的图式符号和注记方式表示在航摄像片上。这是摄影测量中一项复杂而不可缺少的工作，是航摄外业工作的主要内容之一，目前大多采用先室内判绘，后野外检查补绘的办法来完成。

航空摄影测量是以航空摄影为前提的，而要利用航摄像片确定地面点的地面坐标，又必须提供一定数量的，在像片上可准确识别的地面控制点，这个要求通常由航测外业的像片控制测量工作完成。像片控制测量可以在已有一定数量的大地点基础上采用地形控制测量的方法进行，在有条件的情况下也可以用 GPS 定位技术直接测定各摄站的坐标，从而在一定精度要求之下可以免去对地面已知点的要求。但目前的大量实际作业任务，仍然需要有部分地面点来保证精度。

由于航测外业测量控制点是航测成图的数学基础，是内业加密控制点和测图的依据，因此具有十分重要的作用。不难明白，一旦航测外业控制点出现错误，将会给整个成图过程带来十分严重的影响。因此，航外测量人员必须认真负责，严格细致地工作，遵守规范规定，树立"质量第一"的思想，为内业提供可靠的优质成果，这样才能保证最后成图的质量。

综上所述，航空摄影测量外业工作包括两方面的内容，即像片调绘和像片控制测量。这两项工作通常可同时进行或先后完成。

# 第二节　像片判读特征与判读方法

由于地形起伏、摄影姿态、摄影季节及时间等因素的影像，航摄像片各种地物的构像规律不同，在进行像片判读的时候，要综合考虑地物构像的因素，作出合理的判断。

## 一、地物构像规律

### 1. 影响地物构像的主要因素

（1）因地形起伏引起的像点位移，叫投影误差。如电线杆、烟囱等直线地物，当其地物的延长线通过投影中心时，其像则是一个点，其他地方的电线杆、烟囱的构像均为直线，且直线地物的高端成像倒向像片的边缘。因此，投影误差对地物构像的影响是普遍的，像片比例尺越大，投影误差的影响越明显。

（2）因像片倾斜引起的像点位移，叫倾斜误差。地面同一地物在倾斜像片上的变形比水平像片上大，但通常航摄倾角很小。这个变形的影响不易直接观察，而往往是综合在总的变形中。

（3）阳光的照射造成地物本身及周围地物明亮度发生变化，影响地物构像变化（指影像色调的变化），同样的阳光照射，阴影的大小和地物的高低、地形的坡度、地物在像片上的位置及太阳的高度角，对地物的构像都有影响。

### 2. 地物构像的一般特点

1）不突出地面地物的构像特点。

（1）基本处于水平位置的地物的构像特点。

像片上各点的相关位置和地面上相应点间的相关位置是基本一致的，此时像片比例尺和地形图比例尺趋近一致，基本处于水平位置的地物与像片影像基本相似。但应指出，航摄像片不是绝对水平的，因之这种相似的情况也只能是近似的。

（2）位于倾斜面上的地物的构像特点。

倾斜面上的地物虽不突出地面，但要受中心投影和地形起伏的共同影响产生变形。在通常情况下，还包含了倾斜误差引起的变形。

2）突出地面地物的构像特点。

如树、烟囱、房屋、古塔、高山等，其影像受投影影差、倾斜误差的影响必然产生像点位移，同时，地物的阴影也要反映出来。

（1）同一张像片上各部位的地物构像特点。

如图11-1所示，地面上同高的三个烟囱，由于与镜头的关系位置不同，使它在全张像片上构像的大小、方向不相同。如图中第一个位置，在像片中心时，垂直于镜头中心，构像为正射投影，像点落在像底点上，影像是个点；离开像片中心时，各处影像的大小、方向概不相同。

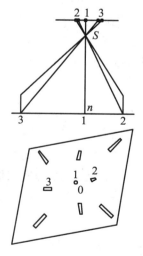

图 11-1　烟囱投影图

方向：地物的顶部影像总是朝离开像片中心的辐射线方向倾斜。

大小：与辐射距成正比，离像底点越远，越到像片边缘，投影差越大，影像拉得越长；与地物高度成正比，地物越高，投影差越大，影像拉得越长，如烟囱的投影差比独立小屋大得多，独立小屋变形不大，影像形状和实物形状基本相似。

因为阴影在每张像片上的方向始终一致，所以使地物影像和阴影影像有时方向一致，影像重合，有时方向相反或斜交，影像不重合，地物影像和阴影都有，需要注意区分。

（2）相邻像片上的同一地物构像特点。

① 同一个烟囱在相邻像片上，由于投影差的影响，第一张像片（按航线方向讲）上的烟囱向航线飞行方向移位，在第二张像片上向航线飞行反方向移位。这是由于地面同一地物在每张像片上与镜头的关系位置不同，因此投影差方向不一致。

② 同一地物在相邻像片上的阴影方向也是不一致的，在 $P_1$ 像片上地物影像与阴影方向相反，在 $P$ 像片上两者方向一致。

（3）像片边缘处的地形地物构像特点。

位于像片边缘的地形地物如山坡，朝向主点一面的山坡拉得很长，背向主点一面的山坡则压缩得很紧。这种情况在判读中经常遇到。

# 二、地物判读特征

## 1. 地物影像形状

航摄像片反映地物的各种形状，形状是判读的主要标志之一。总的来看，影像形状与实地地物形状保持一定的相似关系，如线状地物（河流、道路、水渠等）和面状地物（居民地、湖泊、水库等），在像片上是容易区分的。

像片比例尺越大，反映形状特征越细致，随着像片比例尺的缩小，微小破碎的形状逐渐难于区分甚至消失，而总的形状则变得比较简单，如小比例尺像片上的树冠变成一个小圆点。

各种地物高凸不平，平的地物如篮球场，在像片上的影像形状与实地自然形状趋近一致。凸出地物的影像形状就要受投影差和阴影的影响了。有些小独立地物，如里程碑、路标、小烟囱等，影像很小，顶部形状特征不明显，甚至看不出来。另外，不同的目标可能反映为同样的形状，如长方形构像可能是稻田、旱地、苗圃，也可能是房屋建筑，相反，同一地物的影像形状也并非一样。所以观察形状特征时，必须与其他判读特征综合考虑。

## 2. 地物影像大小

构像的大小主要取决于像片比例尺。但地物起伏、地物亮度也有影响，有些地物由于反光强或尺度不大但反光强，构像大小往往超过了应有的大小，例如，坚实的谷场、草地上践踏发白的小径等（此特点在较小比例尺像片上甚为明显）。

构像大小乘以像片比例尺分母，可大致确定地物的实地大小和距离，有助于判读。

航摄像片上能够鉴别的最小标志，随物镜和摄影材料的分解力的不同而各有差异。

## 3. 地物影像色调

地面地物的自然颜色（如白色的路、绿色的树、红色的屋顶）在像片上呈现为深浅不同的黑白影像，称为色调。地面地物的颜色在黑白像片上主要由色调来反映。像片影像的色调要受地物的颜色亮度、含水量、太阳光照度、摄影季节、时间及摄影材料的影响。

1）地物颜色与色调的关系。

我国目前采用的航摄底片是全色航摄底片（黑白），它除了对红外线不感光外，其他天然颜色都能感光。但颜色不同，感光的程度不同，因此像片上呈现的色调也不同。一般来说，地物成像后，其地物的颜色与像片色调的关系如表 11-1 所示。

表 11-1　地物的颜色与像片色调的关系

| 地物颜色 | 白、黄、浅棕色 | 红、棕、深黄色 | 绿、蓝黑色 |
|---|---|---|---|
| 像片色调 | 白色或浅灰色 | 灰色 | 深灰色或黑色 |

上述为一般情况。

2）地物含水量与色调的关系。

同样颜色的地物，含水量不同，也会有不同的色调，含水量少，色调浅，含水量大，色调深。如：山谷中的干河，一般是白色的，若融雪后有水或长有小草时，影像就呈深灰色；小路多为白色或浅灰色，若路面有水就呈灰色或深灰色，干河的影像比湿河要白一些。

3）阳光与色调的关系。

（1）当底片与地物的相关位置一定时，太阳光对地物照射的角度不同，地物表面的受光量不同，反射到底片上的光量也不同，故像片色调不同。阳光与受光面垂直时，受光量最大，色调发白，角度越小，受光量越小，色调越暗。这也是同一地物在相邻像片上色调不一的道理。

（2）当阳光照射角基本一定时，由于地物自身的特点对光照的反射程度不同，往往使影像色调也不同。例如：蓄水池的水越清越深，越能吸收大量光线，色调越黑，但带少量淤泥的污水池，部分光线被淤泥反射出来，通常呈灰色，若蓄水池有大量水生植物时，则该部分色调变为淡白，其中有斑点或不整齐的线条；带白色泡沫的山地急流河，表面能反射大量光线，使色调接近于白色。

4）摄影季节等因素与色调的关系。

（1）不同地区的植被景观随着季节的冷暖变迁，有着显著的变化，使航摄像片上的色调也呈多变。同一植被在不同季节，同一季节的不同植被，影像均有差异。例如我国北方阔叶树在春季时多为浅绿色，夏季时多为深绿色，所以夏季摄的像片上色调较深，秋季时阔叶树开始变黄，而针叶树仍为深绿色，两者的色调也不一样。春季在北方荒漠地区摄影时，因地表还有一些积雪坑或盐碱地潮湿等，往往使像片影像结构比较混乱，对判读不利。

（2）摄影时间不同，常使同一地物呈现不同的色调，如长苗的旱地要比犁过的旱地阴暗，割过的草地比没有割过的草地色调明亮。

（3）还应注意目前用于航摄的全色底片，对确定光谱带中绿色浓淡程度的鉴别能力较弱，这要降低影像色调对植被类别的标志能力，如树林和灌木林等。

（4）了解季节性河流、干河在摄影时是否有水，树林在摄影时是否落叶，水库湖泊在摄影时是否涨水等情况，有助于判读。

## 4. 阴　影

阴影是高出地面的地物受阳光斜射而产生的影子，在航摄像片上普遍存在。阴影会改变地物构像的大小、形状和色调，与判读高凸地物关系密切。

1）阴形和落影的定义。

阴影根据其特性，可分为阴形和落影两部分。地物未被阳光直接照射的阴暗部分在像片上的影像，称为阴形，地物投射到地表面的影子在像片上的影像，称为落影。

阴形：散射光线所照射的地物部分在像片上的影像，色调多呈阴暗，而且经常出现在像片上，如山的斜坡阴形。阴形有助于地貌判读，如有的浅灰色山坡，被阳光照射，像片上接近白色，相邻的同样山坡，无阳光直接照射时，像片上接近黑色。但判读高大复杂的建筑物要注意区别阴形与落影。

落影：投射方向总是和太阳光线相反，有时落在相邻地面地物上使其全部或部分被遮盖。落影有不同的黑色，有时边缘模糊，其形状能显示被摄地物的侧影特点，地物离像主点越远，落影越长。

凡突出地面的地物一般都有阴形和落影，总称阴影。地物的阴形和光照部分相结合构成了地物影像，我们在像片上看到的则是地物影像和落影的总合。

2）阴影大小、地物高低与影像的关系。

地物越高，阴影越大，地物越低，阴影越小。但是反过来就不能完全成立，因为影响阴影大小的还有其他因素。

（1）阴影与阳光照射角成反比，阳光直射时无阴影，阳光斜射的角度越小，阴影越大，如图 11-2 所示。

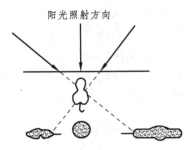

图 11-2　阳光照射方向

（2）同高的地物在同样角度的阳光照射下，在不同倾斜的地面上阴影大小是不同的，如图 11-3 所示。

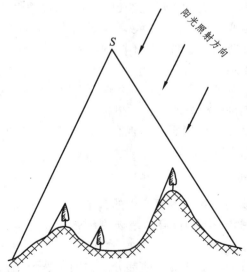

图 11-3　倾斜地面阳光照射方向

（3）地物离像主点越远，阴影越长。

因此阴影的大小不能作为判别地物高低的唯一标准。

3）在判读中阴影的利弊。

阴影在判读中的重要作用，是使高出地面的地物如烟囱、树木、房屋、陡坎、冲沟等易于判读，对于缺乏影像区别的较小的突出地物也特别有用。但阴影也有不利的地方，如高大建筑物的阴暗会遮盖小的重要地物，山头的阴影会遮盖山洞；阴影也会造成判读上的错觉，如山坡的阴影可能被误认为山坡上有植被或误认为陡坎，高凸地物的阴影可能误认为地物的影像等。所以判读有阴影的地物时，要多看立体以免造成错觉。

### 5. 相关位置

"每一事物的运动都是和它周围其他事物互相联系着和互相影响着的"。各种地面地物的关系也正是这样联系着，而不是孤立、静止的。反映在像片上的各种地物的互相关系包括相关位置的排列、距离、内在联系、分布规律等，是判读中的重要特征。对于小比例尺像片的判读和难以判定的小地物更是如此，因为像片总有一部分地物的影像是清楚的，利用这些清楚的影像，根据实地地物的相关位置，判断出影像不清的地物的位置、性质或作为判读目标的旁证依据。例如：

（1）分布在树林中色调明亮的狭长带，可设想该区内有山涧或干涸的河床存在。

（2）沙漠中几条小路通向的交点，可设想这里有水源。

（3）沿河边的带状黑色影像，可以设想是为了防止河水泛滥，保护耕地和居住区而筑的堤，黑色是堤的背光面。

（4）在戈壁滩上判定刺点目标时，必须在证明目标与周围远近地物的相关位置和距离正确无误时，才能确定其位置。

几乎大多数地物的判读都要考虑与相邻地物的关系位置和内在联系。掌握地物的分布规律则可提高判读调绘的效果。

上述 5 个判读特征可概括为总的 3 个方面，即几何特征（大小、形状）、色调特征（阴影也可属于色调这个范围）和互相关系特征。前两者可叫作直接判读特征，后者可叫作间接判读特征。

这些特征在像片判读中要综合运用，单凭一种特征是不可靠的。掌握地物构像规律，灵活运用判读特征，像片判读就能又快又准。

## 三、像片判读的方法与分类

### 1. 野外判读方法

熟悉判读的规律和方法，是完成像片刺点和调绘的重要手段。

（1）选立足点。

无论刺点或沿路线调绘都要随时了解自己的立足点在像片上的位置，立足点可选在较高处或明显地物上，以能看得远、看得清、观全局、便于定位。当目标不易判定时，不能老在一个点上，要及时活动位置，从不同的角度判断目标。

（2）由远及近。

远处容易发现地物、看清目标，近处容易判准位置，如对面山坡上成排零乱的独立灌木丛，远处看清相互关系后，到近处容易很快准确定位。

（3）由易到难。

先判定视线内的特征地形，但不能孤立只判某一地形，而要从易入手，先实地后像片，先判明显地物，后判不明显地物。

（4）标定方位。

像片方向始终要和实地方向一致，便于判别地物方向和相关位置。

（5）弄清概念。

如搞清楚像片比例尺大小等，便于利用相邻地物距离关系，定位和检核。

（6）勤看立体。

判读山头、影像不清、密集繁杂的地物、有阴影或投影差大的地物时，要勤看立体。

（7）随时检核。

根据地物的相互关系随时进行对照检核，特别在沙漠、戈壁、草地或荫蔽地区，景观相似，一时疏忽容易迷失方向或判错位置。此类地区要从明显地物开始，边走边判，逐渐向目标推移，判定目标后还要再闭合到另一明显地物点，或从几个方向向目标逐渐推移判读，确信无误为止。

总之，野外判读的大致过程是：选立足点—粗判—细判—检核。

### 2. 判读的分类

（1）按判读的方式分类。

野外判读：携带像片到野外现场进行判读。

室内判读：根据像片的构像规律和地区、地物的特点，与实地调绘的"典型样片"作比较，室内确定所需要的目标和性质。随着彩色、红外、光谱带航摄的应用，室内判读将逐步地采用。

综合判读：一部分地物在室内判读，另一部分地物在野外判读。

目前，航外生产中一般采用综合判读。对影像清晰、立体清楚的航摄资料，先在室内判读，然后在野外判读哪些影像不清，同时检核室内判读成果。

（2）按判读的目的分类。

地形判读：为满足测制地形图上所需要的各元素而进行的判读。必要时判绘像片上没有影像的地物。

专业判读：为解决某些部门的专门需要而进行的判读，如煤田开发中的地质判读以及森林判读、水利判读、农业判读、土壤判读、军事判读、……通过对像片所反映的地面景观影像的分析，揭示出各专业有关的许多规律和资料，这些资料往往是地面调查难以获得的。

# 第三节　调绘的基本知识

调绘是研究影像与地物地貌的内在联系，进行判读、调查和绘图的过程。

外业调绘主要分为像片调绘和纸图调绘两种办法。一般情况下，像片调绘主要用于中小比例尺的地形调绘，比例尺最大不超过 1∶2 000。对于大比例尺测图，如 1∶500、1∶1 000，依像片调绘则很难达到精度要求，故而采用纸图调绘的方法。但有时候 1∶2 000 也用纸图调绘。

## 一、调绘的一般方法和注意事项

### 1. 以线带面、综合考虑

沿计划好的路线调绘时，应以线带面，对两侧的地物可穿插进行调绘。首先要走到，走到是看到的前提，但不能埋头走，也不能无计划的乱走。否则，容易产生遗漏或多跑重复路。走的过程是边判边看、边记边想、边画边写、边量边问的综合思考过程，要及时判定哪些地物可选，哪些可舍，对新增地物和疑难之处要停下来重点判读。因此，调绘过程中手、脚、脑、眼、嘴都要发动起来，只有各部动作配合得好，把走、问、看结合得好，工作效率才会高。

### 2. 站位好、判读准

为了判读描绘、询问量测，调绘过程中总要走走停停，这个停的位置要视界广、易判读、看得清、看得全，而且使前后停顿所画的内容能联系起来。实地看清了但判不准，判准了却画错了的例子是经常发生的。

### 3. 远看目标清，近判绘得准

如前面村庄有一突出房屋，远看目标很明显，但进村后由于房屋密集，不一定能发现，或不甚明显，如果预先注意了，到了村庄就容易确定突出房屋的位置。

又如在这一站看到通信线在前面拐了弯，就应预先记一下，等调到那里准确刺出拐点就行了。如果事先不注意观察拐点，等走到远处发现连不上，还得往回跑，浪费了时间。如果事先未看到，事后未发现，就会画错。而通信线、电力线在地形起伏或穿过树林时它的拐点在实地是不易发现的，所以其直线段较长时，应判定三点以上连直线，如果连不成直线，说明中间丢了转折点或某一点判错。

### 4. 着铅要细、记得要清

所有调绘的地物地貌，透明纸上着铅时要细致、准确、清楚，使用铅笔的软硬要适中，防止用力过重使像片上出现沟痕，影响清绘。

走路时对所见地物要记忆清，停下来才能画得准、画得快。像片影像清晰，实地没变化的路、沟、塘、湖等，也可以不着铅，只作记号，按影像清绘；影像不清晰或无影像的地物如高压线、新增水渠等，必须全都准确着铅。容易混淆时，绘出符号或作放大示意图、说明注记等，以帮助清绘记忆。地名注记和各种数字、文字注记，要及时记载，防止搞错。

### 5. 片片清、块块清、幅幅清，不留尾巴

调绘一张像片或一块地方，要求调完整，不能丢三落四。如到了山村居民地，先问清水源之井、泉的数目和位置，否则极易遗漏；站与站、片与片之间要注意内容的衔接；调绘速度可根据地物的繁简，该快的快，该慢时就要慢一些。

### 6. 询问群众，弄清疑难

调绘中对于不易发现的荫蔽地物（如山洞、泉水等），往往因不了解当地情况，容易遗漏。当地群众对周围地理情况最清楚，能给我们提供许多有价值的材料。所以必须深入群众作调查，了解情况，发现疑难、解决疑难。

### 7. 发挥翻译、向导的作用

翻译和向导比较熟悉当地的情况，对于荒漠地区的调绘和地理名称的调查、译音是很有帮助的。

上述几点概略介绍了调绘的一般方法。由于地区不同，其方法也不是一成不变的，随着实践过程中人们认识的不断深化，经验不断丰富，需要我们不断总结，并加以应用。

## 二、图式符号与简化符号的运用

为了把地表各种物体缩小描绘到地形图上并表示其实地位置而规定统一的形象的符号，就是地形图图式符号。地形图图式符号既是测制、出版地形图的基本依据之一，也是使用和识别地形图的重要工具。因此，在外业调绘过程中要正确理解并正确运用地形图图式。

### 1. 图式符号的分类

图式符号基本分为三类：

（1）依比例尺表示的符号：用来表示较大面积的地物。符号之大小、形状和实地物体大小、形状按比例缩小，如树林、湖泊、居民地等。它能较全面地表示出地物的主要特征、轮廓形状、位置、大小、数量和质量等。

（2）不依比例尺表示的符号：用来表示物体的位置和性质，不能表示其轮廓和大小，符号的大小形状不是实地物体按比例缩小的尺寸，如独立小屋、独立树、烟囱等。

（3）半依比例尺符号：物体的长度按地形图比例尺缩小表示，宽度不依比例尺表示，多用来表示狭长地物，如铁路、管道等。

### 2. 图式符号的运用

地球表面的地物地貌种类繁多、形状各异，且面积大小不同，而图式符号多数是参照地物的平面形状、侧面形状或按照地物的有关意义制定的。因此，地形图图式不可能囊括地表上千万种地物地貌，这要求我们在运用图式符号时，既要遵守图式的一般规定，又要从实际出发，分析和研究地物地貌，正确地运用图式中的不足。一般有两种情况：

1）实地的地物地貌在图式上没有相应的符号。

首先应分析地物地貌的性质、特征及用途，考虑是否可用基本相似的其他符号表示；当确实不能反映实际情况时，可根据专门的需要，补充设计符号，此时应在上级有关部门批准后，于技术设计书中作出规定，并于调绘片上说明，在地形图外作图例说明。但一般不要增设更多的新符号，以免造成混乱。

2）使用与说明不具体。

图式对每个符号都有简要说明，但因我国幅员辽阔，地物地貌种类繁多，各地情况又不完全相同，不可能都规定极严格的标准和作详尽的说明，图式解说只适合于一般情况。所以当规定不够具体，不知道该用哪个符号表示才恰当时，要作具体分析，从用图目的着眼或考虑特殊情况，要看主要条件是否合乎标准。例如庙宇已失去了外形特征，可用一般房屋表示，如是著名的庙宇或仍有庙宇特征且有方位作用时，则仍按庙字符号表示。

### 3. 简化符号的应用

像片调绘的清绘整饰可以采用简化符号，并在设计书中作出明确规定。简化符号有街区、通信线、电力线、铁路、公路、土堤、路堤、滑坡、地类界及植被、干出滩、地貌及土质等。所有简化符号及注记一律采用红色。使用简化符号时须注意下列几个问题：

1）简化符号只适用于不直接制图的外业调绘，如果直接用于制图，则不能采用。

2）采用简化符号后，应不致引起后工序的误解，不应导致符号移位和影响实地情况的变化，不致与正规符号互相混淆。例如：

（1）两条平行道路，其间隔（以道路中心计算）在图上小于 1 mm 时，不能使用简化符号。这是因为：

一是外业虽然可以用简化符号绘出，但内业处理有极大困难，如在 1∶10 000 图上公路符号的宽度是 0.8 mm，两条平行公路的符号最低限度是 1.4 mm（可省略一条线 0.2 mm），如果在两中心线小于 1 mm 的情况下采用了简化符号，内业成图时必然要扩大描绘，扩大后可能与道路旁的地物发生矛盾，而这样的矛盾内业是无法处理的。二是两条平行路的中心线小于 1 mm 时，属于不能同时依其本身符号描绘的范围，这时，高一级道路要按真位置描绘，低一级道路可省掉一条边或移位表示，这在外业也必须处理好，否则，使用简化符号，内业也是无法正确处理的。

（2）使用各种铁路和公路的简化符号时，符号的中心线应与道路的中心线一致，但符号应加粗到 0.5 mm，以便正确表示道路两侧地物之间的相关位置。道路上如有路堤，可直接用黑色短线绘在简化符号的边缘。

3）窄轨铁路、轻便铁路均采用同一种符号表示，分别注记"窄轨""轻便"等字样。

4）地类界及其植被使用简化符号时应注意：

（1）地类界的红色细实线要与公路的红色实线相区分，描绘时地类界的线划要细一些，公路的线划要粗一些。

（2）地类及其植被使用简化符时，不绘植被符号，只加文字与数字注记。

（3）简化符号与正规符号不能混杂使用。例如地类界用红色而文字与数字注记用黑色，或地类界用黑色点线而文字数字注记用红色，或地类界和注记用红色又同时加绘植被符号等表示方法都是错误的。

但小面积的地类界及其植被可用红色绘出地类界，内部可加绘相应的植被符号。

（4）若地类界内有两种以上植被时，使用简化符号要正确反映出地类界中植被的主次关系，否则不应使用简化符号，而以正常符号描绘。

（5）全片或面积较大有明显界线的同一植被、土质等，可不绘符号，在调绘面积线外用红色注记说明，如"全片为草地""除用相应土质符号表示者外，均为戈壁滩"等。

总之，使用简化符号，既要有利外业工作，又要使图面统一、清晰，保证航测内业制图作业时不致误解。

## 三、像片调绘的综合取舍

地形图的负载不可能将地面上各种地物地貌的碎部完全表示出来，如果图面显示过密，会造成主次不分，影响清晰，所以在外业调绘中要进行适当的综合取舍。

所谓综合，就是根据一定的原则要求，在保持地物地貌原有的形状、轮廓、密度等特征的同时，进行形状和数量上的概括；所谓取舍，即在进行综合的过程中，部分重要的要选取，予以表示，部分次要的要舍去，不予表示。

综合取舍的目的就是根据用图需要、地区特征、规范图式要求，将地物地貌合理准确地显示到地形图上。主要原则是：取突出明显的，舍不明显的；取主要的，舍次要的；取大的，舍小的；与用图直接有关的优先表示，一般的可酌情取舍。

对 1∶2 000、1∶5 000、1∶10 000 比例尺测图调绘中的综合取舍，原则采用以取为主，舍去和综合为辅，前者是多数情况，后者是个别情况。

总之，综合取舍中的"取"与"舍""合并"与"保留""准确"与"相对位移"是相比较而言，是一分为二的。什么情况下可舍，什么情况下可以综合，什么情况下不应综合，必须用对立统一的观点、辩证唯物的方法，经过实地的调查和分析思考，才能作出结论。

### 1. 综合取舍的基本依据

1）地物对成图用途的作用对综合取舍的影响。

我们测制的地形图，要求满足城市规划建设、房地产管理、地质勘探等部门的需要。用图部门不同，对地物地貌表示的要求也不同，但都要在保持图面清晰、内容完整的前提下，优先选取本部门用图直接有关的地物。所谓"有关"与"无关"是相比较而言，有的大些，有的小些。所以突出重点、兼顾一般是一般的原则。突出重点：不是不要一般，不能对一般地物弃之不管，但又不能将一般看成主流。

2）比例尺大小对综合取舍的影响。

（1）成图比例尺。

不同比例尺的地形图要求表示的内容的详简程度和自身图面负载量各有差异，一般来说，比例尺越大，表示地物地貌应越详细一些，越能显示其碎部。如 1∶10 000 比例尺地形图，其综合取舍要比 1∶2 000 比例尺地形图要大。

（2）像片比例尺。

像片比例尺往往比成图比例尺小，调绘片上地物符号的间距到成图上一般要有放大，有时使有些地物的相关位置产生明显变形。

所以，野外调绘中进行综合取舍时，必须随时考虑像片比例尺和成图比例尺的关系，要明确图式、设计中规定的尺寸是指成图比例尺，应随时把成图上尺寸概略换算为实地距离和像片上尺寸进行比较，当地物密集时，调绘片上的符号应适当缩小，符号的重心位置要判绘准确。

3）地物的相对密度对综合取舍的影响。

地物的密度不同，取舍的要求也不同。地物密集时舍去相应多一些，地物稀少时舍去应较少，戈壁、沙漠、雪山等地区的地物一般不应舍。在图上能同时按真实位置表示其地物符号时，一般不舍，次要的可舍去或位移。同一地物符号分布的稀疏程度应和实地分布的密度相对应，如大片梯田区，若有的地方梯田选得很密，有的地方不选，结果则使图上分布与实地分布出入很大。所以，如何保持地物分布的相对密度是需要随时考虑到的问题。

4）地区、地形的特点对综合取舍的影响。

我国各地区，地形的差异很大，不仅山地、丘陵、平原有明显的差别，同样是山地、丘陵、平原，由于所处的地区不同，差异也很大，如北方之平原，平坦开阔，江河较少，道路四通八达，多旱地，南方的平原多水稻田，江、河、湖较多，乡村路较窄。所以分析不同地区、地形对地物综合取舍的影响是必要的，同一地物在有些地区很重要，而在另一地区就不那么重要了，如水井、小路等。水井在黄土高原及沙漠等缺水地区是主要水源，要详细表示，而在水网发达的平坦地区，就可以摘要表示；小路在高山丛林区是主要信道，一般均应表示，但在交通发达的城郊，就成为次要的，只摘要表示。

上述 4 个因素是互相联系、互相制约、互相影响的，构成了综合取舍总的原则要求，当我们在实际作业中进行综合取舍时，应从这 4 个方面全盘考虑。

**2. 综合取舍中需注意的问题**

综合取舍的过程，也就是去粗取精的过程。经过综合取舍，必须做到：位置准确，重点突出，主次分明，形态逼真。因之应处理好下述关系：

（1）"真实位置"与"相关位置"的问题。

综合取舍中，"表示""舍去""适当位移"时，要处理好"真实位置"和"相关位置"的关系，即重要地物的位置要确保准确，次要地物须要适当位移时，须保持相关位置正确，不失总貌的轮廓特征。如河流、小路并行紧靠陡坎时，河流保持真实位置，小路与河不能重叠，陡坎可适当位移。工矿区的烟囱、井架、水塔、主厂房等，必须按真位置表示，附近的次要地物可舍去或适当移位，移位后要保持相关位置准确。

如果单纯地、机械地强调"真实位置"，有时可能破坏总的轮廓特征。如果过分强调"相关位置"，不首先注意真实位置的准确性，就失去了意义。所以"相关位置"必须以"真实位置"为前提，即"准确"中有"相似"，"准确"是基础。

（2）主要特征和细小特征的问题。

野外观测地形时，首先看到的是大的特征，实地对图也是以主要特征来识别的。所以，如在表示居民地轮廓时，大的拐角必须表示，小的拐角（凸出凹进部分）可以舍去或合并，还应注意面向道路一侧即正面的形状特征。若合并或舍去影响了总的轮廓特征时则不应合并，如学校、厂矿等建筑规则的散列式居民地，可按半依比例尺晕线房表示，又如几个紧靠的水塘不能并成一个大水塘，靠近的几个水窖就不能合并成一个大水窖，它们只能取舍而不能合并。这因为合并表示的地物，不能过分夸大，不能改变相对位置，不能失去总的特征。

综合取舍既是个工作方法问题，也是思想方法问题。调绘作业中天天都要遇到综合取舍，需要在实践中考察和分析，不断总结和积累经验，使测出的地形图能准确反映实际，更好地满足国民经济建设用图的需要。

## 四、地图要素判绘的要点

利用航摄像片，进行地形判读调绘，主要包括下列几个方面：一是调查和研究地面的各种地物地貌的性质、质量数量特征和分布情况，依据图式的解说和规定，正确使用地形图符号显示于像片上；二是随着成图比例尺、用途的不同，正确掌握综合取舍的尺度，熟悉各要素的表示要点；三是掌握航摄像片的地物构像规律和各元素的影像特征，从而准确地判别和描绘，通过野外的观察对比、调查分析和室内清绘来完成上述工作。这就是说，在调绘中必须注意：判读描绘的准确性、测图内容的完整性、综合取舍的合理性、运用符号的统一性、图面整饰的清晰性。

### 1. 各类地物要素判读

各类地物要素判读的具体要求这里不再累述，参见规范要求。

### 2. 注记的调绘

注记是地形图的主要内容之一，是判读地形图的直接依据。注记包括自然地理名称注记、说明注记和各种数字注记。注记的名称应与当地各级政府核定的名称一致。名称注记使用的简化字，应按国务院有关规定执行。

### 3. 新增地物补测

按规范规定，外业离开测区前，新建地物一般都应补调。目前使用的办法一般有两种：一种是利用影像清晰的地物为已知点，获取地物点间的距离；另一种是利用仪器获取新增地物的坐标。

例如：在图形上缺失的地物，需要实地补调，使用距离量测的方法表示出具体位置，方便于内业处理。每定位一个点须两条以上的栓距；定位一个矩形房子至少需要定位两个长边上的点，还要量取该房子的长宽尺寸。如图 11-4 所示：①、② 为已有房，③ 为新增房，要定位新房③，首先须量取 $AE$、$BE$、$AF$、$BF$ 四条栓距，用来定位 $A$、$B$ 两点，还要量取③房的长和宽 $AB$、$AC$（$AB$ 边是多余条件，可以检查栓距的可靠性）。

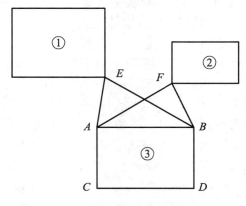

图 11-4　缺失地物补调

## 五、室内整饰、自检及修改

外业调绘的地物、地貌、名称和数据，要在像片上进行清绘，这一工序的质量好坏，将直接影响成图的质量。如果在野外调绘方面做得很好，但在清绘时绘错了位置，用错了符号，忘了描绘，描绘得不清楚，或名称注记的字写错了，都会影响内业工作和成图质量。所以，在清绘过程中必须认真、细致、准确，保证符号和注记正确可靠、不错不漏、清晰、易读、整洁美观。清绘的成果，不但自己能看懂，还要使作业时不发生任何怀疑，能够一目了然。整饰交代不清，常给内业带来不应有的困难或造成错误。

**1. 像片清绘的一般要求**

（1）当天调绘内容最好当天清绘，最迟不能超过第三天，做到"天天清，片片清，幅幅清"。加强清绘中的自我检查。

（2）符号的中心位置要准确，各种符号的中心点按图式规定绘出。

（3）各种地物符号的相互关系要交代清楚，清晰易读，符号之间一般要留 0.2 mm 的间隔。符号要正规，否则使内业无法辨认地物的方向、性质，无法明确其大小，甚至造成错误。如不依比例尺表示的独立小屋绘成正方形、圆形、过大、过长等；依比例表示的房屋不绘晕线，或棚房、破屋整饰不清时，就混淆而不易区分；围墙符号不正规易和人工梯田、加固岸等混淆。

（4）注意符号的避让关系：如将沟谷内的小路、小河绘重叠，使内业难以确定小路在小河的哪一侧。

（5）字迹不清、滥用简化字易使内业产生误认误解。所以简化字以文字改革出版社公布的为准，对难字、地方字特别要写清楚（新华字典上没有的地方字要加注说明）。

（6）要突出容易混淆等级的符号特点：如公路和简易公路，前者符号是双线等粗，后者以一粗一细，与前者相区别；大车路、乡村路与小路以虚线符号实线部的长短不一相区别。

**2. 清绘的方法、自查及修改**

清绘前先要对调绘内容参考透明纸上的标记很好地看一遍，概括回忆，全面了解，做到心中有数，准备好工具，再配合立体观察，开始清绘。像片清绘应该层次分明，有条不紊地进行。由于各人的作业习惯和经验不同，清绘的步骤和方法也不相同。

（1）按调绘路线清绘：这是通常采用的一种方法，边回忆，边清绘，并参考透明纸上标记的内容进行检查。

（2）按颜色清绘：依次按黑色、绿色、棕色、红色和浅蓝色描绘。

（3）按制图清绘顺序清绘：顺序一般是水准点、三角点、独立地物、居民地、道路网、水系、地貌符号、名称注记、地类界和植被等。

清绘时勤看立体。描绘水系、陡崖、高大建筑或影像不清的地物时，要勤看立体，否则容易造成位移。

不论采用何种方法，都应该边清绘，边检查，绘完一块自查一块。检查方法有：根据调绘路线回忆检查；利用像片上的透明纸对照检查；利用像片上的铅笔痕迹反光检查；观察立体检查等。如果发现对某些地物有怀疑且室内回忆不清时，应在第二天到野外核实，及时纠正差错。没有疑问的也要在野外调绘时顺路自查。清绘完毕后应将多余的铅笔线条擦去，以免内业误认。

**3. 符号尺寸、颜色的使用**

（1）符号尺寸尽量按图式规定描绘。不依比例尺描绘的同一种符号，大小要一致，像片比例尺大于成图比例尺时，符号可相应放大。像片比例尺小于成图比例尺时，符号尺寸可适当缩小。

（2）颜色规定：图式上的深蓝色符号和注记，清绘时改用深绿色绘注，但双线河、双线运河、湖泊、海岸、池塘、水库的岸线用黑色，水部普染成淡蓝色，大面积的水部可只在岸线附近普染。名称注记颜色：山名用棕色，水系名称用绿色，特殊注记和调绘面积线外的说明注记用红色；简化符号用红色；等于或小于 0.7 mm×1.0 mm 的独立小屋（不论新增还是非新增）和新增的依比例尺表示的房屋（包括晕线）用红色；其他用黑色。

（3）必须用不退色颜料进行清绘整饰，自制不褪色的颜色配方为在水彩颜料中加入 2%的重铬酸钾（红矾）饱和溶液，或 2% 的甲醛溶液（福尔马林）。要注意水彩颜料中必须有适量的明胶成分。

### 4. 接 边

调绘片之间、测区之间和已成图的接边工作很重要。由于作业时间不同、作业员不同或摄影时间不同，往往造成接边矛盾，同一作业员的调绘片，也会因工作的疏忽造成接边矛盾。产生接边矛盾的原因：一是没有走到或走到了没有看清，判读不准；二是描绘不细致；三是不同作业员对地物综合取舍、道路等级区分标准等的认识和掌握不一致。接边问题外业不解决好，就会给内业成图和用图带来困难。因此，必须加强自查和互查，以保证接边无误。

1）同期作业的片与片的接边。

各片都应调绘到调绘面积线，经清绘后在室内片片接边，当发现矛盾时，应到野外核实。特别要注意：

（1）地物衔接位置要一致，特别是线状地物（如道路，河流，堤等）要严密衔接，不能互相错开，形状与宽度要一致（如双线河、渠的宽度，地类界形状等）。

（2）道路的等级要一致。

（3）地理名称、数字注记要一致，如同一路堤的比高，一片注 5 m，邻片靠得很近处却注 2 m，显然是不合理的。

（4）地类界和植被（包括植被性质注记）要一致。

（5）通信线、电力线在接边处不管有无拐点，均应在调绘面积线外判刺一个电杆位置，即应多调出一段，以便于接边，确保管线、垣栅的直线性。

2）与同期成图的调绘接边。

（1）与同期成图，同时施工，由于外业施工单位不同，双方应在作业前达成协议，确定接边工作谁来做，然后由接边单位处里接边的一切事宜。

（2）与同期成图，由于外业施工时间前后不一，后期施工的单位应在作业前抄边。若接边确有问题，应通知外业已完成的单位。

（3）遇新增地物时，不管外业是否完成，若接边互差小于图上 1 mm 的，各改一半，超过 1 mm 时应实地检查改正，并将情况在像片边缘和总资料说明中注明，以便内业作相应改正。

3）与已出版地形图的接边。

一般地物拼接的互差小于图上 1 mm 时，只改正补、测图幅。重要地物如确系出版图错漏，应以补测图为准，如出版图质量极差或新增地物过多，接边确有困难时，后期成图图边按"未测图边"处理，并在调绘面积线外注明不接原因，成图时在图廓线外也应注明不接原因。

4）自由图边和未测图边。

自由图边是无航摄资料且暂不成图的测区边线，未测图边是有航摄资料但尚未进行航测外业施工的测区边线。后者要求用余片转绘留边。同时用红色分别注明"自由图边""待测、已抄边"等字样。

# 六、地形图调绘注意问题

## 1. 地形图调绘的概念

目前大比例尺航测成图项目一般采用地形图调绘的方法，即首先由内业根据立体模型进行全要素采集，采集完成后打印两套（一套供现场调绘，一套供清绘）采集原图，由外业调绘员持采集原图到野外现场巡视调绘；对于零星新增、变化、遗漏地物用皮尺进行勘丈补绘；对于大范围新增地物则用仪器野外实测其轮廓坐标，结合勘丈尺寸定位或用平板补测。同时在地物密集地区可采用水准仪直接在图上测量高程注记点。在地物稀少，不易判定准确位置的地方用全站仪测定带平面坐标的高程注记点，展点标注即可（地物密集处也可用此法）。

## 2. 外业调绘应注意的问题

（1）道路等级调绘清楚。

铁路：调绘铁路时应注意区分标准轨、窄轨铁路，并调绘清楚是否为电气化铁路；有专有名称的还应调注专有名称；铁路及火车站的附属设施外业应根据设计的要求表示清楚。

公路：公路按技术等级分为高速公路、等级公路和等外公路，按行政等级分为国道、国道主干线、省道、县道、乡道、专用公路和其他公路。公路的行政等级、线路编号一般在公路里程碑上有反映，如"G110线"就是国道110线。公路的技术等级可根据已有资料、地方的交通图等从整体考虑，并和甲方沟通决定。高速公路从中间向两边应分别表示隔离带、路边线、栅栏（钢板）、路堤、排水沟（干沟）、铁丝网等，如图11-5所示。一级公路的表示方法（有隔离设施的），如图11-6所示。

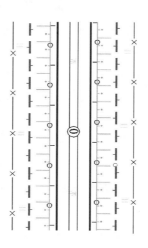

**图 11-5　高速公路结构**

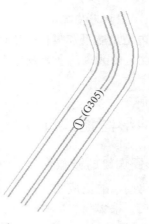

**图 11-6　一级公路表示方法**

二至四级公路及无隔离设施的一级公路的表示方法如图 11-7 所示。

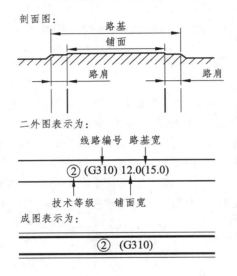

**图 11-7　二至四级公路及无隔离设施一级公路**

（2）房檐宽度注记要严格按设计书的规定执行。

调绘过程中房檐宽度的表示非常重要，因为在内业立体采集的过程中，只能量测到房檐外侧，而实际房屋的位置以墙体为主，需要去掉房檐宽度。外业调查房檐宽度方便于内业处理，具体处理方法如图 11-8 所示。

（3）补调的地物定位数据必须充足。

### 3. 调绘主要内容

（1）对图上所有地物定性调绘，对已拆除或实地不存在的地物（地貌）逐个打"×"。图上不能出现既没打"×"又没定性的线条。

（2）对摄影死角，影像不清及阴影下的地物进行定位、定性调绘。

（3）补测、修测内业数据采集中漏采、采错、变形的地物。

（4）逐个调绘建筑物结构性质、房屋层次、量注房檐。

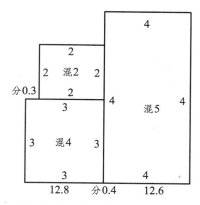

注：分0.3、分0.4表示建筑分离距离

**图 11-8　房檐宽度及相邻房屋关系**

（5）调绘房屋附属设施，如阳台、檐廊、挑廊、廊房、柱廊、门廊等。

（6）补测必要的新增地物。

（7）调注地理名称，如单位、道路、街道、河流、湖泊、水库、铁路、桥梁、山脉及其他专有名称。大比例尺测图中视需要情况调注二级单位名称，如大礼堂、车间、仓库等。

（8）对采集图上的道路等级定性、定位、量注宽度。

（9）对电力线、通信线、各种检修井、污水篦子、隐蔽地物等按规定进行定位、定性，遗漏的要补调。调绘各类土质、植被，补调各类独立地物。

（10）在 1/2 等高距区域根据设计书规定，用水准仪或全站仪测定高程注记点，并注在图上相应位置，特别是在一些特征点上应测注高程。

# 第四节　像片控制点的布设

像片控制测量是为测图或解析空中三角测量内业处理提供必要的地面控制点的过程。像控点主要分为平高控制点、平面控制点、高程控制点。在生产中为了方便区分，一般用 $P$ 代表平面控制点、$G$ 代表高程控制点、$N$ 代表平高控制点。像片控制测量主要分为布点方案选择、选点、测点、刺点、整饰几个过程。

## 一、像片控制点布点要求

（1）像片控制点的目标影像应清晰，易于判别；目标条件与其他像片条件矛盾时应着重考虑目标条件。

（2）布设的控制点宜能公用。

（3）控制点距像片边缘不应小于 1 cm（18 cm×18 cm 像幅）或 1.5 cm（23 cm×23 cm 像幅），综合法成图的控制点距航向边缘不应小于上述规定的 1/2。

（4）控制点距像片的各类标志应大于 1 cm。

（5）控制点应选在旁向重叠中线附近，离开方位线的距离一般应大于 3 cm（18 cm×18 cm

像幅）或 5 cm（23 cm×23 cm 像幅），旁向重叠过大时，可大于 2 cm （18 cm×18 cm 像幅）或 3 cm（23 cm×23 cm 像幅）。因旁向重叠较小，使相邻航线的点不能公用时，应分别布点，两点裂开的垂直距离在像片上不能大于 2 cm。

（6）位于自由图边、待成图边以及其他方法成图的图边控制点，应布设在图廓线外 4 mm 以上。

## 二、像控点的布点方案

像控点的布点分为全野外布点和非全野外布点。在测图区域比较小、内业加密条件有限的情况下，可以采用全野外布点的方法。（以下各图中：·高程点、○平面点、⊙、平高点、□像主点）

### 1. 全野外布点

（1）综合法成图。

像片纠正时，每一隔号像片四个角上各布设 1 个平面点（图 10-9）。若需分带纠正，图 10-9 的平面点均应改为平高点。当航线间像片交错，控制点不能共用时，应分别布点。

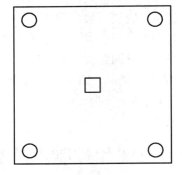

图 10-9　综合法成图布点

（2）微分法成图。

每个立体像对应布设 4 个平高点和 1 个高程检查点（图 10-10）。高程检查点应位于垂直于航向的两行平高点的大致中央。左右偏离时，距垂直于航向的两行平高点连线应分别大于基线长的 1/3。当检查点在方位线两侧的两个高程点连线之外时，离开连线不应大于 1 cm（图 10-11）。

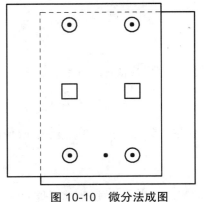

图 10-10　微分法成图

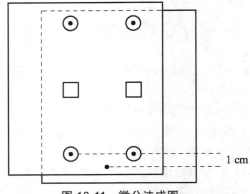

1 cm

图 10-11　微分法成图

（3）全能法成图。

每个立体像对的测绘范围内布设 4 个平高点（图 10-12）。多倍仪测图时，可采用每隔号像片测绘范围内 4 个角上各布 1 个平高点的双模型布点。

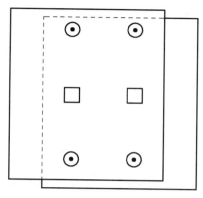

图 10-12　全能法成图布点

（4）高程全野外布点。

微分法成图和全能法成图所布设控制点，如果平面位置由内业加密完成，则仅高程部分由全野外施测，图 10-10～10-12 中的平高控制点改为高程控制点。

（5）点位的要求。

除满足以上规定外，用于立体测图的 4 个定向点点位离通过像主点且垂直于方位线的直线不大于 1 cm，困难时个别点可不大于 1.5 cm。4 个基本定向点宜尽量成矩形分布，相互间高差应尽量小，微分法成图中高程检查点与像对内 4 个定向点的高差应尽量大。

### 2. 航线布点

（1）一般以两幅图为单位，困难地区 1∶100 000 以三幅图为单位。每条航线应布设 6 个平高点（图 10-13）。当使用宽角航摄仪进行摄影时（焦距 100 mm 以上），应在航线两排平高点的中线附近加布 1 个高程点，见图 10-13 的"×"处。

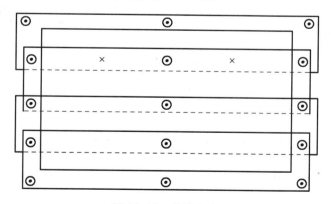

图 10-13　航线布点

（2）每条航线相邻两点或两对控制点之间的距离可按规范要求计算。当平面与高程允许距离发生矛盾时，应以高程为准。

（3）控制点的点位除满足基本的要求外，还应满足下列条件：

① 航线两端的上下对点应位于通过像主点且垂直于方位线的直线上，互相偏离一般不应大于半条基线，个别最大不能超过 1 条基线。

② 航线中间的两控制点，布设在两端控制点的中线上，其偏离一般不超过左右 2 条基线的范围；困难地区偏离不超过左右 3 条基线，其中一个控制点位于中线上或两个控制点同时等距离向中线异侧偏离，两控制点同时向中线一侧偏离时，不能超过 1 条基线。

（4）航线较短时（只有 3~5 条基线），可布设 4 个平高点加 1 个高程点（图 10-14）。中间的高程点应布在中线上，其偏离不能大于 1 条基线。

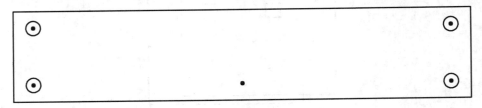

图 10-14　短航线布点

### 3. 构架航线布点

（1）困难地区 1∶100 000 测图，采用垂直于测图航线的构架航线进行加密成图。

（2）每条控制航线应布设 6 个平高点。相邻两个控制点或两对控制点之间的距离按规定执行。控制航线之间的距离根据测图航线加密要求按规定执行。控制航线控制点的点位要求应符合规范规定。

### 4. 区域网布点

（1）区域网的划分。

区域网的划分应依据成图比例尺、航摄比例尺、测区地形特点、航区的实际分划、程序具有功能等全面进行考虑，根据具体情况选择最优实施方案。为方便作业和保持图内加密精度基本一致，区域网宜以横两幅纵两幅进行划分。也可不按图幅而按航线段或航摄分区划分区域网。

（2）区域网平高点的布设。

区域网平高点应按周边进行布设。当航摄比例尺等于或小于成图比例尺，区域网航线数为 6 条及以下时，周边按不少于 6 个平高点进行布设（图 10-15）。当航摄比例尺大于成图比例尺时，区域网航线数为 4 条及以下，周边按不少于 6 个平高点布设（图 10-16）。当区域网航线数为 6 条（或 4 条）以上时，周边按 8 个平高点布设（图 10-17）。

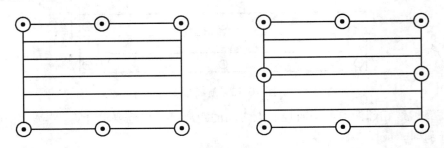

图 10-15　区域网平高点的布设

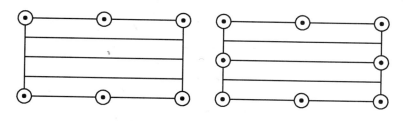

图 10-16　区域网平高点的布设

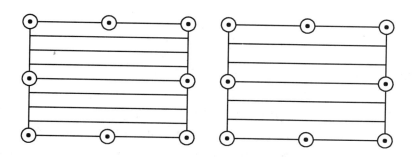

图 10-17　区域网平高点的布设

（3）控制点间的基线数。

区域网中，平高点间和高程点间的基线数可按规范要求计算后适当放宽。区域网每条航线首末上下均应布设高程点。

（4）不规则区域网布点。

因受地形等条件限制时，可采用不规则区域网布点，在凸角转折处布平高点，凹角转折处布高程点。若凹角转折点与凸角转折点之间距离超过 4 条基线，在凹角转折处应布设平高点。区域周围两控制点间沿航向方向的跨度超过 7 条基线时，应在中间补加 1 个高程点，如图 10-18 所示。

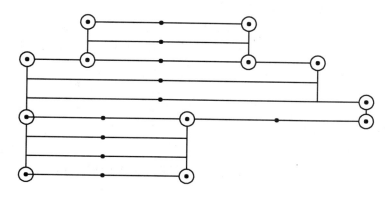

图 10-18　不规则区域网布点

（5）补飞航线结合处布点。

区域网中补飞航线结合处的布点应保证连接精度，一般可在结合处加布 1 个平高点，如图 10-19 所示。

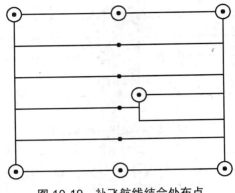

**图 10-19　补飞航线结合处布点**

### 5. 特殊情况的布点

1）航摄分区接合处的布点。

两航摄分区使用同一类型的航摄仪器，焦距之差小于 0.03 mm，航向重叠正常，旁向衔接错开小于 10%，衔接后的弯曲度在 3%以内，航高差在摄影时平均相对航高的 1/50 以内时，可视为同一航线布点。否则，控制点应布在航摄分区分界的重叠部分内，相邻航线应尽可能公用，如果不能公用，应分别布点，并注意避免产生控制漏洞。

2）航向重叠不够的布点。

存在航摄漏洞时（航向重叠度小于 53%），应以漏洞为界分段布点，漏洞部分采用单张像片测图或平板仪测图方法解决。

3）旁向重叠不够的布点。

航线个别像片旁向重叠小于 2 cm 而大于 1 cm，且影像清楚时，应在该重叠部分补测 1~2 个高程点；如果影像不清楚或重叠小于 1 cm，重叠不够部分可采用单张像片测图或平板仪测图方法解决。

4）像主点和标准点位落水的布点。

像主点和标准点位落水的布点要求：

（1）点位落水时（像主点或标准点位处于水域内，或被云影、阴影、雪影等覆盖，或无明显地物时），当落水范围的大小或位置尚不影响立体模型连接时，按正常航线布点。当落水范围的太小或位置影响立体模型连接时，应分段布点。

（2）像主点 1 cm 范围内选不出明显目标时，落水像对应全野外布点。

（3）定向点的标准点位为落水区，在离开像主点 4 cm 以外的三片重叠范围内选不出连接点时，落水像对应全野外布点。

5）水滨与岛屿的布点。

水滨和岛屿地区，应按全野外布点，以能最大限度控制测绘面积为原则。超过控制点连线 1 cm 以外的陆地部分应加测平高点。当一张像片内大部分是水域，只有个别零星分布小岛，难以按规定布点时，外业布点应以能控制岛屿的大小、方位和高程为原则酌情布设 2~4 个平高点。

## 三、在像片上选点

像片选点指在布点方案确定后，满足规范各种要求的情况下在像片上初步圈定野外控制点的大概位置。选点是拟定技术计划的基础，选点的质量直接影响成图的精度，同时也直接影响外业测量工作，因此必须耐心细致全面地考虑问题，才能获得最好的位置。像片选点一般应考虑以下问题：

（1）选点必须满足布点方案的要求。

（2）选点应满足野外控制点在像片上的基本位置要求。

（3）选点应考虑刺点目标的要求。

（4）选点应考虑实际施测的可能。

（5）选点还应考虑已有大地点的利用。

## 四、制订野外控制点联测计划

制订控制点联测计划一般在老图上进行，因此在像片上选出控制点后，还要将这些控制点转标在老图上。然后在老图上，根据大地点和控制点的分布情况，结合地形特点、控制点的性质和精度要求，综合考虑，比较合理地制订全部控制点的平面和高程联测计划。联测计划包括联测方法的选择和按规定确定具体的联测图形或联测路线。在测区平坦的情况下，可考虑采用全站仪导线施测，一般情况下，目前都适用 GPS 进行施测。

联测计划图系临时性用图，在实际作业中还会有些变动，因此在全部控制测量完成后，应根据最后施测的情况重新绘制"野外像片控制点联测图"，附于"测量计算手簿"目录之后第一页，以供之后工序参考。

# 第五节　野外像片控制测量的实施

## 一、像控点的实际选定

在室内拟定像片控制点联测计划后，已经在像片上确定了这些控制点的概略位置，这就需要在实地测定这些控制点的坐标和高程。另一方面，像片上在室内预选的像控点和在已有地图上室内拟定的联测方案，不一定都符合实际情况，必须到野外对预选控制点进行核实确定，对存在的问题进行纠正。实际选点时应着重考虑以下问题：

（1）首先勘察已知控制点，以熟悉测区已知控制点的情况。

（2）根据像片上预选控制点的影像，经实地判读、反复对照，辨认出所预选的像控点在地面的位置，并核对点位是否满足刺点目标的要求，以及摄影后刺点目标有无变动和破坏。

（3）根据拟定的联测方案在该内业选定的像控点区域选择明显地物点作为像控点，并检查此点是否方便于测量（例如导线测量是否通视，GPS 测量是否满足 GPS 测量的要求），若满足测量的要求则采用设计好的测量方法进行测量。

## 二、刺点目标的选择要求

为保证刺点准确和内业量测精度，对刺点目标应根据地形条件和像片控制点的性质进行选择，以满足规范要求。

平面控制点的刺点目标，应选在影像清晰、能准确刺点的目标点上，以保证平面位置的准确量测。一般应选在线状地物的交点和地物拐点上，如道路交差点、固定田角、场坝角等，此时线状地物的交角或地物拐角在 30°～150°，以保证交会点能准确刺点。在地物稀少地区，也可选在线状地物端点、尖山顶和影像小于 0.3 mm 的点状地物中心。弧形地物和阴影等均不能选做刺点目标，这是因为摄影时的阴影与工作时的阴影不一致，而弧形地物上不易确定其准确位置。

高程控制点的刺点目标应选在高程变化不大的地方，这样，内业在模型上量测高程时，即使量测位置不准，对高程精度的影响也不会太大。因此，高程控制点一般应选在地势平缓的线状地物的交会处、地角等；在山区，常选在平山顶以及坡度变化较缓的圆山顶、鞍部等处。高程变化急剧的斜坡等，均不宜选作刺点目标。

平高控制点的刺点目标，应同时满足平面和高程两项要求。

## 三、实地刺点

野外像控点的目标选定以后，应根据像片上的影像，在现场用刺点针把目标准确地刺在像片上。刺点的精度直接关系着航内加密成果的精度和在仪器上测图的精度。刺点时要注意以下几点：

（1）应在所有相邻像片中选择影像最清晰的一张像片用于刺点。

（2）刺孔要小而透，刺孔直径不得大于 0.1 mm。

（3）刺孔位置要准，不仅目标要判读准确，而且下针位置也要准确，刺点误差应小于像片上 0.1 mm。

（4）同一控制点只能在一张像片上有刺孔，不能在多张像片上有刺孔。

（5）同一像片控制点在像片上只能有一个刺孔，以免内业无法准确判读。

（6）所有国家等级的三角点、水准点及小三角点均应刺点。当不能准确刺出时，对于三角点、小三角点可用虚线以相应符号表示其概率位置，在像片背面写出点位说明或绘出点位略图。

（7）各类野外像控点根据刺孔位置在实地标记，以备施测时使用（一般情况下，刺点和施测工作同时完成）。

## 四、刺点说明和刺点略图

控制点虽有刺孔指示点位，但由于地物影像非常细小，当地物与地物紧靠在一起或点处于复杂地形之中时，内业量测仍难以分辨具体位置，往往造成错判。如刺在田角上的点，分不出是哪一块田角；刺在山顶上的点，也容易找错小山包。因此，像片上控制点在刺点后还必须根据实际情况加以概要说明，如文字说明仍不能确切表达时，则应在实地加绘详细的点位略图。这些说明和略图一律写绘在像片反面，因此这项工作也叫"像控点反面整饰"。

　　控制像片的反面整饰用黑色铅笔写绘。在像片反面控制点刺点位置上，以相应的符号标出点位、注记点名、点号、刺点日期，刺点者和检查者都应签名，以示负责。

　　像片控制点反面整饰如图 10-20 所示。三角形、圆圈的边长或直径均为 7 mm，若为水准点应在圆圈中加"×"。点位说明应简明扼要、清楚准确，同时应与所绘略图一致。刺点略图应模仿正面影响图形绘制，与正面影响的方位、形状保持一致，这样内业判读时比较方便。绘制略图时可根据实际情况和个人方便，采用色调和符号两种形式表示。如山头上无明显地物，则可用等高线表示。略图大小以 2 cm×2 cm 为宜，图中应适当突出刺点目标周围的地物、地貌。

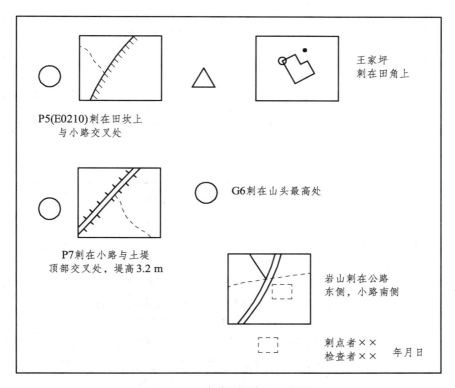

**图 10-20　像片控制点反面整饰**

## 五、野外像控点的正面整饰和注记

　　刺在控制像片上的野外像控点除进行反面整饰和注记外，还需要彩色笔在刺孔像片的正面进行整饰和注记。根据刺孔用规定符号标出点位（对不能精确刺孔的点、符号用虚线，如三角点等），用分数形式注记，分子为点号或点名，分母为该点高程。像片控制点正面整饰格式如图 10-21 所示。

## 六、像控点平面坐标和高程的施测

　　目前广泛采用的方法主要为静态和动态模式 GPS 测量，也可以采用全站仪导线测量。

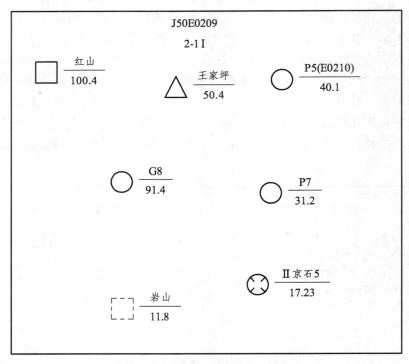

**图 10-21　像片控制点正面整饰**

## 七、控制点接边

控制测量结束后，要对成果资料进行认真检查。控制测量成果整理工作完成以后，应及时与相邻图幅或区域进行控制接边，控制接边工作主要包括以下内容：

（1）邻幅或邻区所测得的像片控制点，如果为本幅或本区共用，则应检查这些点是否满足本幅或本区的各项要求；如果符合要求，则将这些控制点转刺到本幅或本区的控制像片上，同时将成果转抄到计算手簿和图历表中。同样，如果按任务分配，本幅或本区所测得控制点应提供给邻幅或邻区使用，亦应按同样的程序和方法转刺、转抄成果。

（2）自由图边的像片控制点，应利用调绘余片进行转刺并整饰，同时将坐标和高程等数据抄在像片背面，作为自由图边的专业资料上交。

（3）接边时应着重检查图边上或区域边上是否因布点不慎产生了控制裂缝，以便补救。

所有观测手簿、测量计算手簿、控制像片、自由图边以及接边情况，都必须经过自我检查、上级部门检查验收，经修改或补测合格，确保无误后方可提交。

上交资料主要包括：控制像片、观测手簿、计算手簿、成果表等。

# 第十二章　遥感技术概述

**学习重点：**

1. 遥感的概念
2. 遥感平台
3. 遥感分类
4. 电磁波及其特性
5. 电磁波谱、地物波谱
6. 遥感图像增强的概念及方法
7. 图像融合的概念及方法
8. 遥感图像的分类方法及特点

## 第一节　遥感技术的基本概念

### 一、遥感的基本概念

#### 1. 遥感的含义

"遥感"一词最早源于美国，由 Evelyn.L.Pruitt（伊夫林·L.布鲁依特）于 1960 年提出。其英文原词是 Remote sensing，即遥远感知的意思。遥感的主要信息载体就是影像，影像上蕴含了地物的形状、位置以及光谱方面的信息。

"遥感"是在一定距离的空间，不与目标物接触，通过信息系统去获取有关目标物的信息，经过对信息的分析研究，确定目标物的属性及目标物之间的相互关系。简言之，遥感泛指一切无接触的远距离探测。

#### 2. 广义遥感

广义遥感是指以现代工具为技术手段，对目标进行遥远感知的整个过程。从这一概念看，遥感技术的范围很广，因为没限定目标的空间范围。

#### 3. 狭义遥感技术

狭义遥感技术是指从远距离高空以至外层空间的平台上，利用紫外线、可见光、红外、微波等探测仪器，通过摄影或扫描方式，对目标电磁波辐射能量的感应、接收、传输、处理和分析，从而识别目标物性质和运动状态的现代化技术系统。

狭义遥感技术是 20 世纪 60 年代蓬勃发展起来的一门综合性探测技术，属高新技术领域范畴。

## 二、遥感系统

根据遥感的定义，遥感系统包括：被测目标的信息特征、信息的获取、信息的传输与记录、信息的处理和信息的应用五大部分。

## 三、遥感技术的特点

遥感作为一门对地观测综合性技术，它的出现和发展既是人们认识和探索自然界的客观需要，更有其他技术手段与之无法比拟的特点。遥感技术的特点归结起来主要有以下三个方面：

（1）探测范围广、采集数据快。遥感探测能在较短的时间内，从空中乃至宇宙空间对大范围地区进行对地观测，并从中获取有价值的遥感数据。这些数据拓展了人们的视觉空间，为宏观地掌握地面事物的现状情况创造了极为有利的条件，同时也为宏观地研究自然现象和规律提供了宝贵的第一手资料。这种先进的技术手段与传统的手工作业相比是不可替代的。

（2）能动态反映地面事物的变化。遥感探测能周期性、重复地对同一地区进行对地观测，这有助于人们通过所获取的遥感数据，发现并动态地跟踪地球上许多事物的变化。同时，研究自然界的变化规律。尤其是在监视天气状况、自然灾害、环境污染甚至军事目标等方面，遥感的运用就显得格外重要。

（3）获取的数据具有综合性。遥感探测所获取的是同一时段、覆盖大范围地区的遥感数据，这些数据综合地展现了地球上许多自然与人文现象，宏观地反映了地球上各种事物的形态与分布，真实地体现了地质、地貌、土壤、植被、水文、人工构筑物等地物的特征，全面地揭示了地理事物之间的关联性，并且，这些数据在时间上具有相同的现势性。

综上所述，遥感技术具有宏观同步性、时效性、综合性、可比性、经济性、局限性的特点。

## 四、遥感的分类

遥感技术按不同研究内容可以有不同的分类方法。

### 1. 按遥感平台分类

航宇遥感：传感器设置于星际飞船上，指对地月系统外的目标的探测；

航天遥感：传感器设置于环地球的航天器上，如人造地球卫星、航天飞机、空间站、火箭等；

航空遥感：传感器设置于航空器上，主要是飞机、气球等；

地面遥感：传感器设置在地面平台上，如车载、船载、手提、固定或活动高架平台等。

### 2. 按传感器的探测波段分类

紫外遥感（ 0.05 ~ 0.38 μm ）；

可见光遥感（0.38～0.76 μm）；

红外遥感（0.76～1 000 μm）；

微波遥感（1 mm～10 m）；

多波段遥感——探测波段在可见光和红外波段范围内，再分成若干个窄波段来探测目标。

### 3. 按工作方式分类

主动遥感和被动遥感：前者是由探测器主动向目标发射一定能量的电磁波，并接收目标的反射或散射信号；后者是被动接收目标物的自身发射和自然辐射源的反射能量。

成像遥感与非成像遥感：前者传感器接收的目标电磁辐射信号可转换成（数字或模拟）图像；后者传感器接收的目标电磁辐射信号不能形成图像。

### 4. 按遥感的应用领域分类

从大的研究领域可以分为：外层空间遥感、大气层遥感、陆地遥感、海洋遥感等。

从具体应用领域可以分为：资源遥感、环境遥感、农业遥感、林业遥感、渔业遥感、地质遥感、气象遥感、水文遥感、城市遥感、工程遥感、灾害遥感、军事遥感等。

## 五、遥感的发展简史

1）遥感技术的发展主要经历了以下几个阶段：

（1）无记录的地面遥感阶段（1608—1838 年）。

（2）有记录的地面遥感阶段（1839—1857 年）。

（3）空中摄影遥感阶段（1858—1956 年）。

（4）航天遥感阶段（1957 至今）。

2）遥感技术发展趋势：

（1）掌握发射技术和具备卫星发射能力的国家越来越多。

（2）高分辨率小型商业卫星成为重要的信息来源。

（3）雷达卫星成为重要的信息来源。

（4）高光谱分辨率遥感（成像光谱）。

（5）遥感、地理信息系统、全球定位系统的综合应用。

3）从遥感影像的普及性来看，主要的发展方向有以下方面：

（1）携带传感器的微小卫星发射与普及。

（2）地面高分辨率传感器的使用。

（3）高光谱/超光谱遥感影像的解译。

（4）高分辨 SAR 的应用。

（5）专业卫星的发射。

4）我国遥感技术的发展概况：

（1）起步阶段（20 世纪 50 年代至 80 年代中期）。

（2）试验应用阶段（80 年代后期至 90 年代前期）。

（3）实用化和产业化阶段（90 年代后期以后）。

# 第二节　遥感技术的物理基础

遥感技术是基于电磁波的信息探测技术。研究遥感技术，主要是研究传感器，研究遥感信息的处理系统，研究遥感信息的应用。

## 一、电磁波与电磁波谱

### 1. 电磁波及其特性

由振源发出的电磁振荡在空间的传播叫作电磁波。在电磁波里，振荡的是空间电场矢量 $E$ 和磁场矢量 $M$。电场矢量 $E$ 和磁场矢量 $M$ 互相垂直，并且都垂直于电磁波传播方向 $V$。

电磁辐射的特性主要表现在以下两个方面：

（1）电磁辐射的波动性。

电磁辐射的波动性主要表现为电磁波能产生干涉、衍射、偏振和散射（色散）现象。电磁辐射的这些波动特性在遥感技术中具有重要的实际意义。

（2）电磁辐射的粒子性。

电磁辐射的粒子性，是指电磁波是由密集的光子微粒组成的，电磁辐射实质上是光子微粒流的有规律运动，波是光子微粒流的宏观统计平均，而粒子是波的微观量子化。当电磁辐射与物质相互作用时，主要表现为粒子性。

### 2. 电磁波谱

不同辐射源产生的电磁波的波长各不相同，其变化也很大。人们把各种电磁波按波长或频率的大小，依次排列成图表，这个图表就叫作电磁波谱图。在整个电磁波谱中可划分出若干个波段。

（1）宇宙射线：能量大，穿透性强，人工无法产生。

（2）γ 射线：能量高，穿透性较强，具有放射性的矿物，辐射出 γ 射线。

（3）X 射线：人工可以产生。从宇宙中来的 X 射线，被大气全部吸收。

（4）紫外线：波长为 0.01 ~ 0.38 μm。波长 <0.28 μm 的紫外线，在通过大气层时，被臭氧层吸收。0.28 ~ 0.38 μm 的紫外线，部分能穿过大气层，但散射严重，只有部分到达地面，可作为遥感的辐射源，称为摄影紫外。

（5）可见光：波长为 0.38 ~ 0.76 μm，是人视觉能见到的电磁波，可以用棱镜分为红、橙、黄、绿、青、蓝、紫 7 种色光，可用于摄影、扫描等各种方式成像，是遥感最常用的波段。

（6）红外线：波长为 0.76 ~ 1 000 μm。其中可细分为：

① 近红外：波长为 0.76 ~ 3 μm，是地球表层反射太阳的红外辐射，故称为反射红外，可用于摄影。

② 中红外：波长为 3 ~ 6 μm，是地球表层反射太阳的红外辐射和地球表层自身辐射的混合辐射红外，可用于摄影和扫描。

③ 热红外：波长为 6 ~ 15 μm，是地球自身发射的红外线，故称为热红外。热红外只能用

于扫描方式，经过光电信号的转换才能成像。

④ 远红外：波长为 15 ~ 1 000 μm，绝大部分要被大气层吸收，所以不作为遥感辐射源。

（7）微波：波长为 0.1 ~ 100 cm，它实际上是无线电波的一部分，可分为毫米波、厘米波和分米波。微波能穿透大气层，可用于主动遥感和被动遥感。

（8）无线电波：这个波区不能用于遥感，因为它不能通过大气层。无线电波中的短波可被大气层中的电离层严重吸收。因此，无线电波只能用于远距离通信或无线电广播。

综合上述各波谱段的基本特点可以看出，遥感技术应用的波谱段主要是从紫外到微波。如图 12-1 所示。

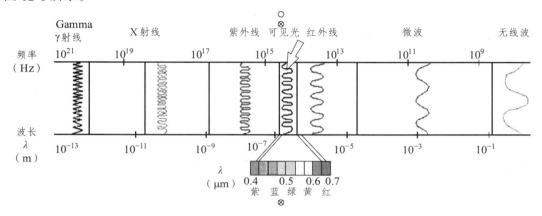

图 12-1　电磁波波谱

### 3. 电磁辐射

凡是能够产生电磁辐射的物体都是辐射源。辐射源不仅能够吸收其他物体对它的辐射，也能够向外辐射。因此，对辐射源的认识不仅限于太阳、炉子等发光发热的物体。能发出紫外线、X 射线、红外线、微波辐射等的物体也是辐射源，只是辐射强度和波长不同而已。电磁波传递就是能量的传递。因此，遥感探测实际上就是辐射能量的测定。

（1）黑体辐射。

为了便于讨论热辐射性质，需要有一个理想的标准热辐射体作为参考源，这个参考源就是黑体。

绝对黑体的定义：在任何温度下，对任何波长的入射辐射的吸收系数（率）$\alpha=(\lambda, T)$ 恒等于 1，即 $\alpha=(\lambda, T)=1$ 的物体称为绝对黑体（简称黑体）。

绝对黑体是用不透明材料制成的带有小孔的空腔体。空腔内壁对于辐射只有吸收和反射，从小孔进入的辐射照射到内壁上时，经过若干次吸收和反射后，其入射能量接近全部吸收。

（2）实际物体的辐射。

实际上，自然界中的物体都不是黑体。这时只要增加一个因子，就可把黑体辐射与实际物体辐射联系起来。这个因子叫作比辐射率（发射率或发射本领），以符号 $\varepsilon$ 表示。$\varepsilon$ 是实际物体辐射出射度与同温度下黑体辐射出射度之比，即：$\varepsilon=M'/M$。

（3）太阳和地球的电磁辐射。

前已述及，凡是能产生电磁辐射的物体都是辐射源。辐射源可分为天然辐射源和人工辐射源。在地球环境中，最大的天然辐射源是太阳，其次是地球。在遥感技术中，被动遥感是依靠天然辐射源进行遥感探测目标的，主动遥感则是接收人工辐射源发出的电磁辐射的回波信号来探测目标的。

太阳是一个极大的辐射源，其表面温度高达 5 900 K 左右。这个极大的辐射源每时每刻都在不断地向宇宙空间辐射出巨大的能量。但是它辐射出来的能量到达地球表面仅仅是总能量的 1/22 亿。尽管这部分能量是总能量的极小一部分，却是相当稳定的，其为 81.3 J/（cm·min。太阳辐射的光谱是一条连续的光谱曲线，短波方向的截止波长为 0.3 μm（0.01 μm，0.2 μm），如图 12-2 所示，长波方向的截止波长为 6.0 μm，峰值波在 0.47 μm 附近。因此，太阳辐射的光谱以可见光为主，占总辐射通量密度的 85% 以上。近年来随着对地物反射光谱的深入研究，发现在 1.55 μm 及 2.10 μm 附近的各类岩石有明显的区别。因此，1.4 ~ 2.5 μm 波段成为极其重要的遥感波段。

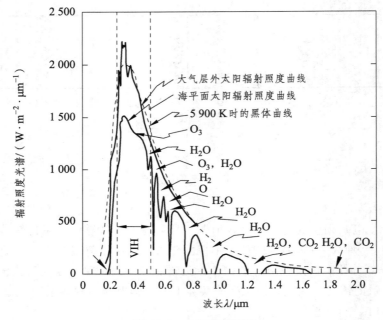

图 12-2　太阳辐射照度

地球辐射的能量主要来源于太阳的短波辐射和地球内部的热能。地球辐射的波谱可分为三个部分：

① 3 ~ 6 μm：反射太阳光和地球自身辐射，属混合辐射。

② 8 ~ 14 μm：地球表面物体自身的热辐射，其峰值波段在 9 ~ 10 μm 处，属远红外或称热红外。

③ 15 ~ 30 μm：属超远红外（近年来正在加紧研究用于遥感的可能性）。

## 二、大气对电磁波的衰减（图 12-3）与大气窗口

### 1. 大气对电磁波的散射

散射的实质是电磁波在大气传输过程中遇到各种微粒（气体分子、尘埃、水滴、工业废气等）所引起的一种衍射现象。研究大气对电磁波的散射主要有两种理论：

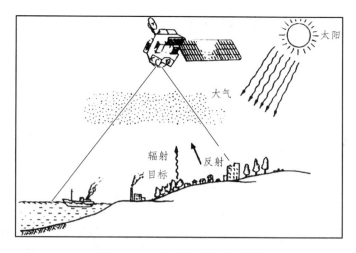

**图 12-3　大气对电磁波的衰减**

（1）瑞利散射。

瑞利散射是指比波长小得多的大气分子引起的散射，其散射强度与波长的 4 次方（$\lambda^4$）成反比，即波长越长，散射强度越弱，波长越短，散射强度越强。

（2）米氏散射。

米氏散射是指比波长大得多的大气粒子（如水滴、烟尘、气溶胶等）引起的散射。粒子直径与波长相等时，散射强度与波长的二次方（$\lambda^2$）成反比；粒子直径为波长的 1.5 倍时，散射强度与波长成反比；粒子直径为波长的 2 倍或 2 倍以上时，散射强度与波长无关。

### 2. 大气对电磁波的吸收

大气成分主要是水蒸气、二氧化碳、臭氧等。它们对不同波长的电磁辐射有不同程度的吸收。水汽的吸收：水汽吸收的波长很广，其中 $0.7 \sim 3.0\ \mu m$ 波段是强吸收带；二氧化碳的吸收：吸收 $14.5\ \mu m$、$4.3\ \mu m$、$2.7\ \mu m$、$0.017\ \mu m$、$1.0\ \mu m$ 波长的电磁辐射；臭氧的吸收：$0.3\ \mu m$ 以下的短波全部吸收；氧的吸收：主要吸收 $0.2\ \mu m$ 的紫外线，如图 12-2 所示。

### 3. 大气对电磁波的反射

大气对电磁波的反射主要是云层的反射。当云层的厚度大于 50 m 时，反射量大于 50%；云层厚度为 500 m 时，反射量大于 80%。另外，大气中直径大于 $1\ \mu m$ 的微粒也会产生反射作用。

### 4. 大气窗口

由于大气对电磁波的散射、吸收和反射作用，使得能够穿透地球大气的辐射局限于某些波段范围内，通常将这些透过率较高的电磁辐射波段称为大气窗口。遥感器使用的波段范围都在大气窗口范围内。遥感常用的大气窗口有以下 5 个：

（1）可摄影窗口（$0.3 \sim 1.3\ \mu m$）：属地物反射紫外、可见光和近红外，透过率达 90%，可用于摄影和扫描成像，但只能在强光照（白天）条件下作业。

（2）近红外窗口（$1.5 \sim 2.5\ \mu m$）：属地物反射红外，透过率约 80%，可用于摄影和扫描成像，但只能在强光照（白天）条件下作业。

（3）中红外窗口（$3.5 \sim 4.0\ \mu m$；$4.5 \sim 5.5\ \mu m$）：属地物反射和地物自身发射的混合辐射，

透过率为 50% ~ 90%，仅用于扫描成像，但可全天候作业。

（4）远（热）红外窗口（8 ~ 14 μm）：属地物自身热辐射，透过率为 70% ~ 80%，仅用于扫描成像，但可全天候作业。

（5）微波窗口（8 mm ~ 1 m）：属人工辐射源，透过率 100%，仅用于主动遥感方式，但可全天候作业。

# 三、地物波谱特性

任何地物都有一定的电磁辐射（包括反射、吸收、透射和发射）特征。不同性质的地物，其反射、吸收、透射和发射电磁波的波长和频率不同，存在一定的差异。这种差异是遥感识别地物属性的基础。由于遥感器接收到的电磁辐射能量主要是反射和发射辐射能量，因此研究地物的波谱特性主要是反射特性和发射特性。地物反射或发射波谱特性是指地物反射率或发射率随波长变化的规律。

## 1. 地物反射波谱特征

（1）反射率与反射波谱。

反射率（$\rho$）：地物反射的辐射能量（$P_\rho$）占总入射能量（$P_0$）的百分比。

$$\rho = P_\rho/P_0 \times 100\% \tag{12-1}$$

反射波谱：地物反射率随波长变化的规律。常用平面坐标曲线表示，横坐标表示波长，纵坐标表示反射率。同一地物的波谱曲线反映不同波段的不同反射率，将此与遥感器接收波段对应的辐射数据对照，可以得到遥感数据与对应地物的识别规律。正因为不同地物在不同波段有不同的反射率这一特性，物体的反射波谱特性曲线才作为判读和分类的物理基础，广泛地应用于遥感影像的分析和评价中，如图 12-4 所示。

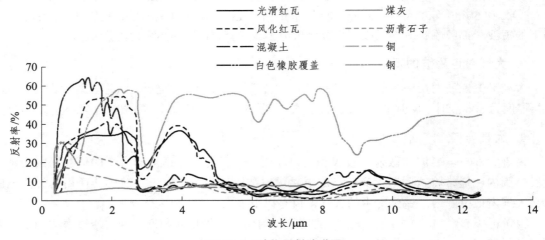

图 12-4　地物反射波谱图

（2）植被的反射波谱特征。

不同植物的反射波谱曲线形态大体相同，但在反射峰的高度或吸收谷的深度上有所差异，如图 12-5 所示。它们的基本特征是：在 0.55 μm 附近有一个 10 ~ 20%的反射峰，0.74 ~ 1.3 μm

间有一个 50%～60%的强反射峰；至 3.0 μm 以上部分呈衰减曲线。在 0.45 μm、0.67 μm、1.5 μm、1.9 μm 处有三个强烈的吸收谷。

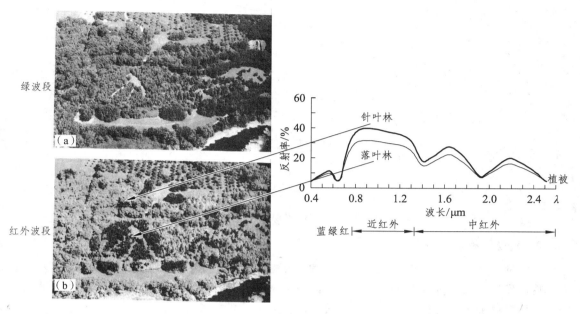

图 12-5 不同波段植被的反射波谱特性曲线

（3）水体的反射波谱曲线特征。

水体的反射率在各波段内都较低（镜面反射除外），一般都在 30%以下，在近红外更低，如图 12-6 所示。不同杂质或成分的水，其反射波谱有一定差异。清水随波长的增加反射率逐渐降低，至近红外区，接近全部吸收；浑水和浊水的波谱形态相近，但反射峰的高度和吸收谷的深度与对应的波长位置不同。

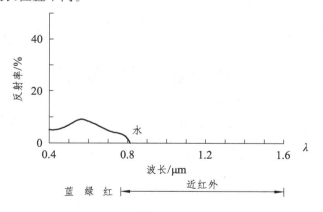

图 12-6 水体的反射波谱特性曲线

（4）土壤的反射波谱特征。

自然状态下，土壤表面的反射率没有明显的峰值和谷值，一般来讲土质越细反射率越高，有机质和含水量越高反射率越低，如图 12-7 所示。另外土壤类型和土壤肥力也会对反射率产生影响。在不同光谱段的遥感影像上，土壤的亮度区别不明显。

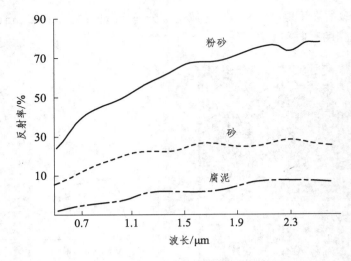

图 12-7　土壤的反射波谱特性曲线

### 2. 地物发射波谱特性

任何地物，只要它的温度大于绝对零度（0 K=-273.16 ℃），都有向外发射电磁辐射的能力。物体发射波谱主要分布于 3～5 μm、8～14 μm 的波段范围内。物体发射波谱特征常用发射率、热辐射强度（亮度温度、辐射温度）随波长变化的规律来刻画。

地物的发射波谱特征可归纳为以下几个方面：

（1）物体的发射率或热辐射强度与其表面的粗糙度和颜色有关。粗糙的表面有较强的发射率，光滑表面发射率较低；暗色物体发射率较大，浅色物体发射率较低。

（2）物体的发射率和它的温度有密切关系。一般温度越高，发射率越大，温度越低，发射率越小。只要温度有较小的差别，热辐射强度就有较大的差异。

（3）不同性质的物体有不同的发射波谱曲线形态，所以可以根据其波谱形态特征来区分不同的地物。

# 第三节　遥感技术的应用

在获取基础地理数据、地球资源信息和应急灾害的第一手资料方面，遥感比其他技术手段更有优势，同时越来越多的 GIS 系统依赖于遥感信息。

## 一、基础地理数据重要获取手段

遥感影像是地球表面的"像片"，真实地展现了地球表面物体的形状、大小、颜色等信息。这比传统的地图更容易被大众接受，影像地图已经成为重要的地图种类之一。随着商业卫星影像的分辨率越来越高（最高已经到达 0.5 m），可以满足较大比例尺"4D"产品生产要求，如图 12-8 所示。同时，卫星影像具有获取数据范围大和周期短的特点，卫星遥感已经成为基础地理数据采集与更新的重要手段。

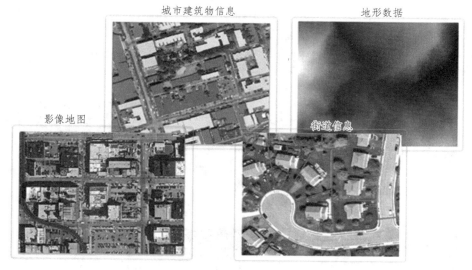

图 12-8　卫星影像应用于部分 4D 产品生产

## 二、获取地球资源信息的最佳手段

　　遥感影像上具有丰富的信息，多光谱数据的波谱分辨率越来越高，可以获取红边波段、黄边波段等。高光谱传感器也发展迅速，我国的环境小卫星也搭载了高光谱传感器。从遥感影像上可以获取包括植被信息、土壤墒情、水质参数、地表温度、海水温度等丰富的信息，如图 12-9 所示。这些地球资源信息能在农业、林业、水利、海洋、生态环境等领域发挥重要作用。

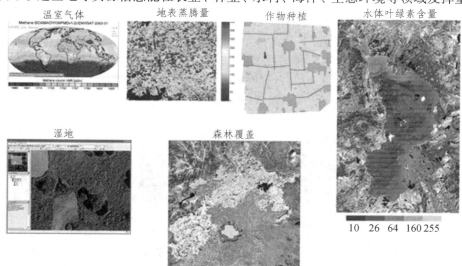

图 12-9　从影像上获取的地球资源信息

## 三、为应急灾害提供第一手资料

　　遥感技术具有在不接触目标情况下获取信息的能力。在遭遇灾害的情况下，遥感影像是我们能够方便立刻获取的地理信息，如图 12-10 所示。在地图缺乏的地区，遥感影像甚至是我们能够获取的唯一信息。在"5·12"汶川地震中，遥感影像在灾情信息获取、救灾决策和灾害重建中发挥了重要作用。海地发生强震后，已有多家航天机构的 20 余颗卫星参与了救援工作。

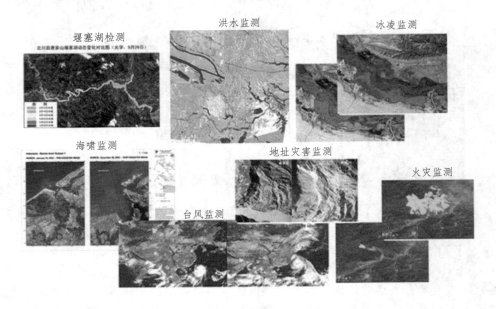

图 12-10　影像上获取的灾情信息

## 四、成为 GIS 系统核心组成

遥感具有动态、多时相采集空间信息的能力，遥感信息已经成为 GIS 的主要信息源，如图 12-11 所示。

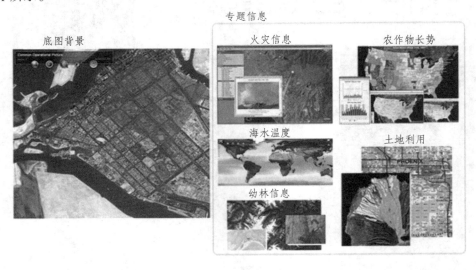

图 12-11　GIS 系统中的遥感信息

# 第四节　遥感数据录入实验

ERDAS IMAGINE 是常用的遥感图像数据处理分析的软件，这里以此软件为例，说明遥感图像处理的基本过程。

## 一、基本概念

### 1. 遥感图像格式

多波段图像具有空间位置和光谱信息。随着遥感图像波段数的增加以及国际上相应标准格式的出现，遥感数据的记录格式也逐渐规范化。目前，遥感数字图像的记录格式主要有下述几种。

（1）BSQ 格式（Band Sequential Format）。

它是按遥感图像的波段次序来进行遥感数据记录的一种格式。该格式将每个单独波段中全部像元值按顺序放在一个独立的数据块中，每个数据块都有各自开始和结束记录标记，各波段的数据块按顺序进行排列记录。数据块的个数对应于遥感图像中的波段数。记录顺序如下：

（（（像元号顺序），行号顺序），波段顺序）

（2）BIL 格式（Band Interleaved by Line）。

它是将遥感图像按各行像元的 $n$ 个波段进行顺序记录的一种格式。对每一行中代表一个波段的光谱值进行排列，然后按波段顺序排列该行，最后对各行进行重复，记录顺序如下：

（（（像元号顺序），波段顺序），行号顺序）

（3）BIP 格式（Band Interleaved by Pixel）。

它是将遥感图像按各单独像元的 $n$ 个波段进行顺序记录的一种格式。同 BIL 格式一样，BIP 格式记录中也只存在一个图像数据记录块。在一行中，每个像元按光谱波段次序进行排列，然后对该行的全部像元进行这种波段次序排列，最后对各行进行重复，记录顺序如下：

（（波段次序，像元号顺序），行号顺序）

（4）行程编码格式（Run-length Encoding）。

为了压缩数据，采用行程编码形式，它属波段连续方式，即对每条扫描线仅存储亮度值以及该亮度值出现的次数，如一条扫描线上有 60 个亮度值为 10 的水体，在计算机内以 060010 整数格式存储，其含义为 60 个像元，每个像元的亮度值为 10，计算机仅存 60 和 10，这要比存储 60 个 10 的存储量少得多。但是对于仅有较少相似值的混杂数据，此法并不适宜。

（5）HDF 格式（Hierarchical Data Format）。

HDF 格式是一种不必转换就可以在不同平台间传递的新型数据格式，由美国国家高级计算应用中心（NCSA）研制，已经应用于 MODIS、MISR 等数据中。

HDF 有 6 种主要数据类型：栅格图像数据、调色板（图像色谱）、科学数据集、HDF 注释（信息说明数据）、Vdata（数据表）、Vgroup（相关数据组合）。HDF 采用分层式数据管理结构，并通过所提供的"层体目录结构"可以直接从嵌套的文件中获得各种信息。因此，打开一个 HDF 文件，在读取图像数据的同时可以方便地查取到其地理定位、轨道参数、图像属性、图像噪声等各种信息参数。

除了遥感专用的数字图像格式之外，为了更加方便于不同遥感图像处理平台间的数据交换，遥感图像常常会被转换为各处理平台间的图像公共格式，比如常用的 TIFF、JPG 以及 BMP 等格式。

### 2. 遥感图像格式转换

在进行遥感图像处理时，往往需要在不同处理平台或处理模块之间进行数据交互共享。由于不同平台之间处理所支持的格式各不相同，为了处理的方便，就必须进行不同的遥感图像格式间的转换。

目前，ERDAS9.X 支持的输入数据格式有 170 多种，输出数据格式有 70 多种，几乎包括常见或常用的栅格和矢量数据格式，具体所支持的数据格式如表 12-1 所示。

**表 12-1　ERDAS IMAGINE 9.X 常用输入/输出数据格式**

| | |
|---|---|
| 支持输入数据格式： | ArcInfo Coverage E00、ArcInfo GRID E00、ERDAS GIS、ERDAS LAN、Shape File、DXF、DGN、IGDS、Geo TIFF、TIFF、JPEG、USGS DEM、GRID、GRASS、TIGER、MSS Landsat、TM Landsat、Landsat-7HDF、SPOT、AVHRR、RADARSAT 等 |
| 支持输出数据格式： | ArcInfo Coverage E00、ArcInfo GRID E00、ERDAS GIS、ERDAS LAN、Shape File、DXF、DGN、IGDS、Generic Binary、Geo TIFF、TIFF、JPEG、USGS DEM、GRID、GRASS、TIGER、DFAD、OLG、DOQ、PCX、SDTS、VPF 等 |

## 二、遥感数据录入

### 1. 单波段数据输入

首先需要将各波段数据（Band Data）依次输入，转换为 ERDAS IMAGINE 的 IMG 格式文件。

（1）运行 ERDAS 软件，在 ERDAS 图标面板工具条中单击 Import/Export 图标，打开输入/输出对话框（图 12-12）。设置如下：

① 选择输入数据操作：Import。

② 选择输入数据类型（Type）为普通二进制：Generic Binaty。

③ 选择输入数据介质（Media）为文件：File。

④ 确定输入文件路径和文件名（Input File）：band3.dat。

⑤ 确定输出文件路径和文件名（Output File）：band3.img。

⑥ 单击 OK 按钮（关闭数据输入/输出对话框）。

（2）打开 Import Generic Binary Data 对话框（图 12-13）。在 Import Generic Binaty Data 对话框中定义下列参数（在图像说明文件里可以找到参数）。

① 数据格式（Data Format）：BSQ。

② 数据类型（Data Type）：Unsigned 8 Bit。

③ 图像记录长度（Image Record Length）：0。

④ 头文件字节数（Line Header Bytes）：0。

⑤ 数据文件行数（Rows）：5728。

⑥ 数据文件列数（Cols）：6920。

⑦ 文件波段数量（Bands）：1。

图 12-12 Import/Export 对话框

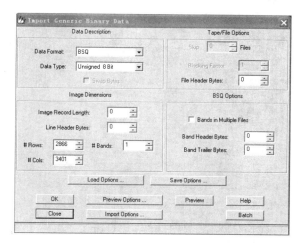

12-13 Import Generic Binary Data 对话框

（3）完成数据输入。

① 保存参数设置（Save Options）。

② 打开 Save Options File 对话框（图略）。

③ 定义参数文件名（Filename）：*.gen。

④ 单击 OK 按钮，退出 Save Options File 对话框。

⑤ 预览图像效果（Preview）。

⑥ 打开一个视窗显示输入图像。

⑦ 如果预览图像正确，说明参数设置正确，可以执行输入操作。

⑧ 单击 OK 按钮，关闭 Import Generic Binary Data 对话框。

⑨ 打开 Import Generic Binary Data 进程状态条。

⑩ 单击 OK 按钮，关闭状态条，完成数据输入。

重复上述部分过程，依次将多个波段数据全部输入，转换为 IMG 格式文件。

### 2. JPG 图像数据输入/输出

JPG 图像数据是一种通用的图像文件格式，ERDAS 可以直接读取 JPG 图像数据，只要在打开图像文件时，将文件类型指定为 JFIF（*.JPG）格式，就可以直接在视窗中显示 JPG 图像，但操作处理速度比较慢。如果要对 JPG 图像作进一步的处理操作，最好将 JPG 图像数据转换为 IMG 图像数据，一种比较简单的方法是在打开 JPG 图像的视窗中，将 JPG 文件另存为（Save As）IMG 文件就可以了。

然而如果要将 IMG 图像文件输出成 JPG 图像文件，供其他图像处理系统或办公软件使用，须按照下面的过程进行转换。

（1）在 ERDAS 图标面板工具条中单击 Import/Export 图标，打开输入/输出对话框，进行相关参数设置（图 12-14）。

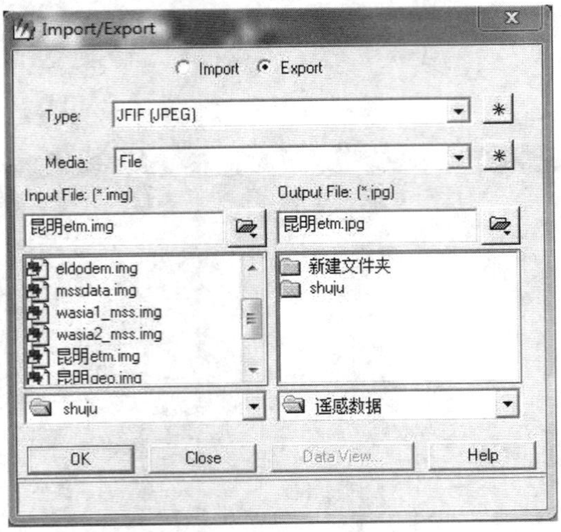

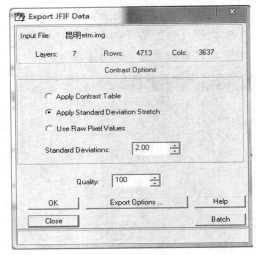

图 12-14　Import/Export 对话框及参数设置

图 12-15　Export JFIF Data 对话框

① 选择输出数据操作：Export。

② 选择输出数据类型（Type）为 JPG：JFIF（JPEG）。

③ 选择输出数据媒体（Media）为文件：File。

④ 确定输入文件路径和文件名（Input File：*.img）：\昆明 etm.img。

⑤ 确定输出文件路径和文件名（Output File：*.jpg）：\昆明 etm.jpg。

⑥ 单击 OK 按钮，关闭数据输入/输出对话框，打开 Export JFIF Data 对话框（图 12-15）。

（2）在 Export JFIF Data 对话框中设置下列输出参数：

① 图像对比度调整（Contrast Option）：Apply Standard Deviation Stretch。

② 标准差拉伸倍数（Standard Deviations）：2。

③ 图像转换质量（Quality）：100。

（3）在 Export JFIF Data 对话框中单击 Export Options（输出设置）按钮，打开 Export Options 对话框，在 Export Options 对话框中（图 12-16），定义下列参数：

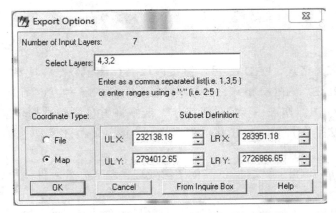

图 12-16　Export Options 对话框及参数设置

图 12-17　昆明 ETM JPG 图

① 选择波段（Select Layers）：4，3，2。

② 坐标类型（Coordinate Type）：Map。

③ 定义子区（Subset Definition）：ULX、ULY、LRX、LRY。

④ 单击 OK 按钮，关闭 Export Options 对话框，结束输出参数定义，返回 Export JFIF Data 对话框。

⑤ 单击 OK 按钮，关闭 Export JFIF Data 对话框，执行 JPG 数据输出操作（图 12-17）。

### 3. TIFF 图像数据输入/输出

TIFF 图像数据是非常通用的图像文件格式，ERDAS IMAGINE 系统里有一个 TIFF DLL 动态链接库，从而使 ERDAS IMAGINE 支持 6.0 版本的 TIFF 图像数据格式的直接读写，包括普通 TIFF 和 Geo TIFF。

用户在使用 TIFF 图像数据时，不需要通过 Import/Export 来转换 TIFF 文件，而是只要在打开图像文件时，将文件类型指定为 TIFF 格式就可以直接在视窗中显示 TIFF 图像。不过，操作 TIFF 文件的速度比操作 IMG 文件要慢一些。

如果要在图像解译器（Interpreter）或其他模块下对图像做进一步的处理操作，依然需要将 TIFF 文件转换为 IMG 文件。这种转换非常简单，只要在打开 TIFF 的视窗中将 TIFF 文件另存为（Save As）IMG 文件就可以了。

同样，如果 ERDAS IMAGINE 的 IMG 文件需要转换为 Geo TIFF 文件，只要在打开 IMG 图像文件的视窗中将 IMG 文件另存为 TIFF 文件就可以了。

# 第五节　遥感图像预处理实验

遥感图像在获取的过程中，必然受到太阳辐射、大气传输、光电转换等一系列环节的影响，同时，还受到卫星的姿态与轨道、地球的运动与地表形态、传感器的结构与光学特性的影响，从而引起遥感图像存在辐射畸变与几何畸变。图像校正就是指对失真图像进行复原性处理，使其能从失真图像中计算得到真实图像的估值，使其根据预先规定的误差准则，最大程度地接近真实图像。图像校正主要包括：辐射校正和几何校正。

辐射校正是指对由于外界因素、数据获取和传输系统产生的系统的、随机的辐射失真或畸变进行的校正，消除或改正因辐射误差而引起影像畸变的过程，包括辐射定标和大气校正两个方面工作。

几何校正是指从具有几何畸变的图像中消除畸变，从而建立图像上的像元坐标与目标物的地理坐标间的对应关系，并使其符合地图投影系统的过程。其主要借助一组地面控制点，对一幅图像进行地理坐标的校正，把图像纳入一个投影坐标系中，有坐标信息地理参考。

图像几何校正的目的就是改变原始影像的几何变形，生成一幅符合某种地图投影或者图形表达要求的新图像。不论是航空还是航天遥感，其一般步骤如图 12-18 所示。

ERDAS IMAGINE9.2 提供的几何校正计算模型有 16 种，这里以多项式校正为例说明图像校正的基本过程。

图 12-18　几何校正的一般步骤

不同的数据源，几何校正的方法也不尽相同，下面以 Landsat TM 的校正为例加以说明。数据源采用具有地理参考信息的 SPOT 全色影像作为标准图像，选取一定数量的地面控制点，采用多项式拟合方法对卫星图像进行校正，详细流程如图 12-19 所示。

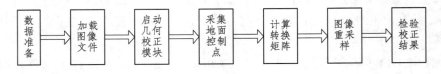

图 12-19　图像校正的一般过程

## 一、加载图像文件

（1）在 ERDAS 图标面板菜单条选择 Main/Start Image Viewer 命令，打开 Viewer 窗口 Viewer#1；或在 ERDAS 图标面板工具条选择 Viewer 图标，打开 Viewer 窗口 Viewer#1。

（2）同步骤（1）打开一个新的 Viewer 窗口 Viewer#2。

（3）在 Viewer#1 菜单条选择 File/Open/Raster Layer 命令，打开 Select Layer to Add 窗口，选择需要校正的 Landsat TM 图像 C：/Program Files/Lecia Geosystems/Geospatial Imaging9.2/examples/tmAtlanta.img；选择 Raster Options 标签，选中 Fit to Frame 复选框，以添加全幅显示；加载需要校正的图像 tmAtlanta.img。

注意：倘若标准图像选择的是 SPOT 全色影像（灰度图像），为了更方便地选取相对应的 GCP（Ground Control Points），那么对 image 图像就要选择 Gray Scale，以灰度显示。

（4）在 Viewer#2 菜单条选择 File/Open/Raster Layer 命令，打开 Select Layer to Add 对话框，选择参考 SPOT 图像 C：/Program Files/Lecia Geosystems/Geospatial Imaging9.2/examples/panAtlanta.img，加载该参考图像。

## 二、启动几何校正模块

（1）在主菜单中，点击"DataPrep"图标，选择"Image Geometric Correction"，打开选择几何校正模型（Set Geometric Model）对话框（图 12-20）。

（2）选择多项式变换模型，同时打开几何校正工具对话框（图 12-21）和几何校正模型属性（Polynomial Model Properties）对话框（图 12-22）。

（3）在 Polynomial Model Properties 中定义多项式次方（Polynomial Order）为 2，因为 2 阶多项式既能保证模型的精度，也不需要过多的运算时间，单击 Apply 按钮应用设置。单击 Close 按钮关闭当前对话框，打开 GCP Tool Reference Setup 对话框（图 12-23）。

图 12-20　Set Geometric Model 对话框

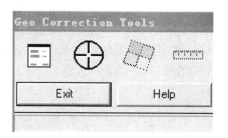

图 12-21　Geo Correction Tools 对话框

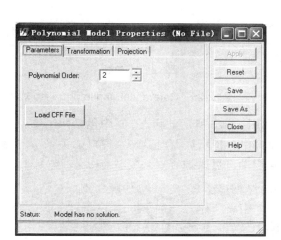

图 12-22　Polynomial Model Properties 对话框

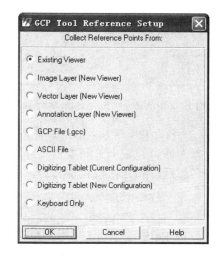

图 12-23　GCP Tool Reference Setup 对话框

　　注意：ERDAS 系统提供 9 种控制点采集模式，可以分为窗口采点、文件采点、地图采点三类。本例采用窗口采点模式，作为地理参考的 SPOT 图像已经含有投影信息，所以这里不需要定义投影参数。如果不是采用窗口采点模式，或者参考图像没有包含投影信息，则必须在这里定义投影信息，包含投影类型及其对应的投影参数，并确保投影方式与采集控制点的投影方式一致。

　　三类几何校正采点模式，分别应用于不同的情况：

　　① 如果已经拥有校正图像区域的数字地图或经过校正的图像或注记图层，就可以应用窗口采点模式，直接以它们作为地理参考，在另一个窗口中打开相应的数据层，从中采集控制点。本例采用的就是这种模式。

　　② 如果事先已经通过 GPS 测量或摄影测量或其他途径获得控制点的坐标数据并且存储格式为 ERDAS 控制点数据格式*.gcc 或者 ASCⅡ 数据文件的话，就可以调用文件采点模式，直接在数据文件中读取控制点。

　　③ 如果只有印刷地图或者坐标纸作为参考，则采用地图采点模式，在地图上选点后，借助数字化仪采集控制点坐标；或先在地图上选点并量算坐标，然后通过键盘输入坐标数据。

## 三、启动控制点工具

（1）在 GCP Tool Reference Setup 窗口选择采点模式，即选择 Existing Viewer 按钮。单击 OK 按钮关闭该窗口，打开 Viewer Selection Instructions 指示器（图 12-24）。

（2）鼠标点击显示作为地理参考图像 panAtlanta.img 的 Viewer#2 窗口，打开 Reference Map Information 对话框（图 12-25），显示参考图像的投影信息。

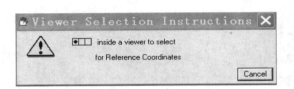

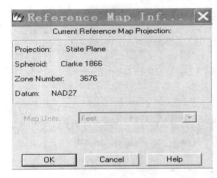

图 12-24　Viewer Selection Instructions 指示器　　　　图 12-25　Reference Map Information 对话框

（3）单击 OK 按钮，整个屏幕将自动切换到如图 12-26 所示的状态，其中包括两个主窗口、两个放大窗口、两个关联方框（分别位于两个窗口中，指示放大窗口与主窗口的关系）、控制点工具对话框和几何校正工具等。控制点工具被启动，进入控制点采集状态。

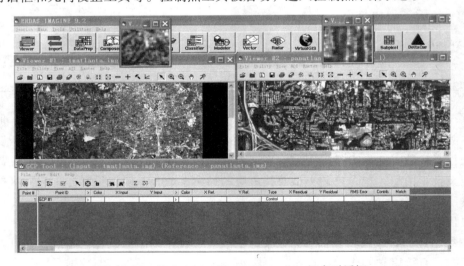

图 12-26　Reference Map Information 组合对话框

## 四、采集地面控制点

几何校正过程中，控制点采集是一个非常精细的过程，需要格外的细致，精确找取地物的特征点线才能够较好地选取用于匹配校正图像和标准图像的控制点。

控制点工具（GCP Tool）对话框由菜单条、工具条、控制点数据表（GCP CellArray）及状态条 4 个部分组成。

GCP 具体采集过程如下：

GCP 工具启动后，默认情况下是处于 GCP 编辑模式，这时就可以在 Viewer 窗口中选择地面控制点（GCP）。

（1）在 Viewer#1 中移动关联方框，寻找特征的地物点，作为输入 GCP，在 GCP 工具对话框中，点击 （Create GCP 图标），并在 Viewer#3 中点击左键定点，GCP 数据表将记录一个输入 GCP，包括其编号（Point #）、标识码（Point ID）、*X* 坐标（X Input）、*Y* 坐标（Y Input）。

（2）为使 GCP#1 容易识别，单击 GCP 数据列表的 Color 列 GCP#1 对应的空白处，在弹出的颜色列表中选择比较醒目的颜色，如黄色。

（3）在 GCP 对话框中，点击 Select GCP 图标，重新进入 GCP 选择状态。在 Viewer#2 中移动关联方框位置，寻找对应的同名地物点，作为参考 GCP。

（4）在 Viewer#4 中单击定点，系统自动把参考 GCP 点的坐标（X Reference，Y Reference）显示在 GCP 数据表中。

（5）为使参考 GCP 容易识别，单击 GCP 数据列表的 Color 列参考 GCP 对应的空白处，在弹出的颜色列表中选择容易区分的颜色，如蓝色。

（6）不断重复步骤（1）~（5），采集若干 GCP，直到满足所选定的几何校正模型为止。前 4 个控制点的选取尽量均匀分布在图像四角（控制点选取≥6 个）。选取完 6 个控制点后，RMS 值自动计算（要求 RMS 值 < 1）。本例共选取 6 个控制点。每采集一个 Input GCP，系统就自动产生一个参考控制点（Ref.GCP），通过移动 Ref.GCP 可以逐步优化校正模型。

注意：要移动 GCP 需要在 GCP 工具窗口选择 Select GCP 按钮，进入 GCP 选择状态；然后在 Viewer 窗口中选择 GCP，拖动到需要放置的精确位置，也可以直接在 GCP 数据列表中修改坐标值。如果要删除某个控制点，在 GCP 数据列表 Point#列，右击需要删除的点编号，在弹出的菜单项中选择 Delete Selection，删除当前控制点。采集 GCP 以后，GCP 数据列表如图 12-27 所示。

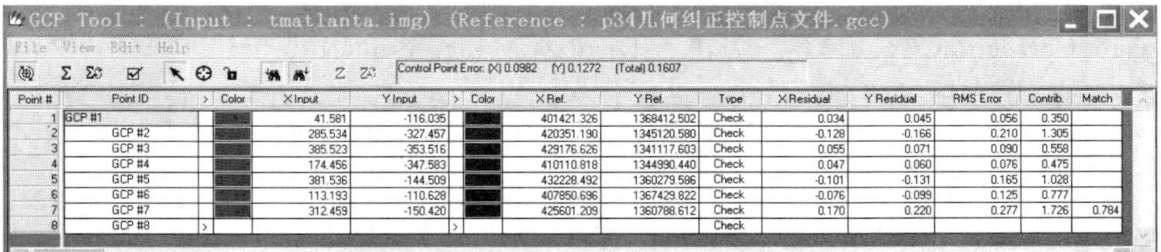


| Point # | Point ID | > | Color | X Input | Y Input | > | Color | X Ref. | Y Ref. | Type | X Residual | Y Residual | RMS Error | Contrib. | Match |
|---|---|---|---|---|---|---|---|---|---|---|---|---|---|---|---|
| 1 | GCP #1 | | | 41.581 | -116.035 | | | 401421.326 | 1368412.502 | Check | 0.034 | 0.045 | 0.056 | 0.350 | |
| 2 | GCP #2 | | | 285.534 | -327.457 | | | 420351.190 | 1345120.580 | Check | -0.128 | -0.166 | 0.210 | 1.305 | |
| 3 | GCP #3 | | | 385.523 | -353.516 | | | 429176.626 | 1341117.603 | Check | 0.055 | 0.071 | 0.090 | 0.558 | |
| 4 | GCP #4 | | | 174.456 | -347.583 | | | 410110.818 | 1344990.440 | Check | 0.047 | 0.060 | 0.076 | 0.475 | |
| 5 | GCP #5 | | | 381.536 | -144.509 | | | 432228.492 | 1360279.586 | Check | -0.101 | -0.131 | 0.165 | 1.028 | |
| 6 | GCP #6 | | | 113.193 | -110.628 | | | 407850.696 | 1367429.822 | Check | -0.076 | -0.099 | 0.125 | 0.777 | |
| 7 | GCP #7 | | | 312.459 | -150.420 | | | 425601.209 | 1360788.612 | Check | 0.170 | 0.220 | 0.277 | 1.726 | 0.784 |
| 8 | GCP #8 | > | | | | > | | | | Check | | | | | |

图 12-27　GCP 数据列表对话框

## 五、采集地面检查点

以上所采集的 GCP 类型均为控制点（Control Point），用于控制计算、建立转换模型及多项式方程，通过校正计算得到全局校正以后的影像图。但它的质量无从获知，因此需要用地面检查点与之对比、检验。下面所采集的 GCP 均是用于衡量效果的地面检查点（Check Point），用于检验所建立的转换方程的精度和实用性。关于 RMS 误差精度要求，并没有严格的规定。

通常情况下认为：平地和丘陵地区，平面误差不超过 1 个像素；在山区，RMS 不超过 2 个像素。操作过程如下：

（1）在 GCP Tool 菜单条选择 Edit/Set Point Type/Check 命令，进入检查点编辑状态。

（2）在 GCP Tool 菜单条中确定 GCP 匹配参数（Matching Parameter）。在 GCP Tool 菜单条选择 Edit/ Point Matching 命令，打开 GCP Matching 对话框，并定义如下参数：

① 在匹配参数（Matching Parameters）选项组中设置最大搜索半径（Max Search Radius）为 3；搜索窗口大小（Search Window Size）为 X 值 5，Y 值 5。

② 在约束参数（Threshold Parameters）选择组中设置相关阈值（Correlation Threshold）为 0.8，删除不匹配的点（Discard Unmatched Points）。

③ 在匹配所有/选择点（Match All/Selected Point）选项组中设从输入到参考（Reference from Input）或者从参考到输入（Input from Reference）。

④ 单击 Close 按钮，保存设置，关闭 GCP Matching 对话框。

（3）确定地面检查点。在 GCP Tool 工具条中选择 Create GCP 按钮，并将 Lock 按钮打开，锁住 Create GCP 功能，以保证不影响已经建立好的纠正模型。如同选择控制点一样，分别在 Viewer#1 和 Viewer#2 中定义 5 个检查点，定义完毕后单击 Unlock 按钮，解除 Create GCP 的功能锁定。

（4）计算检查点误差。在 GCP Tool 工具条中选择 Computer Error 按钮，检查点的误差就会显示在 GCP Tool 的上方，只有所有检查点的误差均小于一个像元，才能够继续进行合理的重采样。一般来说，如果控制点（GCP）定位选择比较准确的话，检查点会匹配得比较好，误差会在限制范围内；否则，若控制点定义不精确，检查点就无法匹配，误差就会超标。

## 六、计算转换矩阵

在控制点采集过程中，默认设置为自动转换计算模式（Computer Transformation），随着控制点采集过程的完成，转换模型就自动计算完成。转换模型的查阅过程如下：

在 Geo Correction Tool 窗口中，单击 Display Model Properties 按钮，打开 Polynomial Model Properties（多项式模型参数）对话框，在此查阅模型参数，并记录转换模型。

## 七、图像重采样

在 Geo Correction Tool 窗口中选择 Image Resample 按钮，打开图像重采样（Resample）对话框，设置如下：

（1）输出图像（Output File）文件名以及路径，这里设为 rectify.img。

（2）选择重采样方法（Resample Method）。这里选最邻近采样（Nearest Neighbor），具体方法的适用范围可以参考相应的文档。

（3）定义输出图像范围（Output Corners），在 ULX、ULY、LRX、LRY 微调框中分别输入需要的数值，本例采用默认值。

（4）定义输出像元大小（Output Cell Sizes），X 值 15，Y 值 15，一般与数据源像元大小一致。

（5）设置输出统计中忽略零值，即选中 Ignore Zero in Stats 复选框。

（6）单击 OK 按钮，关闭 Resample 对话框，执行重采样。

## 八、保存几何校正模式

在 Geo Correction Tool 对话框中单击 Exit 按钮，退出几何校正过程，按照系统提示选择保存图像几何校正模式，并定义模式文件（*.gms），以便下次直接使用。

## 九、检验校正结果

检验校正结果（Verify Rectification Result）的基本方法是：同时在两个窗口中打开两幅图像，其中一幅是校正以后的图像，一幅是校正时的参考图像，通过窗口地理连接（Geo Ling/Unlink）功能即查询光标（Inquire Cursor）功能进行目视定性检查。

# 第六节　遥感图像增强处理实验

遥感图像的增强处理，目的是通过图像的增强处理，使目标影像与背景影像相区分，方便于遥感影像的判读，根据使用目的和增强方法的不同有彩色增强、对比度增强、主成分变换等方法。这里通过彩色增强的实验，去理解图像增强的含义。

## 一、图像增强的基本概念

遥感图像彩色增强的目的是以色彩差异来突出和增强感兴趣的地物目标。

### 1. 密度分割

密度分割又称假彩色密度分割、彩色编码。

基本原理：将一幅灰度范围为 0 到 $L$ 的黑白图像 $f(x,y)$ 的灰度按等间隔或不等间隔分割成层，得到 $k$-1 个密度分割层面，其密度值为 $L_i$（$i$=1，2，3，$\cdots$，$k$），用 $c_i$（$i$=1，2，3，$\cdots$，$k$）表示赋予每一层的颜色，则

$$f(x,y)=\begin{cases}c_1, & 当f(x,y)\leqslant L_i \\ c_i, & 当L_{i-1}<f(x,y)\leqslant L_i, i=1,2,3,\cdots,k \\ c_k, & 当f(x,y)>L_k\end{cases}$$

结果：把一幅具有不同灰度等级的影像变成不同颜色的影像。

适应对象：对于地物具有灰度值均匀递变特性或相邻地物灰度突变的图像显示都十分有效。

注意：密度分割的层数和分割点都要根据专业知识和经验，并参照地物波谱来决定。一般通过分析图像直方图峰点和谷点的具体值以及各类地物的亮度值，求出它们的均值和标准差等，从而确定分割层数、分割点和赋色方案。

### 2. 彩色合成

基本原理：利用计算机将同一地区不同波段的图像存放在不同通道的存储中，并依照彩色合成原理，分别对各通道的图像进行单基色变换，在彩色屏幕上进行叠置，从而构成彩色合成图像，其原理如图 12-28 所示。

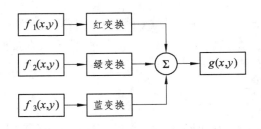

**图 12-28 彩色合成原理流程图**

若在叠置过程中，输入的遥感数据严格按照 $f_1(x, y)$→红光波段的数据、$f_2(x, y)$→绿光波段的数据、$f_3(x, y)$→蓝光波段的数据，则得到真彩色合成图像；否则为假彩色合成图像。遥感图像用的大多数是假彩色。

结果：把同一景的多波段具有不同灰度等级的影像变成了彩色合成图像。

适用对象：参与合成的各分量图像，可以是多光谱遥感的不同波段图像，或其中某些波段图像的加、减、乘、除组合，或经变换处理如 K—L 或 K—T 变换后的新变量，也可以是显示动态变化的不同时相的图像，还可以是不同遥感器获得的数据，甚至是不同性质来源的数据经过融合处理获得的新数据组，然后以彩色显示其融合结果。

注意：彩色合成图像最关键的是最佳假彩色合成变量的选择，它依赖于对遥感影像信息特征的分析和研究目的。下面有几种常用的方法：

（1）信息分析法：选择信息量大的波段。

（2）各波段的相关系数分析：选择相关系数小的波段。

（3）最佳波段组合指数法：计算最佳波段指数，越大越好。

### 3. IHS（Intensity-Hue-Saturation）变换

IHS 变换也称彩色变换。

在图像处理中，通常应用的有两种彩色坐标系（或彩色空间）：一种是红（R）、绿（G）、蓝（B）三原色构成的彩色空间（RGB 坐标系或 RGB 空间）；另一种是由亮度（I，Intensity）、色调（H，Hue）、饱和度（S，Saturation）三个变量构成的彩色空间（IHS 坐标系或 IHS 空间）。

也就是说，一种颜色既可以用 RGB 空间内的 R、G、B 来表述，也可以用 IHS 空间的 I、H、S 来表述。前者是从物理学角度出发描述颜色；后者则是从人眼的主观感觉出发描述颜色，是以颜色的 3 大属性来表示颜色的。

明度（I）是指人眼对光源或物体明亮程度的感觉，一般来说与物体的反射率成正比，取值范围是 0~1。色调（H）也称色别，是指彩色的类别，是彩色彼此相互区分的特征，取值范围是 0~360。饱和度（S）是指彩色的纯洁性，一般来说颜色越鲜艳，饱和度也越大，取值范围是 0~1。

就人眼睛的生理结构而言，一般正常人的眼睛只能识别 20 级左右的灰度等级，而对于彩色而言则其分辨率可以达到 100 万种，远远大于对灰度图像的识别能力。因此，彩色变换可大大增强图像的可读性。

### 4. IHS（Intensity-Hue-Saturation）逆变换

IHS 逆变换也称彩色逆变换，指将遥感图像从以亮度（I）、色度（H）、饱和度（S）作为定位参数的彩色空间转换到红（R）、绿（G）、蓝（B）3 种颜色的彩色空间。在完成色彩逆变换的过程中，经常需要对亮度与饱和度进行最小最大拉伸，使其数值充满 0 ~ 1 的取值范围。

## 二、彩色增强实验过程

### 1. 对实验数据的各波段进行统计分析

1）在"Viewer"视窗中，打开单波段图像，利用"ImageInfo"工具，分别对各个波段的遥感数据进行统计分析。

2）在统计值（表 12-2）中，要注意亮度值的覆盖范围和标准差的大小。标准差值大则表明数据的离散度大，即地物之间的差异可能表现最大，信息量也就最丰富。

表 12-2　各波段亮度值统计

| 亮度 | ETM1 | ETM2 | ETM3 | ETM4 | ETM5 | ETM7 | ETM8 |
|---|---|---|---|---|---|---|---|
| 最小值 | | | | | | | |
| 最大值 | | | | | | | |
| 均值 | | | | | | | |
| 标准差 | | | | | | | |

### 2. 对单波段图像进行假彩色密度分割

打开图像时，"Select Layer To Add"窗口中单击"Raster Option"，"Display as"后面下拉框选择"Pseudo Color"。打开图像后，单击菜单"Raster"→"Attributes"，弹出栅格属性编辑器窗口，单击所要的颜色框，给阈值范围内的像素可以随意设置所需的颜色。另外，可以在左侧"Row"一栏里同时选择多行。

### 3. 假彩色图像的合成

选择 ERDAS 面板"Interpreter"→"Utilities"→"Layer Stack"，启动 ERDAS 假彩色对话框，如图 12-29 所示。

从图像文件（Input File）的输入处依次输入要参与合成的遥感数据（波段），每输入一个文件，按下"Add"按钮，将图像文件添加到合成文件列表区域，并作为一数据层。在输出文件处写下输出文件名称和选择所在的路径。将"Layer"设为"ALL"。忽略零值统计（Ignore Zero in Stats），然后确认"OK"，即可进行假彩色合成操作。

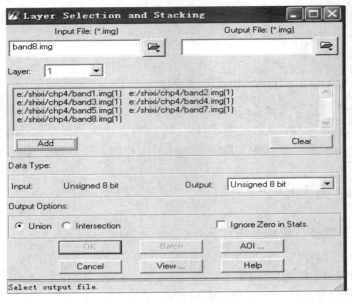

图 12-29 彩色合成对话框

### 4. 对合成后的图像进行评价

在"Viewer"视窗中，打开合成的文件，对合成方案进行目视评价。评价的依据是能否达到突出不同目标地物、地物之间的色彩差异是否将研究的地物区别开来。

### 5. IHS 变换

确定参与 IHS 变换的图像一定是假彩色合成图像。本实验为说明 IHS 变换的方法，选择假彩色合成的图像 1234567.img 作为输入图像。

选择"ERDAS IMAGINE9.0"→"Interpreter"→"Spectral Enhancement"→"RGB to IHS"命令，打开"RGB to IHS"对话框，如图 12-30 所示。在对话框中，需要注意的是"NO.of Layers"选项，对于多波段假彩色合成数据，需要指定谁是 IHS 变换中的 R、G、B 分量。默认值是 4（R）、3（G）、2（B）。确定完后，单击"OK"键，即可进行 IHS 变换。

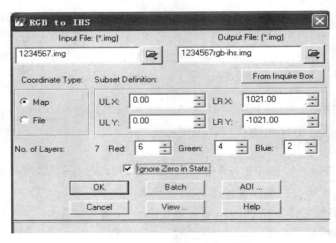

图 12-30 "RGB to IHS"对话框

## 6. IHS 逆变换

选择"ERDAS IMAGINE9.0"→"Interpreter"→"Spectral Enhancement" →"IHS to RGB"命令，打开"IHS to RGB"对话框，如图 12-31 所示。

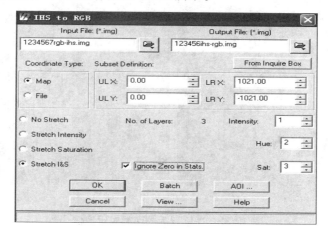

**图 12-31 "IHS to RGB"对话框**

1）确定 H 分量。

在"Viewer"视窗中打开变换后的图像 1234567rgb-ihs.img，对 R、G、B 三个分量进行目标查看，确定三个分量谁是 H 分量。一般来说，H 是目标信息分量，或高分辨率图像或其他非遥感数据。当是后者时，需要做替换，即用高分辨率或其他非遥感数据替换掉原来的 H 分量。

2）设置逆变换参数。

在 IHS 逆变换对话框中（图 12-31），主要设置如下参数：

（1）I、H、S 分量的设置。确定选择 H 分量的数据层，I、S 分量的数据层（在 IHS 变换的输出图像中选定）。

（2）拉伸的设置。在对话框中，提供了不拉伸（No Stretch）、拉伸 I 分量（Stretch Intensity）、拉伸 S 分量（Stretch Saturation）和拉伸 I&S 分量（Stretch I & S）。本实验中，选择拉伸 I&S 分量。

（3）完成后，单击"OK"键，进行 IHS 逆变换。

## 7. 比较 IHS 变换前和变换后的图像

1）分别打开图像，建立关联。

在"Viewer"视窗中，分别打开变换前的图像（1234567.img）和逆变换输出的图像（1234567ihs-rgb.img）。然后在第一幅图像视图中，单击鼠标右键出现快捷菜单，在弹出的菜单中，调用"Geo.Link/Unlink"命令，打开建立关联命令对话框。再次调用"Geo.Link/Unlink"命令，可以取消关联。在第二幅图像视图中按下鼠标左键，这样，第一幅图像和第二幅图像就关联起来了。选择左图中"Viewer"视图菜单"Utility"→"Inquire Cursor"命令，打开"Inquire Cursor"对话框，两个视窗中会出现"╋"字查询光标且关联起来。

2）比较图像。

利用关联工具，在视窗中，对打开的图像进行目视观察，观察目标地物的信息是否被加强了，颜色差异是否变大了等，如图 12-32 所示。

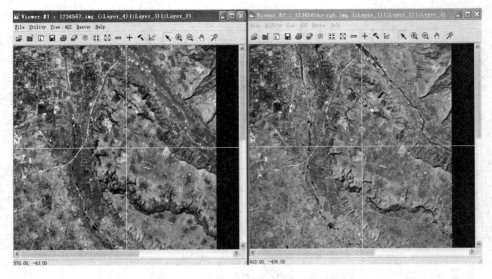

图 12-32　关联以后的两幅对比图像

# 第七节　遥感图像融合实验

## 一、图像融合的概念

图像的融合（Fusion）是一个对多遥感传感器的图像数据和其他信息的处理过程。它着重把那些在空间或时间上冗余或互补的多源数据，按一定的规则（或算法）进行运算处理，获得比单一数据更精确、更丰富，具有新的空间、波谱、时间特征的合成图像。遥感图像的融合强调信息的优化，以突出专题信息，消除或抑制无关的信息，改善目标识别的图像环境，增加解译的可靠性，减少模糊性，改善分类，扩大应用范围和效果。

### 1. 图像的融合层次

图像的融合分 3 个层次。

（1）基于像素（Pixel）的融合，是针对测量物理参数和合并，即直接在采集的原始数据层上进行的融合。也就是说对栅格数据进行相互间的几何配准，在各像素一一对应的前提下进行图像像素级的合并处理，以改善图像的几何精度、增强特征显示能力、改善分类精度、提供变化检测能力、替代或修补图像数据的缺陷等。尽管它具有一定的局限性（所含的特征难以进行一致性检验），但它能更好地保留图像原有的真实感，提供细微信息，因此被广泛应用。

（2）基于特征（Feature）的融合，是指运用不同的算法，首先对各种数据源进行目标识别的特征提取，然后对这些特征信息进行综合分析与融合处理。这种方法是在提取或增强空间特征后进行的融合，建立面向特征的影像融合模型，使融合后的影像既保留原高分辨率遥感图像的结构信息，又融合多光谱图像丰富的光谱信息，使图像识别环境得以改善，遥感分类精度得以提高。

（3）基于决策层（Decision Level）的融合，是指在图像理解和图像识别基础上的融合。此方法先经图像数据的特征提取以及一些辅助信息的参与，再对其有价值的复合数据运用判别准则、决策规则加以判断、识别、分类，然后在一个更抽象的层次进行融合，获得综合的决策结果，以提高识别和解译能力。

根据融合的目的、数据源类型、特点，选择合适的融合方法。根据不同的数据类型，将遥感图像的融合分为：不同遥感器的遥感数据融合和不同时相的遥感数据的融合。

### 2. 不同传感器的遥感数据的融合

不同类型遥感传感器、不同平台的遥感数据融合主要目标在于利用各类遥感数据的优势，以扩大遥感应用的范围和效果。

（1）多光谱遥感图像数据与成像雷达数据的融合。

多光谱遥感图像与成像雷达之间，由于成像机理、几何特征、波谱范围、分辨率等均差异较大，反映地物特征有较大的不同，因而融合复杂。多光谱数据（VIR）具有较高的光谱分辨率，提供了地表物质组成等大量信息，但它受大气层的干扰，使其数据的应用受到很大的限制。而雷达数据（SAR）为全天时、全天候数据，它主要反映地表物体的物理和几何特征信息，即反映地物的复介电常数和表面粗糙度。二者数据融合后，其目的在于：以 SAR 数据为辅助信息，对 VIR 数据中被云及云阴影覆盖的区域进行估计，消除影响并填补或修复信息的空缺；扩大应用范围和提高应用效果。融合的过程如图 12-33 所示。

其中：辐射校正主要是做大气校正和去斑纹；几何校正主要解决的是两种数据的匹配问题；融合方法主要有比值合成法、相关系数法、IHS 变换法、小波变换法、BP 神经网络和马尔可夫随机场法等。

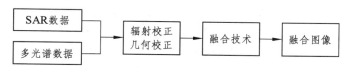

**图 12-33　多光谱遥感图像数据和成像雷达数据的融合示意**

（2）高、低分辨率遥感数据的融合。

多光谱数据的空间分辨率较低，而全色波段或航空影像的空间分辨率较高，通过二者的融合，既能发挥多光谱的特点，又能提高图像的空间分辨率，从而提高图像解译和分类的正确性。融合的过程如图 12-34 所示。

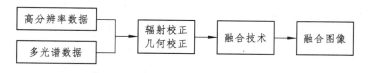

**图 12-34　高、低分辨率遥感数据的融合示意**

### 3. 不同时相的遥感数据的融合

在观测地物的类型、位置、轮廓及动态变化时，常需要不同时相遥感数据的融合。由于时相不一样，因此图像之间的亮度差异较大，需要对图像作直方图调整，使其趋于一致。融合的过程如图 12-35 所示。

图 12-35　不同时相遥感数据的融合示意

其中：融合的方法主要有假彩色合成、差值法、比值法。

# 二、图像融合实验

这里以高、低分辨率遥感数据的融合为例进行实验。数据要求：融合之前，遥感数据已经经过了几何校正和辐射校正等预处理。分辨率融合（Resolution Merge）是一种对不同空间分辨率遥感图像的融合方法，处理后的图像既具有较好的空间分辨率又具有多光谱特征。融合的关键是融合前两幅图像的配准。融合方法主要有 3 种：主成分变换法（Principle Component）、乘积变换（Multiplicative）和比值变换（Brovey Transform）。

## 1. 遥感图像融合

选择 EDRAS 面板菜单"Interpreter"→"Spatial Enhancement"→"Resolution Merge"命令，打开"Resolution Merge"对话框（图 12-36）。在对话框中，主要设置如下参数。

文件设置：高空间分辨率的输入图像（High Resolution Input File）、多光谱输入图像（Multispectral Input File）和输出文件。

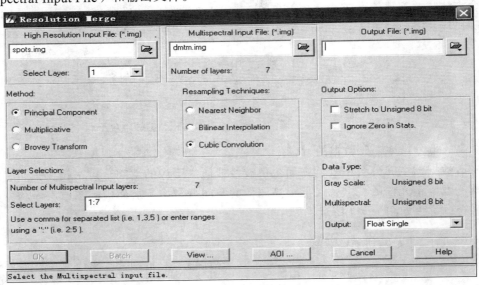

图 12-36　Resolution Merge 对话框

融合方法的选择：

（1）主成分变换法。

主成分变换融合是建立在图像统计特征基础上的多维线性变换，具有方差信息浓缩、数据量压缩的作用，可以更确切地揭示多波段数据结构内部的遥感信息。常常是以高分辨率数据代替多波段数据变换以后的第一主成分来达到融合的目的。具体过程：首先是对输入的多波段数据进行主成分变换，然后以高分辨率遥感数据替代变换以后的第一主成分，再进行主成分逆变换，生成具有高分辨率的多波段融合图像。

（2）乘积变换法。

乘积变换融合是应用最基本的乘积组合算法直接对两个空间分辨率的遥感数据进行合成，即融合以后的波段数值等于多波段图像的任意一个波段数值乘以高分辨率遥感数据。

$$B_i' = B_{im} \cdot B_h$$

其中：$B_i'$ 表示融合以后的波段数值；$B_{im}$ 表示多波段中任意一个波段数值；$B_h$ 表示高分辨遥感数据。

（3）比值变换法。

比值变换融合是将输入遥感数据的三个波段用下式计算，获得融合以后多波段的数值。

$$B_i' = \frac{B_{im}}{B_{rm} + B_{gm} + B_{bm}} \cdot B_h$$

其中：$B_i'$ 表示融合以后的波段数值；$B_{im}$ 表示红、绿、蓝 3 波段中任意一个波段数值；$B_{rm}$、$B_{gm}$、$B_{bm}$ 分别表示红、绿、蓝 3 波段的数值；$B_h$ 表示高分辨遥感数据。

## 2. 融合前后图像的对比分析

通过目视判读的方法，比较融合前原全色图像（图 12-37）、原多光谱图像（图 12-38）与融合后图像（图 12-39）空间分解力、清晰度等方面的差异。

图 12-37　SPOT 原全色图像

图 12-38　SPOT 原多光谱图像

图 12-39　SPOT 融合后图像

# 第八节　遥感图像分类实验

## 一、遥感图像分类的概念

遥感图像分类是根据遥感图像中目标地物的波谱特征或者其他特征确定每个像元类别的过程，它是遥感图像识别解译的重要手段。根据是否需要分类人员事先提供已知类别及其训练样本，对分类器进行训练和监督，可将遥感图像分类方法划分为监督分类和非监督分类。这是分类中常用的方法，此外专家分类系统是近年来蓬勃发展的一个方向。

### 1. 非监督分类

非监督分类用于在没有已知类别的训练数据的情况下，而且在一幅复杂的图像中分类选择训练区，有时并不能完全包括所有的波谱样式，造成一部分像元找不到归属。在实践中，为进行监督分类而确定类别和选取训练区也是不易的。因此，在开始分析图像时，用非监督分类方法来研究数据的本来结构及自然点群的分布情况是很有价值的。

### 2. 监督分类

监督分类是一种先识别后分类的方法。该方法首先要进行分类训练，即选择一些有代表性的实验样区，用样区内的各种地物的光谱特征（如波谱响应曲线）来训练计算机，使计算机取得识别分类判别规则的先验知识，再根据这些先验知识来对未知类别像素进行分类识别。

监督分类比非监督分类更多地要求用户来控制，常用于对研究区域比较了解的情况下。在监督分类过程中，首先选择可以识别或者借助其他信息可以断定其类型的像元建立模板，然后基于该模板使计算机系统自动识别具有相同特性的像元。对分类结果进行评价后再对模板进行修改，多次反复后建立一个比较准确的模板，并在此基础上最终进行分类。监督分类一般要经过以下几个步骤：建立模板（训练样本）、评价模板、确定初步分类结果、检验分类结果、分类后处理、分类特征统计、栅格矢量转换。

监督分类又称为训练场地法或先学习后分类法。它先选择有代表性的实验区（训练样区），训练样区就是我们的先验知识，可以是感兴趣区，也可以是单个像元的波谱特征。这些先验知识来源于我们的野外调查、地形图或目视判读等。训练样区的数目就是我们要分的类数，选择好训练样区后，计算机对训练样区进行"学习"，得到每个训练组数据（已知类别）的均值向量和标准差向量（或协方差矩阵），这是在用马氏距离和最大似然函数作为判别规则时要用到的统计量。最后根据所选定的判别规则对像元进行分类。根据判别规则的选择不同，监督分类大致可分为以下几种：平行多面体法、最小距离法、马氏距离法和最大似然法。

训练样区应该包括研究范围内的所有需要区分的类别，通过它可获得需要分类的地物类型的特征光谱数据，由此建立判别函数，并将其作为计算机自动分类的依据。因此，在监督分类法中，训练样区的选择十分关键。在选择训练样区时应注意以下几个问题：

（1）训练样区必须具有典型性和代表性，即所含类型应与研究地域所要区分的类别一致，且训练场地的样本应在各类地物面积较大的中心部分选择，而不应在各类地物的混交地区或类别的边缘选取，以保证数据具有典型性，从而确保能进行准确的分类。

（2）在确定训练场样区的类别专题属性的信息时，应确定所使用的地图、实地勘察等信息应该与遥感图像保持时间上的一致性，防止地物随时间变更而引起的分类模板设定错误。

（3）在训练场样本数目的确定上，为了参数估计结果比较合理和便于分类后处理，样本数应当增多而又不至于使计算量过大，在具体分类时要看对图像的了解程度和图像本身的情况来确定提取的样本数量。

（4）训练区样本选择后可作直方图，观察所选样本的分布规律，一般要求是单峰，近似于正态分布曲线。如果是双峰，则类似两个正态分布曲线重叠，则可能是混合类别，需要重作。

### 3. 遥感图像分类的基本工作流程

（1）预处理。分类前一般需要对原始图像进行预处理，包括图像的裁剪、辐射校正、几何校正等。由于图像预处理在前面项目中已有详细介绍，这里不再赘述。

（2）选择分类方法。在对原始遥感图像进行预处理的基础上，根据要求，结合实际情况及监督分类、非监督分类两种方法各自的优缺点，选择合适的分类方法。

（3）特征选取和提取。特征是分类的依据，对于遥感图像而言，特征是图像波段值和其他处理后的信息。一个波段就是一个特征。各个特征具有相同的样本或像素数。

原始遥感图像的特征彼此之间往往存在较强的相关性，不加选择地利用这些特征变量分类不但会增加多余的运算，反而会影响分类的准确性。因此，往往需要从原始图像 $n$ 个特征中通过处理选择 $k$ 个特征（$n>k$）来进行分类。

（4）进行分类。根据特征与分类对象的实际情况选择适当的分类方法。一般来说，非监督分类方法简单，不需要先验知识，当光谱与地物类别对应较好时比较适用。地物类别之间光谱差异很小或比较复杂时，使用监督分类方法比较好。

（5）分类后处理。由于分类过程是按像素逐个进行的，输出分类图中往往会出现成片的地物类别中有零星的异类像素散落分布的情况，其中许多是不合理的“类别噪声”。因此，要根据分类的要求进行分类后处理工作。

（6）精度检验、结果输出。对分类的精度与可靠性进行评价。进入传感器的信息由于受传感器空间分辨率和光谱分辨率的限制，常常是混合的地物信息。有时地物本身就是混合在一起的。总体上，受“同物异谱”“异物同谱”影响，错分的情况普遍存在。图像分类后必须进行检验，错分像素及地块所占的比例越小，则分类结果越佳。

## 二、监督分类实验

这里通过监督分类的实验，对分类流程加以分析。

### 1. 定义分类模板（Define Signature Using signature Editor）

ERDAS 的监督分类是基于分类模板（Classification Signature）来进行的，而分类模板的生成、管理、评价和编辑等功能是由分类模板编辑器（Signature Editor）来负责的。毫无疑问，分类模板编辑器是进行监督分类一个不可缺少的组件。

在分类模板编辑器中生成分类模板的基础是原图像或其特征空间图像。因此，显示这两种图像的视窗也是进行监督分类的重要组件。

第一步：显示需要分类的图像。

在视窗中显示 germtm.img（Red4／Green5／Blue3 选择 Fit to Frame，其他使用缺省设置）。

第二步：打开模板编辑器并调整显示字段。

在 ERDAS 图标面板工具条上，点击模块 ▦|Signature Editor 命令，打开 Signature Editor 窗口（图 12-40）。

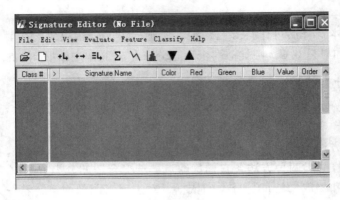

图 12-40　Signature Editor

从图中可以看到有很多字段，有些字段对分类的意义不大，我们希望不显示这些这段，所以要进行如下调整：

在 Signature Editor 窗口菜单条，单击 View|Columns 命令，打开 View signature columns 对话框：单击第一个字段的 Column 列并向下拖拉直到最后一个段，此时，所有字段都被选择上，并用黄色（缺省色）标识出来。按住 Shift 键的同时分别点击 Red、Green、Blue 三个字段，Red、Green、Blue 三个字段将分别从选择集中被清除。

第三步：获取分类模板信息。

可以分别应用 AOI 绘图工具、AOI 扩展工具和查询光标等三种方法，在原始图像或特征空间图像中获取分类模板信息。

本示例以应用 AOI 绘图工具在原始图像上获取分类模板信息为例：

在显示原始图像的视窗中点击 ▨ 图标（或者选择 Raster 菜单下的 Tools 菜单），打开 Raster 工具面板，点击 Raster 工具面板的 ▨ 图标，在视窗中选择绿色区域（农田），绘制一个多边形 AOI（图 12-41）。

在 Signature Editor 窗口中，单击 Create New Signature ⊾ 图标，将多边形 AOI 区域加载到 Signature Editor 分类模板属性表中。

重复上述两步操作过程，选择图像中认为属性相同的多个绿色区域绘制若干个多边形 AOI，并将其作为模板依次加入到 Signature Editor 分类模板属性表中。

按下 Shift 键，同时在 Signature Editor 分类模板属性表中依次单击选择 Class#字段下面的分类编号，将上面加入的多个绿色区域 AOI 模板全部选定。

在 Signature Editor 工具条上，单击 Merge Signatures 图标 ▥，将多个绿色区域 AOI 模板合并，生成一个综合的新模板，其中包含了合并前的所有模板像元属性。

在 Signature Editor 菜单条上，单击 Edit|Delete，删除合并前的多个模板。

在 Signature Editor 属性表中，改变合并生成的分类模板的属性，包括名称与颜色分类。

名称（Signature Name）：Agriculture；颜色（Color）：绿色。

图 12-41 建立样区模板

重复上述所有操作过程，根据实地调查结果和已有研究结果，在图像窗口选择绘制多个黑色区域 AOI（水体），依次加载到 Signature Editor 分类属性表，并执行合并生成综合的水体分类模板，然后确定分类模板名称和颜色。

同样重复上述所有操作过程，绘制多个蓝色区域 AOI（建筑）、多个红色区域 AOI（林地）等，加载、合并、命名、建立新的模板。

如果将所有的类型都建立了分类模板，就可以保存分类模板（图 12-42）。

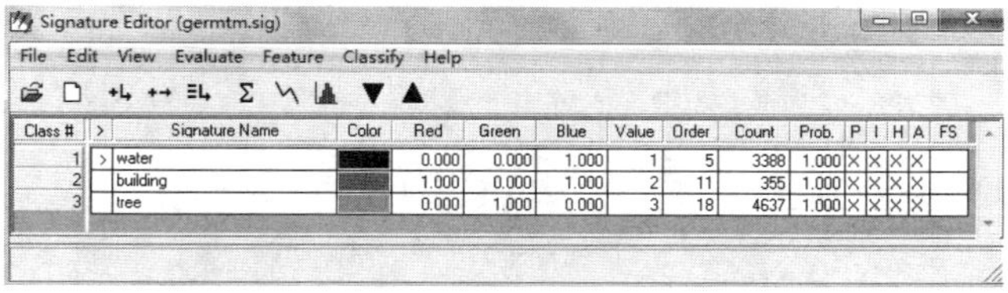

图 12-42 将选择样区添加到分类模板属性表

## 2. 评价分类模板（Evaluating Signatures）

分类模板建立之后，就可以对其进行评价、删除、更名、与其他分类模板合并等操作。ERDAS Imagine 9.2 提供的分类模板评价工具包括分类预警、可能性矩阵、特征对象、图像掩模评价、直方图方法、分离性分析和分类统计分析等工具。这里向大家介绍可能性矩阵评价分类模板的方法。

可能性矩阵（Contingency Matrix）评价工具是根据分类模板分析 AOI 训练样区的像元是否完全落在相应的种别之中。通常都期望 AOI 区域的像元分到它们参于练习的种别当中，实际上 AOI 中的像元对各个类都有一个权重值，AOI 练习样区只是对种别模板起一个加权的作用。可能性矩阵的输出结果是一个百分比矩阵，它说明每个 AOI 练习区中有多少个像元分别属于相应的种别。可能性矩阵评价工具操作过程如下：

（1）在 Signature Editor 分类属性表中选中所有的类别，然后依次单击 Evaluation→Contingency→Contingency Matrix 命令，弹出如图 12-43 所示的对话框。

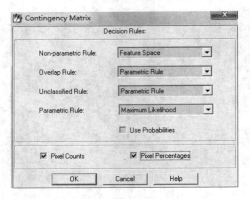

图 12-43　Contingency Matrix 对话框

（2）在 Contingency Matrix 中，设定相应的分类决策参数。一般设置 Non-parametric Rule 参数为 Feature Space，设置 Overlay Rule 参数以及 Unclassified Rule 参数为 Parametric Rule，设置 Parametric Rule 为所提供的 3 中分类方法中的一种均可。同时选中 Pixel Counts 和 Pixel Percentages。

（3）单击 OK 按钮，进行分类误差矩阵计算，并弹出文本编辑器，显示分类误差矩阵（图 12-44）。

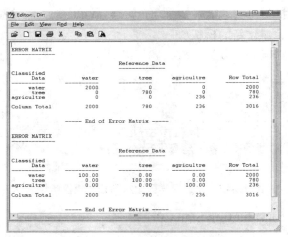

图 12-44　分类模板可能性矩阵评价

分类误差矩阵表明了 AOI 训练样区内的像元被误分到其他类别的像元数目。可能性矩阵评价工具能够较好地评定分类模板的精度。如果误分的比例较高，则说明分类模板精度低，需要重新建立分类模板。

### 3. 执行监督分类（Perform Supervised Classification）

在 ERDAS 的 Classifier 模板中单击 Supervised Classification 按钮，打开 Supervised Classification 对话框（图 12-45）。

在 Supervised Classification 对话框中，主要需要确定下列参数：确定分类模板文件（Input Signature File）、选择输出分类距离文件（Distance File）、选择非参数规则（Non-parametric Rule）、选择叠加规则（Overlay Rule）、选择未分类规则（Unclassified Rule）、选择参数规则（Parametric Rule）。

说明：在 Supervised Classification 对话框中，还可以定义分类图的属性表项目（Attribute Options）。通过 Attribute Options 对话框，可以确定模板的哪些统计信息将被包括在输出的分类图像层中。这些统计值是基于各个层中模板对应的数据计算出来的，而不是基于被分类的整个图像。

图 12-45　监督分类对话框

### 4. 评价分类结果（Evaluate classification）

执行了监督分类之后，需要对分类效果进行评价。ERDAS 系统提供了多种分类评价方法，包括分类叠加（classification overlay）、定义阈值（thresholding）、分类重编码（recode classes）、精度评估（accuracy assessment）等。下面有侧重地进行介绍。

（1）分类叠加。

分类叠加就是将专题分类图像与分类原始图像同时在一个视窗中打开，将分类专题层置于上层，通过改变分类专题的透明度（Opacity）及颜色等属性，查看分类专题与原始图像之间的关系。对于非监督分类结果，通过分类叠加方法来确定类别的专题特性并评价分类结果。对监督分类结果，该方法只是查看分类结果的准确性。本方法的具体操作过程参见（5）分类评价流程。

（2）阈值处理法。

阈值处理法首先确定哪些像元最有可能没有被正确分类，从而对监督分类的初步结果进行优化。用户可以对每个类别设置一个距离阈值，系统将有可能不属于该类别的像元筛选出去，筛选出去的像元在分类图像中将被赋予另一个分类值。其操作流程如下：

① 在 ERDAS 工具栏中依次单击 Classifier→Threshold，启动图 12-46 阈值处理窗口。

图 12-46　确定文件及选择阈值

② 在 Threshold 窗口中，依次单击 File→Open 命令，在弹出的 Open 对话框中设置分类专题图像以及分类距离图像的名称及路径，然后关闭对话框。

③ 在 Threshold 窗口中，依次单击 View→Select View 命令，关联分类专题图像的窗口。然后单击 Histograms→Computer 命令计算各个类别的距离直方图（图 12-46）。

④ 在 Threshold 窗口的分类属性表格中，移动 "＞" 符号到指定的专题类别旁，选定某个专题类别，然后在菜单条上单击 Histograms→View 命令，显示选中类别的距离直方图[图 12-47（a）]。

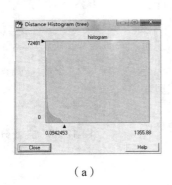
（a）

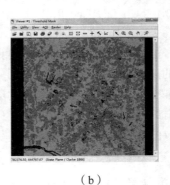
（b）

图 12-47　距离直方图与阈值掩模图

⑤ 拖动 Distance Histogram 中的 $X$ 轴上的箭头到想设置的阈值的位置，此时，Threshold 中的 Chi-square 值自动变化。然后重复④和⑤，设定每个类别的阈值。

⑥ 在 Threshold 窗口菜单中单击 Process→To Viewer 命令，此时阈值图像将显示在所关联的分类图像上，形成一个阈值掩模层[图 12-47（b）]。同样地，可以使用叠加显示功能来直观地查看阈值处理前后的分类变化。

⑦ 在 Threshold 窗口菜单中单击 Process→To Flie 命令，保存阈值处理图像。

（3）分类重编码。

对分类像元进行了分析之后，可能需要对原来的分类重新进行组合（如将林地 1 与林地 2 合并为林地），给部分或所有类别以新的分类值，从而产生一个新的专题分类图像。该功能的详细介绍和具体操作参见 5.分类后处理。

（4）分类精度评估。

分类精度评估是将专题分类图像中的特定像元与已知分类的参考像元进行比较，实际工作中常常是将分类数据与地面真值、先前的试验地图、航空像片或其他数据进行对比。其操作过程如下：

① 首先在 Viewer 中打开分类前的原始图像，然后在 ERDAS 图标面板工具条中依次单击 Classifier→Accuracy Assessment，启动如图 12-48 所示的精度评估方法。

图 12-48　分类精度评估窗口

②在 Accuracy Assessment 窗口，依次单击菜单 File→Open，在打开的 Classified Image 对话框中打开所需要评定分类精度的分类图像，单击 OK 返回 Classified Image 按钮。

③在 Accuracy Assessment 对话框中，依次单击菜单 View→Select View，关联原始图像窗口和精度评估窗口。

④在 Accuracy Assessment 对话框中，依次单击菜单 View→Change Colors，在 Change Colors 中分别设定 Points with no Reference 以及 Points with Reference 的颜色。

⑤在 Accuracy Assessment 窗口中，依次单击菜单 Edit→Create/Add Random Points 命令，弹出如图 12-49 所示的 Add Random Points 对话框。

图 12-49　随机点选择

在 Add Random Points 对话框中，分别设定 Search Count 项以及 Number of Point 项参数，在 Distribution Parameters 中设定随机点的产生方法为 Random，然后单击 OK 返回精度评定窗口。

⑥在精度评定窗口中，单击菜单 View→Show All 命令，在原始图像窗口显示产生的随机点，单击 Edit→Show Class Values 命令在评定窗口的精度评估数据表中显示各点的类别号。

⑦在精度评定窗口中的精度评定数据表中输入各个随机点的实际类别值（图 12-50）。

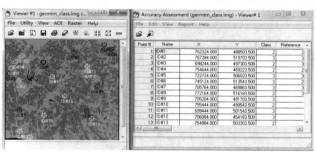

图 12-50　判断随机点类别

⑧在精度评定窗口中的，单击菜单 Report→Options 命令，设定分类评价报告输出内容选项。单击 Report→Accuracy Report 命令生成分类精度报告（图 12-51）。

图 12-51　分类精度评定报告

通过对分类的评价，如果对分类精度满意，保存结果。如果不满意，可以进一步做有关的修改，如修改分类模板等，或应用其他功能进行调整。

（5）分类评价流程（Evaluate Classification）。

获得一个初步的分类结果以后，可以应用分类叠加（Classification overlay）方法来评价检查分类精度。其方法如下：

第一步：显示原图像与分类图像

在视窗中同时显示原始图像和分类图像，两个图像的叠加顺序为原始图像在下、分类图像在上。

第二步：打开分类图像属性并调整字段显示顺序

在视窗工具条中点击 图标（或者在 Raster 菜单项下选择 Tools 工具），打开 Raster 工具面板，并点中工具面板的 图标（或者在视窗菜单条单击 Raster 再选中 Attributes），从而打开属性表（Raster Attribute Editor 对话框）。

属性表中的 9 个记录分别对应产生的 8 个类及 Unclassified 类，每个记录都有一系列的字段。如果想看到所有字段，需要用鼠标拖动浏览条，为了方便看到关心的重要字段，需要调整字段显示顺序。

在属性对话框菜单条单击 Edit 选中 Column Properties，打开 column properties 对话框（图12-52）。

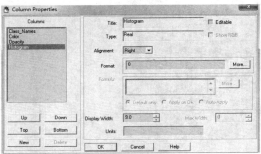

图 12-52　属性列表对话框

在 Columns 中选择要调整显示顺序的字段，通过 Up、Down、Top、Bottom 等几个按钮调整其合适的位置，通过选择 Display Width 调整其显示宽度，通过 Alignment 调整其对齐方式。如果选择 Editable 复选框，则可以在 Title 中修改各个字段的名字及其他内容。

为了后续操作方便，通过属性对话框中字段顺序调整，得到如下显示顺序：class_names、opacity、color、Histogram（图 12-53）。

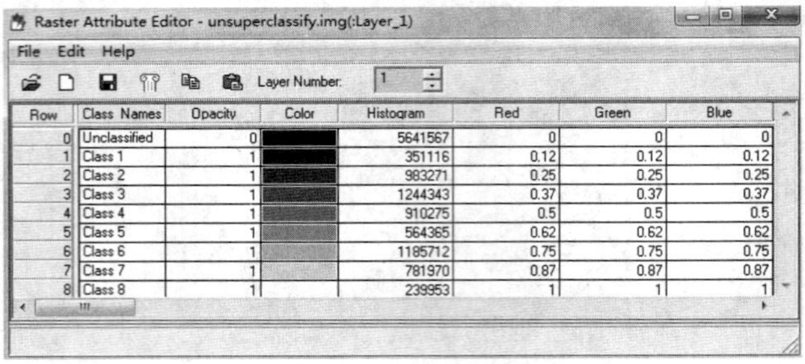

图 12-53　分类图像属性表

第三步：给各个类别赋相应的颜色（如果在分类时选择了彩色，这一步就可以省去）

在属性对话框中点击一个类别的 Row 字段从而选中该类别,然后右键点击该类别的 Color 字段（颜色显示区），选择一种合适颜色。重复以上步骤直到给所有类别赋予合适的颜色。

第四步：不透明度设置

由于分类图像覆盖在原图像上面，为了对单个类别的判别精度进行分析，首先要把其他所有类别的不透明程度（Opacity）值设为 0（即改为透明），而要分析的类别的透明度设为 1（即不透明）。

方法为：分类图像属性对话框中右键点击 Opacity 字段的名字，在 Column Options 菜单单击 Formula 项，从而打开 Formula 对话框（图 12-54）。在 Formula 对话框的输入框中（用鼠标点击右上数字区）输入 0，点击 Apply 按钮（应用设置）。返回 Raster Attribute Editor 对话框，点击一个类别的 Row 字段从而选择该类别，点击该类别的 Opacity 字段从而进入输入状态，在该类别的 Opacity 字段中输入 1，并按回车键。此时，在视窗中只有要分析类别的颜色显示在原图像的上面，其他类别都是透明的。

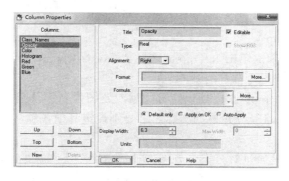

图 12-54　属性列表变量设置对话框

第五步：确定类别专题意义及其准确程度

在视窗菜单条单击 Utility，下拉菜单单击 flicker，从而打开 viewer Flicker 对话框，并选择 Auto Mode。本小步是设置分类图像在原图像背景上闪烁，观察它与背景图像之间的关系从而断定该类别的专题意义，并分析其分类准确与否。

第六步：标注类别的名称和相应颜色

在 Raster Attribute Editor 对话框点击刚才分析类别的 Row 字段，从而选中该类别，在该类别的 Class Names 字段中输入其专题意义（如水体），并按回车键。右键点击该类别的 Color 字段（颜色显示区），选择一种合适的颜色（如水体为蓝色）。

重复以上第四、第五、第六三步直到对所有类别都进行了分析与处理。注意，在进行分类叠加分析时，一次可以选择一个类别，也可以选择多个类别同时进行。

### 5. 分类后处理

无论非监督分类还是监督分类，都是按照图像光谱特征进行聚类分析的，因此，都带有一定的盲目性。所以，对获得的分类结果需要再进行一些处理工作，才能得到最终相对理想的分类结果，这些处理操作通称为分类后处理。由于分类结果中都会产生一些面积很小的图斑，因此无论从专题制图的角度，还是从实际应用的角度考虑，都有必要对这些小图斑进行剔除。ERDAS 系统的 GIS 分析命令中的 Clump、Sieve、Eliminate 等工作可以联合完成小图斑的处理（图 12-55）。

图 12-55　分类后处理工具

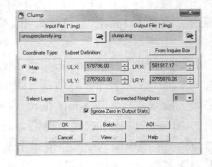

图 12-56　聚类统计对话框

（1）聚类统计（Clump）。

在 ERDAS 工具条中依次单击 Interpreter-GIS Analysis-Clump，启动如图 12-56 所示的聚类统计对话框。

在 Clump 对话框中在 Input File 项设定分类后专题图像名称及全名，在 Output File 项设定过滤后的输出图像名称及路径。并根据实际需求分别设定其他各项参数名称。单击 OK 按钮，执行聚类统计分析。

聚类统计（Clump）是通过对分类专题图像计算每个分类图斑的面积、记录相邻区域中最大图斑面积的分类值等操作，产生一个 Clump 类组输出图像，其中每个图斑都包含 Clump 类组属性。该图像是一个中间文件，用于进行下一步处理（图 12-57）。

图 12-57　聚类统计结果

（2）过滤分析（Sieve）。

在 ERDAS 工具条中依次单击点击 Interpreter-GIS Analysis-Sieve，启动过滤分析对话框。

过滤分析（Sieve）功能是对经 Clump 处理后的 Clump 类组图像进行处理，按照定义的数值大小，删除 Clump 图像中较小的类组图斑，并给所有小图斑赋予新的属性值 0。显然，这里引出了一个新的问题，就是小图斑的归属问题。可以与原分类图对比确定其新属性，也可以通过空间建模方法、调用 Delerows 或 Zonel 工具进行处理。Sieve 经常与 Clump 命令配合使用，对于无须考虑小图斑归属的应用问题，有很好的作用（图 12-58 及图 12-59）。

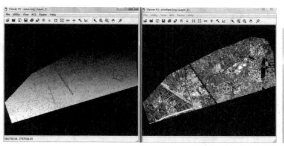

图 12-58　Sieve 与 Elimilate 处理后图像比较　　　图 12-59　Sieve 与 Elimilate 处理后属性比较

（3）去除分析（Eliminate）。

在 ERDAS 工具条中依次单击点击 Interpreter-GIS Analysis- Eliminate，启动去除分析对话框。

去除分析是用于删除原始分类图像中的小图斑或 Clump 聚类图像中的小 Clump 类组，与 sieve 命令不同，将删除的小图斑合并到相邻的最大的分类当中，而且，如果输入图像是 Clump 聚类图像的话，经过 Eliminate 处理后，将小类图斑的属性值自动恢复为 Clump 处理前的原始分类编码。显然，Eliminate 处理后的输出图像是简化了的分类图像（图 9.1.10 及图 9.1.11 右图）。

（4）分类重编码（Recode）。

在 ERDAS 工具条中依次单击点击 Interpreter-GIS Analysis-Recode，启动分类重编码对话框[图 12-60（a）]，单击 Setup Recode，在 New Value 一栏中将相同的类别用相同的数字表示[图 12-60（b）]，既进行类别的合并。注意 Recode 最终分类的类别数目取决于 New Value 的最大值，并且分得的类别值是从 0 自然增加到最大 Value 值的。

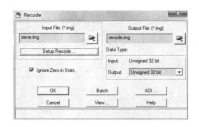

（a）　　　　　　　　　　　　　　　　　　　（b）

图 12-60　分类重编码参数设置

作为分类后处理命令之一的分类重编码，主要是针对非监督分类而言的，由于非监督分类之前，用户对分类地区没有什么了解，所以在非监督分类过程中，一般要定义比最终需要多一定数量的分类数；在完全按照像元灰度值通过 ISODATA 聚类获得分类方案后，首先是将专题分类图像与原始图像对照，判断每个分类的专题属性，然后对相近或类似的分类通过图像重编码进行合并，并定义分类名称和颜色。当然，分类重编码还可以用在很多其他方面，作用有所不同。

# 参考文献

[ 1 ] 王之卓. 摄影测量原理[M]. 北京：测绘出版社，1979.

[ 2 ] 陈国平. 摄影测量与遥感实验教程[M]. 湖北：武汉大学出版社，2014.

[ 3 ] 邹晓军. 摄影测量基础[M]. 河南：黄河水利出版社，2008.

[ 4 ] 韦玉春，汤国安，等. 遥感数字图像处理教程[M]. 北京：科学出版社，2007.

[ 5 ] 党安荣，等. ERDAS IMAGINE 遥感图像处理方法[M]. 北京：清华大学出版社，2003.

[ 6 ] 闫利. 遥感图像处理实验教程[M]. 武汉：武汉大学出版社，2009.

[ 7 ] 杨昕. ERDAS 遥感数字图像处理实验教程[M]. 北京：科学出版社，2009.

[ 8 ] 奥勇. 遥感原理及遥感图像处理实验教程[M]. 北京：北京邮电大学出版社，2009.

[ 9 ] 李德仁. 摄影测量与遥感概论[M]. 北京：测绘出版社，2008.

[10] 张祖勋. 数字摄影测量学的发展与应用[J]. 测绘通报，1997（6）.

[11] 李德仁. 影像信息处理学[M]. 武汉：武汉测绘科技大学出版社，1999.

[12] 张祖勋. 数字影像定位与核线排列[J]. 武汉：武汉测绘学院学报，1983（3）.

[13] 梅安新. 遥感导论[M]. 北京：高等教育出版社，2002.

[14] 陈国平. 摄影测量与遥感[M]. 北京：测绘出版社，2011.

[15] 适普软件公司. 自动空中三角测量软件 VirtuoZo 使用手册[M]. 2002.

[16] 郭学林. 航空摄影测量外业[M]. 郑州：黄河水利出版社，2011.

[17] GB/T 12341—2008 1：25 000 1：50 000 1：100 000 地形图航空摄影测量外业规范. 2008

[18] 赵磊，等. ADS40 数字航空摄影与传统航空摄影之比较[J]. 城市勘测，2009.